人工智能
与中学科技创新

高 山　徐启发　刘峡壁　编著

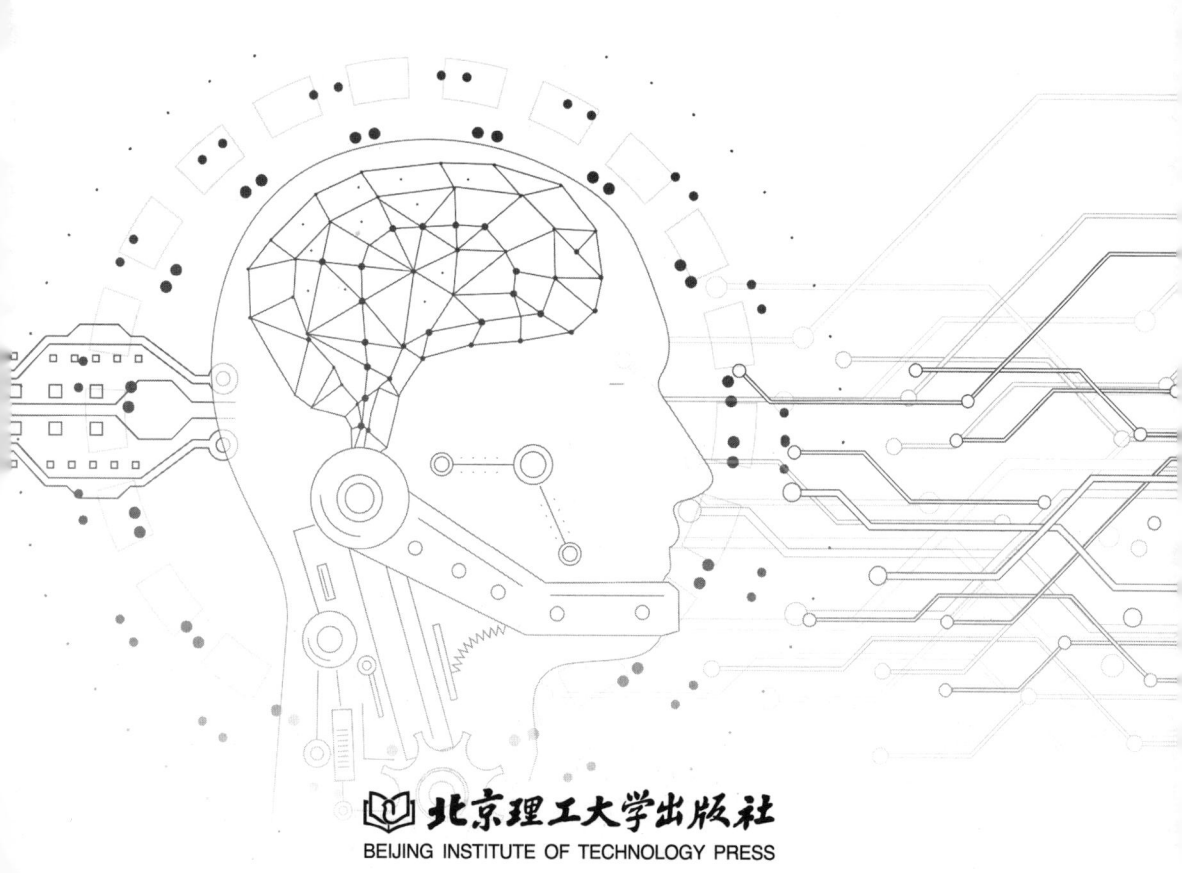

北京理工大学出版社
BEIJING INSTITUTE OF TECHNOLOGY PRESS

版权专有　侵权必究

图书在版编目(CIP)数据

人工智能与中学科技创新／高山，徐启发，刘峡壁编著． －－ 北京：北京理工大学出版社，2024.4
ISBN 978－7－5763－3902－4

Ⅰ．①人… Ⅱ．①高… ②徐… ③刘… Ⅲ．①人工智能－教学研究－中学 Ⅳ．①G633.673

中国国家版本馆 CIP 数据核字（2024）第 089489 号

责任编辑：钟　博	文案编辑：钟　博
责任校对：周瑞红	责任印制：李志强

出版发行 ／ 北京理工大学出版社有限责任公司
社　　址 ／ 北京市丰台区四合庄路 6 号
邮　　编 ／ 100070
电　　话 ／ （010）68944439（学术售后服务热线）
网　　址 ／ http://www.bitpress.com.cn
版 印 次 ／ 2024 年 4 月第 1 版第 1 次印刷
印　　刷 ／ 三河市华骏印务包装有限公司
开　　本 ／ 710 mm × 1000 mm　1/16
印　　张 ／ 20.25
彩　　插 ／ 2
字　　数 ／ 340 千字
定　　价 ／ 88.00 元

图书出现印装质量问题，请拨打售后服务热线，负责调换

前　　言

　　人工智能（Artificial Intelligence，AI）作为一项引领未来的前沿科技，正以惊人的速度影响着人们的生活、工作和社会活动。在数字化时代，人工智能不再是遥不可及的概念，而成为人们日常生活的一部分，无论是智能手机的语音助手、推荐系统的个性化服务，还是自动驾驶汽车的实现，人工智能的身影无处不在。中学阶段的青少年正处于对世界充满好奇心和探索欲望的阶段，他们对科技的兴趣和创造力是推动科技进步的重要动力。

　　在这样的背景下，我们编写了《人工智能与中学科技创新》这本书，旨在帮助中学生更好地理解和应用人工智能，培养他们的科技创新能力和人工智能素养。我们坚信，掌握人工智能的知识和技能，不仅能够帮助中学生更好地适应未来的社会发展，还能够激发他们的创新潜力，为社会的发展做出更大的贡献。

　　本书旨在深入探讨人工智能与中学科技创新之间的关系，并为中学生提供了解人工智能、探索创新的机会和资源。本书主要包括人工智能概述、ChatGPT 原理与应用、AlphaGo 原理与应用、自动驾驶原理与应用、人工智能创新思维、人工智能伦理与道德以及通向人工智能专业之路七章内容。第 1 章从人工智能的定义讲起，对人工智能基本思想、人工智能六大实现途径、人工智能与编程、人工智能与机器人进行了简要论述。第 2 章详细讲述了生成式人工智能、ChatGPT 与大模型、Transformer 神经网络模型、强化学习方法、仿 ChatGPT 生成式系统等。第 3 章介绍并探究了机器博弈、AlphaGo 系统的主要构成、AlphaGo 的 CNN 模型、监督学习与强化学习方法、仿 AlphaGo 博弈系统。第 4 章介绍了自动驾驶技术的现状与未来，自动驾驶系统的主要构成、模块用途和业务流程，感知子系统的功能与实现原理，决策子系统的功能与实现原理，仿 IARA 自动驾驶系统。第 5 章对人工智能科技创新规律与方法进行了梳理，简述了科技项目研发过程与规范、论文写作方法与技巧、科技答辩方法与技巧。第 6 章主要介绍人工智能应用的潜在风险、人工智能伦理规范、人工智能道德自律规范。第 7 章主要介绍国内重点大学人工智能专业课程设置情况、国外重点大学人工智能专业课程设置情况和中学知识与大学人工智能知识的衔接关系。

　　本书系统、全面地讲解了人工智能的相关知识，既简明扼要地介绍了这一学科的基础知识，又对科技创新的方法和技巧进行了详细阐述，更辅以实例，可以帮助读者扎扎实实地打好基础。本书内容易读易学，适合人工智能相关领域和对该领域感兴趣的读者阅读，也适合中小学生、高校计算机专业的教师和学生参考。

　　本书的重点之一是引导读者探索人工智能在中学科技创新中的应用与实践。本书提供了详细的指导和案例分析，帮助读者了解如何利用人工智能技术进行科技创新。通过实践，读者将有机会从零开始构建自己的人工智能项目，培养创新能力和解决问题的能力。

　　我们希望读者通过阅读本书，能够深入了解人工智能技术，掌握相关的科技创新方法与技能，激发他们对科技的兴趣和热情，为未来的科技发展做出自己的贡献。

　　祝愿各位读者在阅读《人工智能与中学科技创新》的旅程中获得丰富的收获，成就非凡的未来！

编著者

2024 年 4 月

目　　录

第1章　人工智能概述 1
1.1　人工智能基本思想 1
1.1.1　人工智能思想的萌芽 1
1.1.2　人工智能的基本思想与六大实现途径 4
1.2　人工智能的六大实现途径 9
1.2.1　机器学习 9
1.2.2　符号智能 12
1.2.3　群智能 14
1.2.4　行为智能 16
1.2.5　人工神经网络 16
1.2.6　进化计算 18
1.3　人工智能与编程 19
1.3.1　什么是计算机程序？ 20
1.3.2　什么是计算思维？ 20
1.3.3　什么是人工智能核心素养？ 20
1.3.4　编程是架设计算思维过渡到人工智能核心素养的桥梁 20
1.3.5　人工智能编程语言 21
1.4　人工智能与机器人 27
1.4.1　人工智能与机器人不同 27
1.4.2　人工智能 28
1.4.3　机器人 28
1.4.4　人工智能机器人：机器人和人工智能的桥梁 29
1.4.5　聊天机器人 30

第2章　ChatGPT原理与应用 34
2.1　生成式人工智能 34
2.1.1　什么是生成式人工智能？ 34
2.1.2　生成式人工智能的主要应用场景 35

2.1.3 生成式人工智能的技术原理 …………………………… 40
2.2 ChatGPT 与大模型 ……………………………………………… 41
　　2.2.1 ChatGPT 基本原理 ……………………………………… 41
　　2.2.2 ChatGPT 的关键技术 …………………………………… 42
　　2.2.3 大语言模型 ……………………………………………… 42
2.3 Transformer 神经网络模型 ……………………………………… 44
　　2.3.1 什么是 Transformer 神经网络模型 …………………… 44
　　2.3.2 Transformer 神经网络模型结构 ……………………… 45
　　2.3.3 Transformer 神经网络模型在 ChatGPT 中的应用 …… 46
　　2.3.4 Transformer 神经网络模型实例 ……………………… 47
2.4 强化学习方法 …………………………………………………… 48
2.5 仿 ChatGPT 生成式系统 ………………………………………… 53
　　2.5.1 使用语音识别功能 ……………………………………… 53
　　2.5.2 使用聊天功能 …………………………………………… 55
　　2.5.3 使用语音合成功能 ……………………………………… 58
　　2.5.4 使用语音克隆功能 ……………………………………… 59

第3章 AlphaGo 原理与应用 …………………………………………… 62

3.1 机器博弈 ………………………………………………………… 62
　　3.1.1 什么是机器博弈? ……………………………………… 62
　　3.1.2 经典机器博弈事件 ……………………………………… 63
　　3.1.3 机器博弈历史 …………………………………………… 65
　　3.1.4 机器博弈的应用 ………………………………………… 67
3.2 AlphaGo 系统的主要构成 ……………………………………… 69
　　3.2.1 AlphaGo 学习过程 ……………………………………… 71
3.3 AlphaGo 中的 CNN 模型 ………………………………………… 73
　　3.3.1 人类棋手的思考过程 …………………………………… 73
　　3.3.2 AlphaGo 的下棋过程 …………………………………… 74
　　3.3.3 AlphaGo 的 CNN 模型 ………………………………… 75
3.4 监督学习与强化学习方法 ……………………………………… 80
　　3.4.1 AlphaGo 的机器学习基本原理 ………………………… 80
　　3.4.2 AlphaGo 监督学习和强化学习的实现 ………………… 81
3.5 仿 AlphaGo 博弈系统 …………………………………………… 85
　　3.5.1 自主机器人的基本原理 ………………………………… 85

3.5.2　自主机器人操作步骤 …………………………………… 87

第4章　自动驾驶原理与应用 …………………………………… 90

4.1　自动驾驶技术的现状与未来 …………………………………… 90
  4.1.1　自动驾驶技术的现状 ……………………………………… 91
  4.1.2　自动驾驶分类系统 ………………………………………… 92
  4.1.3　自动驾驶技术的组成 ……………………………………… 94
  4.1.4　自动驾驶汽车的特点与功能 ……………………………… 94
  4.1.5　自动驾驶汽车的基本组成 ………………………………… 97
  4.1.6　自动驾驶汽车的其他关键技术 …………………………… 98
  4.1.7　当前自动驾驶技术存在的问题 …………………………… 99
  4.1.8　自动驾驶技术未来发展趋势 ……………………………… 99

4.2　自动驾驶系统的主要构成、模块用途和业务流程 ………… 102
  4.2.1　IARA自动驾驶系统的主要构成 ………………………… 102
  4.2.2　自动驾驶系统用途 ……………………………………… 103
  4.2.3　自动驾驶业务流程 ……………………………………… 104

4.3　感知系统的功能与实现原理 ………………………………… 107
  4.3.1　环境感知模块 …………………………………………… 107
  4.3.2　定位模块 ………………………………………………… 108
  4.3.3　V2X模块 ………………………………………………… 109

4.4　决策系统的功能与实现原理 ………………………………… 110
  4.4.1　路径规划 ………………………………………………… 110
  4.4.2　行为决策 ………………………………………………… 110
  4.4.3　执行控制 ………………………………………………… 111

4.5　仿IARA自动驾驶系统 ……………………………………… 113
  4.5.1　人脸识别准备：AIXLAB平台的配置 ………………… 114
  4.5.2　人脸识别过程 …………………………………………… 115
  4.5.3　语音识别 ………………………………………………… 120

第5章　人工智能创新思维 ……………………………………… 125

5.1　人工智能科技创新规律与方法 ……………………………… 125
  5.1.1　已有的人工智能应用和领域 …………………………… 125
  5.1.2　人工智能科技创新能力培养方法 ……………………… 128

5.2　科技项目研发过程与规范 …………………………………… 145
  5.2.1　科技项目研发步骤 ……………………………………… 145

5.2.2　科创项目开发实例 ………………………………………… 146
　　　5.2.3　中学科技项目研发规范 …………………………………… 148
　5.3　中学生科创论文格式要求、写作方法与技巧 ……………………… 151
　　　5.3.1　中学生科创论文格式要求 ………………………………… 151
　　　5.3.2　中学生科创论文写作方法 ………………………………… 152
　　　5.3.3　中学生科创论文写作技巧 ………………………………… 153
　5.4　中学生科创论文答辩方法与技巧 …………………………………… 155
　　　5.4.1　答辩前的准备 ………………………………………………… 155
　　　5.4.2　答辩内容和注意事项 ………………………………………… 156

第6章　人工智能伦理与道德 …………………………………………… 162
　6.1　人工智能应用的潜在风险 …………………………………………… 162
　　　6.1.1　安全和隐私风险 ……………………………………………… 162
　　　6.1.2　人工智能引起的经济和社会风险 …………………………… 163
　　　6.1.3　人工智能带来的安全和威胁 ………………………………… 164
　6.2　人工智能伦理规范 …………………………………………………… 166
　　　6.2.1　人工智能伦理治理标准化 …………………………………… 166
　　　6.2.2　国家人工智能伦理标准化 …………………………………… 166
　6.3　人工智能道德自律规范 ……………………………………………… 170
　　　6.3.1　公平性和无偏见 ……………………………………………… 170
　　　6.3.2　隐私和数据保护 ……………………………………………… 171
　　　6.3.3　安全性和可靠性 ……………………………………………… 172
　　　6.3.4　社会责任 ……………………………………………………… 172
　　　6.3.5　公平和无偏见 ………………………………………………… 173
　　　6.3.6　持续监督和改进 ……………………………………………… 173

第7章　通向人工智能专业之路 ………………………………………… 177
　7.1　国内重点大学人工智能专业课程设置情况 ………………………… 177
　　　7.1.1　双一流高校人工智能专业开设情况 ………………………… 178
　　　7.1.2　国内重点大学人工智能专业课程设置情况 ………………… 185
　　　7.1.3　人工智能专业简介 …………………………………………… 187
　7.2　国外重点大学人工智能专业课程设置情况 ………………………… 189
　　　7.2.1　美国大学人工智能专业设置与研究方向 …………………… 189
　　　7.2.2　国外大学人工智能专业课程开设情况 ……………………… 190
　7.3　中学知识与大学人工智能知识的衔接关系 ………………………… 200

  7.3.1 小学、中学、大学分段贯通的方法 …………………… 200
  7.3.2 人工智能普及教育与拔尖创新人才培养的结合方法 ……… 203
  7.3.3 利于贯通培养的人工智能素养分级评测体系 …………… 205
附录 **北京市第二中学科技创新案例** ………………………………… 208

第1章 人工智能概述

学习目标

（1）了解人工智能以及人工智能的表现形式。

（2）通过对人工智能基本知识的学习，促进学生对人工智能的全面了解。

（3）理解人工智能的六种实现途径，体会人工智能六种实现途径在现实应用中的价值。

2023年，ChatGPT引爆了全球对人工智能的广泛关注，它在教育界、科技界、知识界和产业界已经有了初步应用，你知道它的基本原理是什么吗？你知道什么是人工智能吗？下面我们一起探究吧。

1.1 人工智能基本思想

1.1.1 人工智能思想的萌芽

正如一句古老的箴言——"认识你自己（图1-1-1）"，人类自身蕴藏着很多奥秘。

图1-1-1 "认识你自己"

远古的人们首先用观察法来了解人与自然，萌发了制作工具来模仿人类，让工具更好地为人类服务的想法，这些想法常常被看作人工智能思想的萌芽。《列子·汤问》有以下记载。

周穆王西巡狩，越昆仑，不至弇山。反还，未及我国，道有献工人名偃师。穆王荐之，问曰："若有何能？"偃师曰："臣唯命所试。然臣已有所造，愿王先观之。"穆王曰："日以俱来，吾与若俱观之。"翌日偃师谒见王。王荐之,曰:"若与偕来者何人邪?"对曰:"臣之所造能倡者。"穆王惊视之,趋步俯仰,信人也。巧夫!领其颅,则歌合律;捧其手,则舞应节。千变万化,惟意所适。王以为实人也,与盛姬内御并观之。技将终,倡者瞬其目而招王之左右侍妾。王大怒,立欲诛偃师。偃师大慑,立剖散倡者以示王,皆傅会革、木、胶、漆、白、黑、丹、青之所为。王谛料之,内则肝胆、心肺、脾肾、肠胃,外则筋骨、支节、皮毛、齿发,皆假物也,而无不毕具者。合会复如初见。王试废其心,则口不能言;废其肝,则目不能视;废其肾,则足不能步。穆王始悦而叹曰:"人之巧乃可与造化者同功乎?"诏贰车载之以归。

故事大意是说,周穆王向西巡视的时候,有一个叫"偃师"的精巧工匠,献上一个歌舞"机器人",之后由于"机器人"过于逼真,导致包括周穆王在内的许多人都误会这是真人。等偃师抛开它的胸膛,露出皮革等物,人们才知道"机器人"是假的。可以看出这是机器人的雏形,也是人工智能思想的萌芽之一。

传说在春秋末战国初,墨子受到飞鸟的启发下,用三年时间,独具匠心地设计出一只木鸢(图1-1-2)。后来,鲁国工匠鲁班继承并发展了墨子的构思、设计,为木鸢安装机关,使其能够在空中飞行。这非常类似现代的空中机器人,已经具备比较初级的人工智能思想——能够利用工具拓展人的行为能力。

图1-1-2 木鸢

《三国志·蜀志·本传》中记载,诸葛亮发明的运输粮草的工具分为木牛与流马(图1-1-3)。这种工具每次可以运送"一岁粮",即载重量大约为四百斤以上,甚至与汽车不相上下。木牛和流马行走得也较快,据史书记载大约"特行者数十里,群行三十里"。木牛和流马的运输,极大的缓解前方军队粮草不足的问题。从史书的描述来看,木牛和流马类似现在的运输机器人,其扩展了人类利用自然和改造自然的能力,是人工智能思想的源泉之一。

图1-1-3　木牛和流马

偃师敬献的歌舞"机器人"是仿人，木鸢是仿鸟，木牛和流马是仿牛和马，因此这三者都属于仿生，是人们认识自己和身边事物的重要途径。通过上面三个实例来看，人工智能思想是人在观察大自然的基础上，在追求自己的智慧和能力时的一种反思，是"认识你自己"的一种典型表现。

国外也曾出现过人工智能的思想萌芽。

汽转球是已知最早的将蒸气转变成动力的机器（图1-1-4）。汽转球的原理如下：一个空心的球和一个装有水的密闭锅子以两个空心管子连接在一起，在锅底加热，使水沸腾变成水蒸气然后由管子进入球体，最后水蒸气由球体的两旁喷出并使球体转动。从表面上来看，汽转球好像和人工智能关系不大，但是在蒸汽知识和能量转换知识匮乏的时代，对人工智能的产生产生了积极的影响。

图1-1-4　汽转球

土耳其机器人本义是指能下象棋的"自动装置"，它是在1770年制造的（图1-1-5）。从外形来看，它是坐立的土耳其下棋高手，它由木材制成，包括复杂的齿轮和杠杆系统，从而能够移动棋子。这台机器人的优点是下棋很快，判断准确。这台机器人先后战胜了Cobenzl伯爵、拿破仑和本杰明·富兰克林，在当时社会反响强烈，很多人慕名而来，和这台机器人下棋。后来人们发现，这是一个骗局，原来箱底藏了一名象棋大师，这位象棋大师和外面的人员里应外合，一起骗人下棋。象棋大师用一个磁铁系统跟踪对手的举动并移动自己的棋子。这个故事实际上反映出人们对机器人的极大需求，同时藏在箱底的象棋大师实际是在模拟一种人工智能。从这个角度来看，虽然土耳其机器人是模拟人工智能，但它也向人工智能的方向迈出了宝贵的一步，成为人工智能思想的源泉之一。

图 1-1-5　土耳其机器人

19 世纪，英国数学家布尔（图 1-1-6）和德·摩尔根提出了"思维定律"，对人工智能的出现提供了思想上的途径。作为一门学科，人工智能于 1956 年问世，是由"人工智能之父"约翰·麦卡锡及一批数学家、信息学家、心理学家、神经生理学家、计算机科学家共同提出的。

图 1-1-6　英国数学家布尔

1.1.2　人工智能的基本思想与六大实现途径

如前所述，人工智能是对人类自身的认识，是通过智能机器延伸、增强人类改造自然和治理社会能力的新兴技术（高中信息技术课程标准 2017 年版）。

在人工智能影视剧中，有不少对人工智能的描述，例如电影《变形金刚》

中，汽车人能够延展变形；电视剧《西部世界》中，人工智能机器人甚至可以和人一起生活。2016 年，AlphaGo 击败人类世界围棋冠军从而震惊世人（图 1-1-7）。无人驾驶汽车能够按照"智慧大脑"结合实际路况做出实时判断，从而顺利行驶（图 1-1-8）。

图 1-1-7　AlphaGo 和人类围棋冠军下棋　　　图 1-1-8　无人驾驶汽车

ChatGPT 是 2023 年最为著名的人工智能聊天项目，并在教育、商业等不同领域中有较广泛的应用（图 1-1-9）。

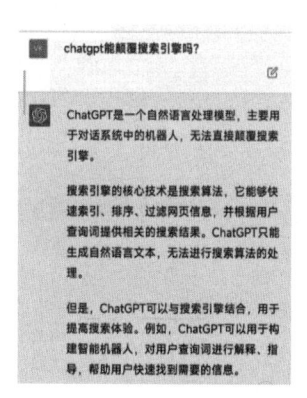

图 1-1-9　和 ChatGPT 聊天

> **思考**
>
> 人工智能的实例数不胜数，它极大地丰富了人们的学习和生活，那么人工智能的思想是什么？

我国著名人工智能专家提出著名论断——"人工智能自我认识论"[①]。人工智能是"认识你自己的学问"，在人工智能模拟人的过程中逐渐形成了六大实现途径，如图 1-1-10 所示。

---

① 刘峡壁，张毅. 人工智能入门 [M]. 北京：中国人民大学出版社，2023.

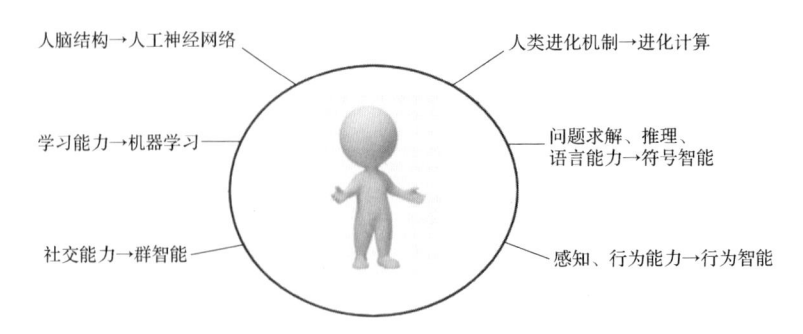

图 1-1-10 人工智能的六大实现途径

有研究表明，人类具有八大能力，包括问题求解能力、推理能力、语言能力、社交能力、感知能力、行为能力、学习能力、创新能力。如何让机器更好地模拟这些人类能力并优化运用？可以按照能力类型和效用进行归类，从而归结出人工智能的六大实现途径，即人工神经网络、机器学习、群智能、进化计算、符号智能和行为智能。这六大实现途径构成了人工智能的基础（图 1-1-11）。

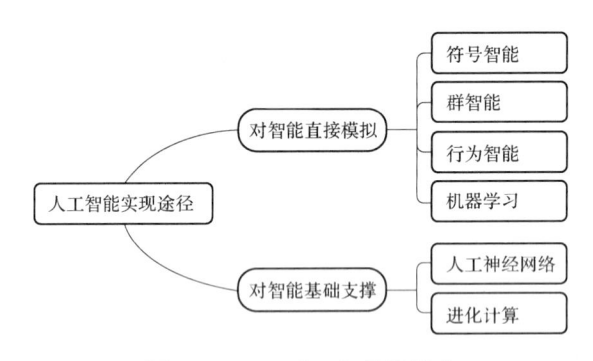

图 1-1-11 人工智能的基础

人工智能的六大实现途径与智能外在表现之间的关系可归纳为以下两类。

（1）对智能外在表现的直接模拟，包括机器学习（学习能力）、符号智能（推理能力、问题求解能力、语言能力）、行为智能（行为能力）、群智能（社交能力）。

（2）提供模拟智能外在表现的基础支撑，包括人工神经网络（人脑结构）、进化计算（人类进化机制）。

"认识你自己"是人工智能的非常重要的思想，目前很多人工智能都是在"认识你自己"中得到的启发或者灵感。例如，人脸识别、虹膜识别、步态识别、语音识别、手势识别等都是基于唯一生物特征的识别。机器学习和人工神经网络是人工智能两个重要实现途径,都在很大程度上模拟人类神经活动,卷积层和池化层等不同层对图像、语音等进行特征提取和还原,全连接层对事物进行还原,进行最大程度的似然估计。例如,在 AIXLAB 平台搭建人工神经网络,构建不同的网络参数,进行机器学习,不断训练和修正参数的数值,可以生成准确率极高的权重文件,以便后续识别。

人工智能的六大实现途径是分析和实现人工智能的科学方法,有时人工智能事件可能包含多个实现途径,例如在前面讲到的 AlphaGo 战胜人类围棋冠军的事件中,AlphaGo 至少用到了人工神经网络和符号智能两种实现途径;在机器人世界杯(图1-1-12)中,至少用到了行为智能和群智能两种实现途径。

图1-1-12　机器人世界杯

阅读资料

1. 有趣的图灵测试

人工智能思想博大精深,既然人工智能是对人类智能的模拟,那么该如何判断电脑是否有智能呢?

1950 年,图灵发表了一篇划时代的论文,文中探讨了智能机器出现的可能性,并给出了具体的测试方法,该测试方法被后人称为"图灵测试"(图1-1-13)。

(1)测试环境:如果人类被测试者和电脑被测试者同时参加测试官的考验,通过一定的设备(例如键盘和电传设备),电脑被测试者不能被辨别出其电脑身份,那么称这台电脑具有智能。

(2)测试标准:如果电脑被测试者能让测试官产生超过30%的误判,则认为这台电脑具有智能。

这个测试标准具有划时代的意义，巧妙地解决了电脑是否具有智能的判断问题。

图 1-1-13　图灵测试

2. 有趣的中文屋测试

美国哲学家 John Searle 于 20 世纪 80 年代初提出中文屋测试（图 1-1-14）。这个测试要求只懂英文、完全不懂中文的人坐在房间中，房间仅以一个很小的窗口与外界相通，通过小窗口可以传递和回答问题。在房间中有很多可以进行中英文转换的资料和相关的稿纸等。测试程序是：外面的测试者写好问题后，通过小窗口传给房间里的人，房间里的人查找资料并回答后，再通过小窗口传出答案。如此几次后，外面的测试者觉得房间里的人应该懂中文，因为他（她）通过笔写出了中文问题答案。这个测试原本打算验证强人工智能（机能主义）的错误，只要计算机拥有了特定和充足的程序，理论上就可以像人一样认知、理解相应活动。

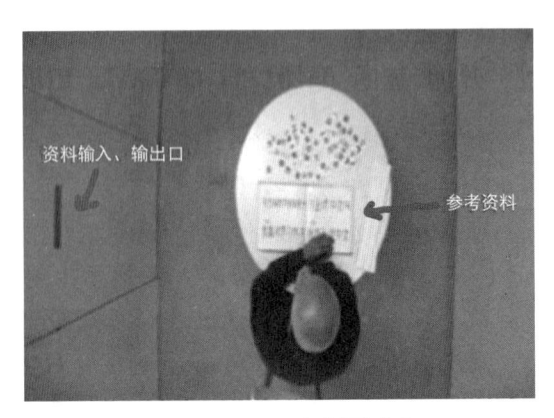

图 1-1-14　中文屋测试

> **思考探究**
> 你认为人工智能的基本思想是什么？人工智能有哪几条实现途径？

1.2 人工智能的六大实现途径

如前所述，人工智能的六大实现途径构成了人工智能的重要思想和依据。下面分别对每条途径进行详细剖析。

1.2.1 机器学习

在小明还是婴儿的时候，他对万事万物都很感兴趣，但是没有太多记忆。突然有一天在他哭闹的时候，妈妈给他一根棒棒糖吃，他有了很甜很舒服的感觉。这种感觉给小明留下了初步的印象。后来小明哭闹的时候，妈妈又给他吃了棒棒糖，这种感觉好极了。吃了几次棒棒糖以后，小明终于记住这是好吃的，下次妈妈刚把棒棒糖拿到小明眼前，小明就有了抓取的动作，因为他已经记住这种物品是甜甜的，很好吃。于是，学习发生了——小明记住了棒棒糖的特性，它能够给自己带来乐趣，是自己需要的物品。

人类的学习是伴随着年龄增长，逐渐产生对事物的理解和记忆。那么机器可以模仿吗？答案是肯定的，机器也可以像人一样学习，称为机器学习。

1. 强化学习

强化学习是一种机器根据自身行动所获得的奖励和惩罚来学习最优行为策略的学习方法。这与人类婴幼儿时期的主要学习方法是类似的，即通过不断地趋利避害，完善对事物的理解。在强化学习方面，比较经典的有巴普洛夫条件反射实验（图1-2-1）。另外一个比较直接的强化学习的实例，是机器人在进行翻滚、跳跃等动作时，如果成功，则机器人会得到相应的分数奖励，如果失败，则机器人会得到负分惩罚，于是它总是向着得到分数奖励的方向进行改进（图1-2-2）。

机器学习中的强化学习正是对人类上述强化学习能力的模拟，其核心是最优的行为策略，这种行为策略可以是具象的，如上面所述的人体动作，也可以是抽象的，如人脸识别。事实上所有根据输入获得输出的过程都可被视为一种行为，因此强化学习虽然起源于机器人的行为控制，但实际上可应用于任何希望根据输入获得理想输出的问题。

图 1-2-1　巴普洛夫条件反射实验示意

图 1-2-2　机器人强化学习示意

2. 监督学习

在前述婴儿抓糖的例子中，婴儿为什么会主动抓糖？因为经过一段时间的学习，在婴儿心里已经建立了"糖→甜"的对应关系，想得到甜的感觉，就要去抓糖。实际上，有了糖和甜的对应关系，以及手部动作的协调，为后面其他好东西出现时做同样的抓取动作打下了基础，糖和甜之间的联系是以"打标签"的方式建立的。监督学习就是一种给事物"打标签"的学习方法。

机器学习中的监督学习正是对人类"打标签"学习方式的模拟，即通过人为标注的问题与问题答案对应的数据来学习问题与答案之间的对应关系，从而能解决未知的同类问题。因此，监督学习可以通过简单的几何图形表示，可以通过探寻图形规律预测后续节点的趋势。例如，某同学采集了平时数次复习时间和成绩提高之间的对应关系，那么在期末复习时，该同学可以大致计算出投入有效复习时间和提高成绩的近似估值，以方便分配时间，权衡学习和生活。又如，通过监督学习可以根据大量的二手房房价，在某个时间段内进行有效的趋势预测（图 1-2-3）。

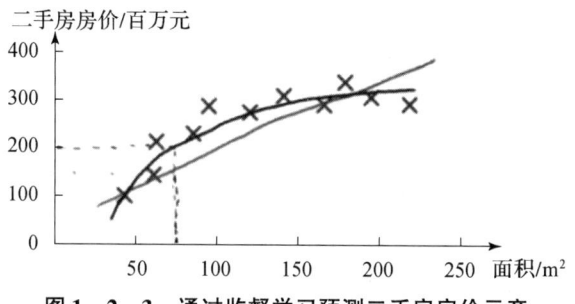

图 1-2-3　通过监督学习预测二手房房价示意

3. 非监督学习

监督学习是"打标签"的学习方法，而事物的种类和数量上都非常庞大，短时间内不可能全部打上标签，这时就出现了非监督学习。在这种方式下学习者面对的只有输入数据，没有与之对应的标准答案，从而不能根据输入与输出的对应关系来获得二者之间的联系。同时，非监督学习也与强化学习不同，在学习者给出答案（行动）后没有与答案对错相对应的奖励与惩罚，从而也不能根据奖励与惩罚来调整其行为策略以获得理想的答案。那么，非监督学习的作用是什么呢？它是对已经输入的数据进行分析，从而获得相应规律。聚类是比较常用的非监督学习方法（图 1-2-4）。

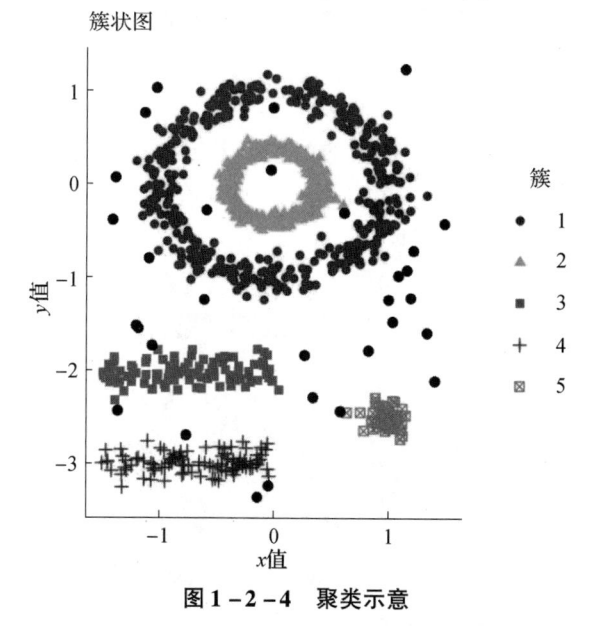

图 1-2-4　聚类示意

除了聚类以外，还有一种非监督学习方法——关联规则挖掘，即找出输入数据各组成部分之间的相互依赖关系，从而根据部分输入推算出某种结果，或者根据数据之间的相互依赖关系获得更好的行动策略。

4. 监督学习、非监督学习和强化学习的共同点

不论采用何种学习方法,"学习都意味着变化"。通过学习,对于学习主体而言,必然发生着变化,可能是好的变化,也可能是不好的变化,但一定有变化发生。对于人来说是这样,对于机器来说也是这样。这种变化的结果主要有两类。

第一类是提升了学习主体的能力,包括:①能处理过去不能处理的问题(更多);②能更好地处理问题(更好);③能提高处理问题的效率(更快)。这一类结果主要体现在强化学习与监督学习上。

第二类是产生或增长了学习主体的知识,包括:①数据所蕴涵的规律;②数据所蕴涵的规则。这一类结果主要体现在非监督学习上。

因此,在理解与设计机器学习算法的时候,都应围绕"改变什么?怎样改变?"的问题来思考,这是理解机器学习的关键。

1.2.2 符号智能

在历史的长河中,符号是文化传承的重要部分,人们经常用符号处理各种事情。远古时代人们用符号记录重要的祭祀时间,近代书籍上的文字对交流起到重要的作用。人类的问题求解能力、推理能力、语言能力所体现的正是这种符号处理能力。

1. 问题求解

在问题求解中,人们将待解决的问题以及问题的所有可能答案以符号形式表达出来,再从所有可能答案中找出最优的答案。下面以狼、羊、白菜问题(图1-2-5)为例进行说明。

图1-2-5 狼、羊、白菜问题示意

一个农夫带着一只狼、一只羊和一棵白菜，身处河的南岸。他要把这些东西全部运到北岸。他面前只有一条小船，船只能容下他和一件物品，另外只有农夫才能撑船。如果农夫在场，则狼不能吃羊，羊不能吃白菜，否则狼会吃羊，羊会吃白菜。

解决方案——人类的知识表示

（1）农夫携带羊过河，把狼和白菜留在南岸；

（2）农夫把羊留在北岸，单独回到南岸；

（3）农夫携带狼过河，把白菜留在南岸；

（4）农夫把狼留在北岸，携带羊回到南岸；

（5）农夫把羊留在南岸，携带白菜过河；

（6）农夫把白菜留在北岸，单独回到南岸；

（7）农夫携带羊过河，到达北岸。

如果用"0"和"1"分别表示不同的含义，"0"表示对应的人或物品在南岸；"1"表示对应的人或物品在北岸，则解决方案见表 1-2-1。

表 1-2-1 解决方案

河岸	农夫	狼	羊	白菜
南岸	0	0	0	0
北岸	1	1	1	1

问题求解的初始状态："0000"依次表示农夫、狼、羊、白菜都在南岸。

问题求解的目标状态："1111"依次表示农夫、狼、羊、白菜都在北岸。

问题求解流程如图 1-2-6 所示。

```
0000——1010——0010——1110——0100——1101——0101——
1111             \ 1011——0001 /
```

图 1-2-6 问题求解流程

2. 推理

在推理中，人们将已知事实、知识等用符号表达出来，然后在此基础上，根据已知事实和知识，利用逻辑手段推出相应的结论，而结论同样是用符号表达的。因此，推理是从一种符号内容到另一种符号内容的转换过程。

例如，有一个识别虎、金钱豹、斑马、长颈鹿、企鹅、鸵鸟、信天翁等 7

种动物识别系统（图 1-2-7）。为了实现对这些动物的识别，该系统建立了如下规则库①。

R₁： IF　该动物有毛　　THEN　　　　该动物是哺乳动物
R₂： IF　该动物有奶　　THEN　　　　该动物是哺乳动物
R₃： IF　该动物有羽毛　THEN　　　　该动物是鸟
R₄： IF　该动物会飞　AND 会下蛋　THEN　　该动物是鸟
R₅ ~ R₁₂：略。

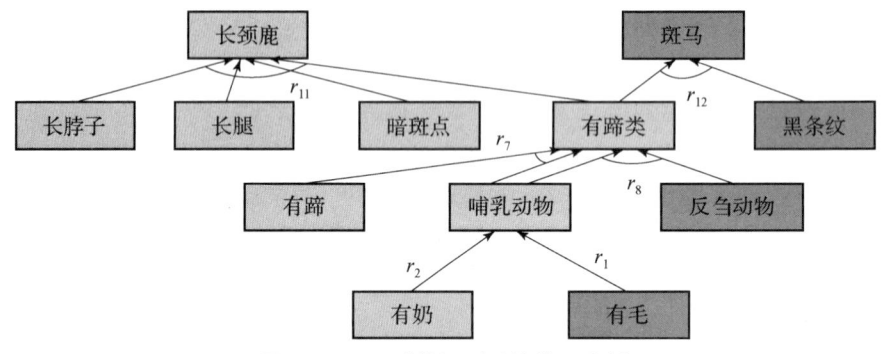

图 1-2-7　动物识别系统推理实例

3. 语言

在语言处理中，其核心同样是将语言符号从一种形式转换成另一种形式，例如，完成机器翻译，是将一种语言翻译成另一种语言；完成自然语言理解，是从符号的外在表现形式获得其蕴含的语义，理解表达者的意图。

对人类符号处理能力的模拟，符号智能只是一种途径，通过机器学习、人工神经网络等非直接的技术手段也可实现。事实上，近年来机器学习、人工神经网络在问题求解、推理、语言智能方面已有越来越多的应用。这并不意味着符号智能不再值得重视，新技术的应用还需要与符号智能融合，例如问题及其可能答案的表示方式、搜索手段、推理逻辑等。归根到底，对符号的处理，尤其是对知识的表达和运用，也是人类智能中根本的属性之一。要想得到越来越好的人工智能，需要不同实现途径的交叉与融合。

1.2.3　群智能

群智能是对生物智能中社交能力的模拟。以上所述各实现途径，均是通

---

① 注：这里只列出了 R₁ ~ R₄，其余更多规则（如 R₅ ~ R₁₂）未列出，另外图中只展示了长颈鹿和斑马的识别过程，其他动物未列出。

过单个个体解决问题。即使具有群体性的进化计算，也只是通过群体的繁殖和进化来提高单个个体解决问题的能力。相反，群智能立足于个体之间的协作来解决问题，不强调单个个体的能力，而是强调群体智慧。

蚁群算法（Ant Colony Optimization，ACO），又称为蚂蚁算法，是一种用来在图中寻找优化路径的概率型算法。蚂蚁在没有事先被告知食物在什么地方的前提下开始寻找食物。当一只蚂蚁找到食物后，它会向环境释放一种挥发性分泌物 pheromone（称为信息素，该物质随着时间的推移会逐渐挥发消失，信息素浓度的高低表征路径的远近）以吸引其他蚂蚁，这样越来越多的蚂蚁会找到食物。有些蚂蚁并没有像其他蚂蚁一样总重复同样的路径，它们会另辟蹊径，如果另开辟的路径比原来的其他路径更短，那么渐渐地更多蚂蚁被吸引到这条较短的路径上来。最后，经过一段时间的运行，可能出现一条最短的路径被大多数蚂蚁重复。蚁群算法是一种仿生学算法，是由自然界中蚁群觅食（图1-2-8）的行为启发的。在自然界的蚁群觅食过程中，蚁群总能够找到一条从蚁巢到食物源的最优路径。

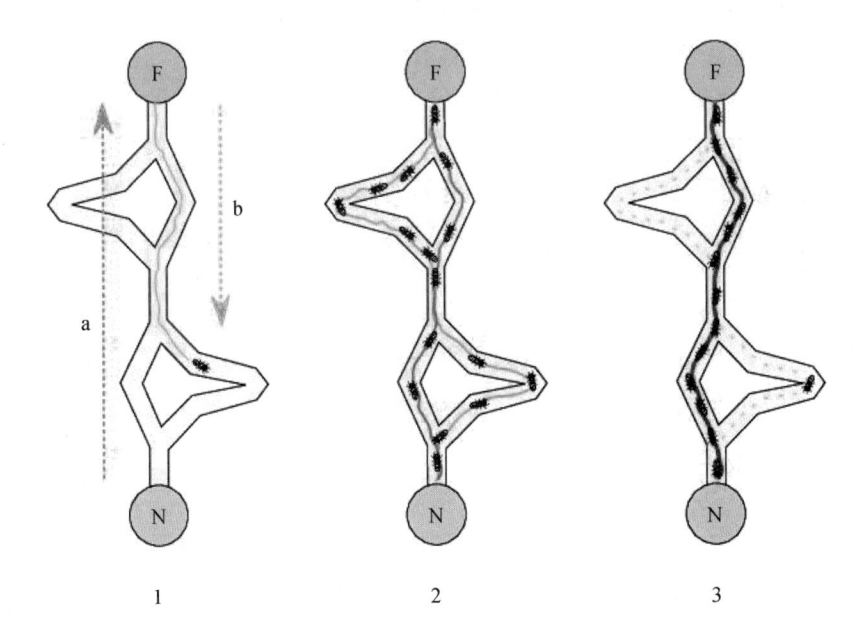

图1-2-8 蚁群觅食示意

对于人类以及其他生物群智能的模拟，导致了两种群智能的实现形式。一种是群智能系统，它由多个智能体相互协作或竞争以完成任务，如分布式问题求解、分布式人工智能系统、机器人足球比赛（图1-2-9）等。

图1-2-9 机器人足球比赛

另一种即是上面所述的群智能搜索，它模拟群体智慧以解决搜索问题，具体表现包括模拟群体运动的粒子群优化算法、模拟蚁群觅食的蚁群算法等。

1.2.4 行为智能

行为智能是对人的感知与行为能力的模拟。人的行为是从"感知"到"行动"的过程，在感知到外界环境发生变化时，人会做出恰当的反应。例如，在开车时，当车辆前方出现障碍物时，人会做出刹车的动作。这种从感知到行动的反应能力正是行为智能所要解决的问题，而且这种反应能力可能并非来自大脑的思考和控制，而是来自某种独立的行为控制能力。设想当车辆前方出现障碍物时，如果经过大脑的慎重思考再做出刹车的动作，则很可能已经发生事故了。因此，虽然行为智能也可以通过其他方式实现，例如利用前述符号智能通过推理手段实现感知（事实）到行动（结论）的映射，但此处所说的行为智能专指直接实现从感知到行动的映射方法。这一问题在机器人的行为控制中尤为重要，因此行为智能最早也来源于机器人控制领域。

建立了感知与行动之间的直接对应关系，机器人便能在环境中自主地行动，成为所谓的"现场式人工智能"。这与无实体的非现场式人工智能形成鲜明对照。非现场式人工智能本身不具有感知环境以及与环境进行交互的能力，它所表现的只是一种抽象的智能，其对环境的感知以及在环境中的行动需要借助人通过键盘、鼠标、显示器、打印机等输入/输出设备实现。行为智能则试图构造位于真实世界中的智能实体，该智能实体不需要人的帮助和干预而在环境中实时做出恰当的反应。显然，这才是真正的行为智能。

1.2.5 人工神经网络

1. 人脑神经机制

神经元中的细胞体相当于一个处理器，它对来自其他各个生物神经元的信号进行整合，在此基础上产生一个神经输出信号。由于细胞膜将细胞体内外分开，所以细胞体内外具有不同的电位，通常内部电位比外部电位低。神经元结构如图1-2-10所示。

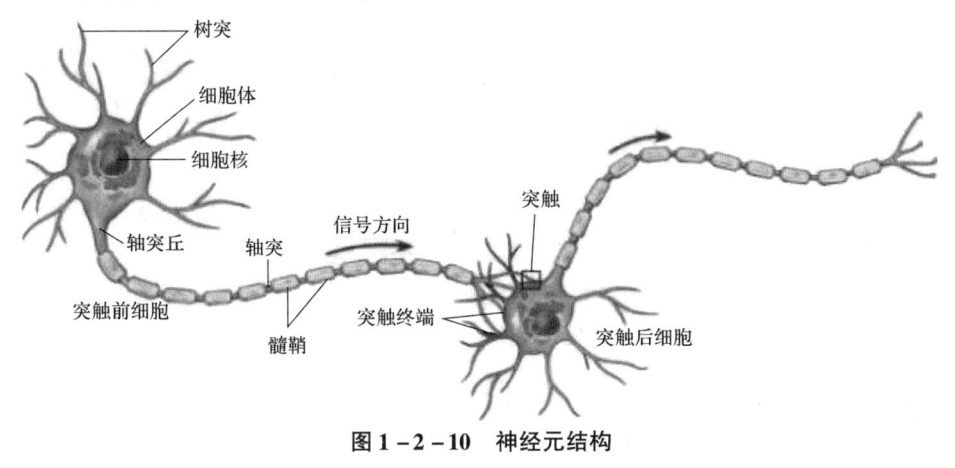

图1-2-10 神经元结构

2. 人工神经网络的概念

人工神经网络即对上述人类大脑系统进行模拟的产物。首先是对生物神经元的模拟，人们将其抽象为一个计算单元，接收多个输入信号，进行综合计算后形成一个输出信号（图1-2-11）。其次是对整体结构的模拟，将许多人工神经元广泛互连，抽象成一种网络结构，这也是人工神经网络名称的由来，它也因此常被称为"连接主义"。

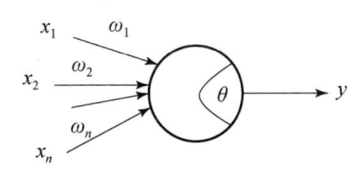

图1-2-11 对神经元的模拟

在这样一种基本的网络构造模式下，人工神经元的具体连接方式存在较多变化。例如，根据网络中是否存在回路，有前馈网络与反馈网络的区别，存在回路的为反馈网络，不存在回路的为前馈网络；根据前馈网络的层数可将网络分为浅层网络与深度网络，4层以下的为浅层网络，4层以上的为深度网络。目前，深度网络大行其道，在很多应用中表现优异，几乎成了人工神经网络乃至人工智能的代名词，但不应忽视其他网络类型。以上关于人工神经元具体连接方式的问题统称为结构问题。

除了结构问题外，人工神经网络的另一个问题是学习问题，即如何确定人工神经网络中的参数，主要是人工神经元之间的连接权值。由于人工神经网络参数通常数量巨大，这些参数需要依赖机器学习方法确定，即在应用人工神经网络解决具体问题的过程中，根据其表现优劣对参数进行调整以使其趋于最优。作为机器学习问题，可采用机器学习途径中所发展出来的方法，同时由于人工神经网络的特殊性，在人工神经网络的学习中也有一些特殊的方法，例如模拟大脑学习与工作特性的 Hebb 学习、竞争型学习等。不论其灵感来自何处，人工神经网络的学习方法同样可归入监督学习、非监督学习、强化学习这三大类。

解决了人工神经网络的结构问题与学习问题，就获得了解决具体问题的人工神经网络模型。由于人工神经网络的发展离不开机器学习，所以有时人们也将人工神经网络作为机器学习的一个分支。但从思想源头来看，它们还是两种不同的人工智能实现途径。此外，机器学习可以不依赖人工神经网络而独立应用于其他技术途径或问题。

1.2.6　进化计算

人们希望通过进化计算完全实现机器智能的自我进化，但这较难实现，目前主要是将进化计算原理用于人工智能中搜索问题的解决，即"在所有可能解中找到最优的或者至少是可行的解"。如前所述，这是人工智能中居于核心地位的技术问题。事实上，机器人形体问题也是一个搜索问题，即"在所有可能的机器人形体中找到最优形体"。

除了以软件方式模拟生物进化以外，还可以利用进化计算的思想构建新型计算机，完全采用生物进化的机制和手段实现计算。进化的基础是基因，基因的载体是脱氧核糖核酸（DNA）。因此，可将待计算问题及其可能答案用 DNA 序列表示，然后让其进行生物化学反应进行 DNA 序列的发展进化，最后从 DNA 序列群体中选出最好的答案。这便是 DNA 计算机。首先，在试管中准备好许多 DNA 序列，每一 DNA 序列对应待求解问题的一种答案；然后，使其进行生物化学反应，使 DNA 序列不断繁衍进化；最后，利用生物化学手段从最后进化得到的 DNA 序列群体中挑出最好的 DNA 序列，从而得到最优解。这与我们当前所认识的计算机的区别是多么巨大啊！

阅读资料

DNA 计算机

DNA 计算机是一种生物形式的计算机。它是利用 DNA（DNA 双螺旋模型示意如图1-2-12所示）建立的一种完整的信息技术形式，以编码的DNA序列（通常意义上计算机内存）为运算对象，通过分子生物学的运算操作来解决复杂的数学难题。

图1-2-12 DNA双螺旋模型示意

与传统的电子计算机相比，DNA计算机的优点如下。

（1）体积小。一支试管可同时容纳1万亿个DNA计算机。

（2）存储量大。1 m^3 的DNA溶液可以存储1万亿亿的二进制数据。1 cm^3 的DNA溶液可存储的资料量超过1兆片CD的容量。

（3）运算快。其运算速度可以达到每秒10亿次，十几个小时的DNA计算，相当于电子计算机问世以来所有电子计算机的总运算量。

（4）能耗低。DNA计算机的能耗非常低，仅相当于普通电子计算机的10亿分之一。如果将DNA计算机放置在活体细胞内，能耗会更低。

（5）具有并行性。电子计算机都是以顺序执行指令的方式运算，而DNA计算机具有独特的数据结构，数以亿计的DNA计算机可以同时从不同角度处理同一个问题，工作一次可以进行10亿次运算，即以并行的方式工作，大大提高了效率。

此外，DNA计算机能够使科学观察与化学反应同步，节省大量科研经费。

1.3 人工智能与编程

2016年，AlphaGo战胜了人类围棋冠军李世石，引起人们对人工智能的强烈关注，不仅表现在对人工智能技术本身的关注，还表现在对人工智能编程语言的关注。图像识别、机器人学、搜索引擎、自动驾驶技术等人工智能技术中的编程语言是什么？如何开发优秀的人工智能项目？

1.3.1 什么是计算机程序？

计算机程序是指示计算机或其他消息处理装置的动作指令，通常用某种程序设计语言编写，运行于某种目标体系结构上。未经编译就可运行的程序通常称为脚本程序（script）。

1.3.2 什么是计算思维？

计算思维是运用计算机科学的基础概念进行问题求解、系统设计以及人类行为理解等涵盖计算机科学广度的一系列思维活动，其中编写程序是体现计算思维的一个极其重要的方面。

1.3.3 什么是人工智能核心素养？

人工智能核心素养可确定为：智算思维、智通思维、智能意识、智社责任和智数学习。智算思维是指利用人工智能的基本概念与方式方法等组成的知识体系进行问题求解、系统设计，以及人类行为理解等涵盖人工智能科学广度的一系列思维活动。智通思维是指具备将所学人工智能知识融会贯通的能力，将知识节点连接在一起，有效探索上位知识点和下位知识点，形成利用人工智能思维解决问题的方式和方法。智能意识是指具备对人工智能信息与人工智能价值的判断力，存在主动用人工智能方法解决现实问题的意识。智社责任是指明确人工智能是用来服务于人类的，因此研究和应用人工智能需要符合道德规范和法律法规的约束。智数学习是指利用人工智能与数字化资源相融合的方法完成学习和探究，实现更高效的学习。

1.3.4 编程是架设计算思维过渡到人工智能核心素养的桥梁

计算思维、人工智能思维与编程能力之间的关系示意如图1-3-1所示。

图1-3-1 计算思维、人工智能思维与编程能力之间的关系示意

编程能力既是计算思维的重要组成部分，也是培养人工智能核心素养的桥梁。人工智能核心素养之一智算思维与编程能力的交叉部分为人工智能编程能力（图1-3-2）。

图1-3-2 编程能力、智算思维与人工智能编程能力的关系示意

人工智能编程能力是很重要的能力，不仅可以培养人工智能逻辑思维，严谨的习惯，解决问题、完成任务的能力，还可以极大限度地培养利用人工智能进行创新创造，适应未来人工智能社会的生活和学习的能力。

1.3.5 人工智能编程语言

人工智能算法是以计算机程序为载体编制的，例如人工智能的图像识别、语音识别、自然语言理解、机器学习和人工神经网络等都需要由计算机程序实现。那么，人工智能编程语言有哪些呢？

人工智能编程语言是一类适用于人工智能和知识工程领域的、具有符号处理和逻辑推理能力的计算机程序设计语言。用它能够编写程序求解非数值计算、知识处理、推理、规划、决策、语音识别、图像识别等具有智能的各种复杂问题。人工智能编程语言是人工智能开发项目的支柱，有了它的帮助，开发人员才可以快速创建新的人工智能解决方案。人工智能编程语言是计算机编程语言的一个子集，主要包括Python、Java、C、C++、LISP、Prolog等，如果对硬件响应要求比较高，可以考虑使用C语言等，如果使用较广泛的话，可以使用Python语言等。按照编程的方式，人工智能编程语言分为命令行和图形化两种不同的方式。比较有代表性的图形化人工智能编程语言有AIXLAB平台语言等。

Tiobe编程语言排行榜如图1-3-3所示。

以下是最常用的人工智能编程语言。

1. Python

从Tiobe编程语言排行榜可以看出，Python位于第一位，是最受欢迎的编程语言。Python简单易用，是人工智能领域使用最广泛的编程语言之一，它

Dec 2022	Dec 2021	Change	Programming Language	Ratings	Change
1	1		Python	16.66%	+3.76%
2	2		C	16.56%	+4.77%
3	4	^	C++	11.94%	+4.21%
4	3	v	Java	11.82%	+1.70%
5	5		C#	4.92%	-1.48%
6	6		Visual Basic	3.94%	-1.46%
7	7		JavaScript	3.19%	+0.90%
8	9	^	SQL	2.22%	+0.43%
9	8	v	Assembly language	1.87%	-0.38%
10	12	^	PHP	1.62%	+0.12%
11	11		R	1.25%	-0.34%
12	19	⋀	Go	1.15%	+0.20%
13	13		Classic Visual Basic	1.15%	-0.13%
14	20	⋀	MATLAB	0.95%	+0.03%
15	10	⋁	Swift	0.91%	-0.86%

图 1-3-3　Tiobe 编程语言排行榜

可以无缝地与数据结构和其他常用的人工智能算法一起使用。同时，Python 能够轻易地实现许多 AI 算法并且开发周期短、支持面向对象的编程风格，因此广泛应用于人工智能项目的程序编写。

　　Python 借助人工智能和数据科学，攀爬到了编程语言生态链的顶级位置，可以说 Python 与人工智能已经紧密捆绑在一起。Python 的优势在于资源丰富，拥有坚实的数值算法、图标和数据处理基础设施，能够建立非常良好的生态环境。Python 的包装能力、可组合性、可嵌入性都很好，可以把各种复杂性包装在 Python 模块里，显示丰富的接口。Python 还具有丰富和强大的类库，它常被昵称为"胶水语言"，它能够把用其他语言制作的各种模块（尤其是用 C/C++制作的模块）很轻松地连接在一起。

　　Python 中有很多库，诸如核心库、机器学习库、深度学习库、分布式深度学习库、自然语言处理库、计算机视觉等，使用者应用 Python 库完成项目编写更容易。例如，机器学习库包括 TensorFlow 库、PyTorch 库、Scikit-Learn 库等。

2. LISP

LISP 是人工智能开发中最古老、最合适的语言之一。它是由"人工智能之父"约翰·麦卡锡于 1958 年发明的。LISP 因其出色的原型设计能力和对符号表达式的支持在人工智能领域崭露头角。LISP 作为人工智能设计语言，具有高效处理符号信息的能力。它还以出色的原型设计功能和易于动态创建新对象而著称，同时具有自动垃圾收集功能。它允许在程序运行时交互式评估表达式和重新编译函数或文件。LISP 代码实际上是一个列表的列表（a list of lists），它的名字其实是"列表处理（LISt Processing）"的简写。LISP 因其可用性和符号结构而主要用于机器学习/ILP 子领域。

3. Prolog

当谈到人工智能领域的发展时，Prolog 与 LISP 并存。Prolog 提供的功能包括有效的模式匹配、基于树的数据结构和自动回溯。所有这些功能都提供了强大而灵活的编程框架。Prolog 是一种逻辑编程语言，主要用于对一些基本机制进行编程，对于人工智能编程十分有效。它所提供的模式匹配、自动回溯和基于树的数据结构化功能相结合，可以为人工智能项目提供一个灵活的框架。Prolog 广泛应用于人工智能的专家系统，也可用于医疗项目。

4. Java

Java 也是人工智能开发的不错选择。它是一种面向对象的编程语言，专注于提供人工智能项目所需的所有高级功能。它是可移植的，并且提供了内置的垃圾回收功能。人工智能与搜索算法、人工神经网络和遗传编程有很大关系。Java 有许多优点：易于使用、易于调试、包服务，可简化大型项目的工作、可进行数据的图形表示以及提供更好的用户交互。它还包含 Swing 和 SWT（标准窗口小部件工具包）。这些工具使图形和界面看起来更具吸引力。对于人工智能项目来说，算法几乎是灵魂，无论是搜索算法、自然语言处理算法还是人工神经网络，Java 都可以提供一种简单的编码算法。另外，Java 的扩展性也是人工智能项目必备的功能之一。

5. C++

C++ 是世界上速度最快的编程语言，其在硬件层面上的交流能力使开发人员能够改进程序执行时间。C++ 对时间很敏感，这对于人工智能项目是非常有用的，例如搜索引擎可以广泛使用 C++。在人工智能项目中，C++ 可用于统计，如人工神经网络。另外，算法也可以通过 C++ 被广泛地快速执行，游戏中的人工智能部分主要用 C++ 编码，以便更快地执行和响应。

6. AIXLAB 平台语言

AIXLAB 平台语言采用图形化搭积木的方式，去除命令行语言中繁冗的语法结构，采用数据输入积木、手势识别积木（以手势识别为例）、图像识别积木、神经网络积木、机器学习积木的顺序直接依次搭建，可以很方便地帮助 9~16 岁的学生快速建立人工智能项目，例如建立人脸识别、语音识别、手势识别和交通灯识别等人工智能项目，从而让学生深刻掌握人工智能思维，培养人工智能核心素养。

AIXLAB 平台登录界面如图 1-3-4 所示。

图 1-3-4　AIXLAB 平台登录界面

下面以人脸识别为例进行介绍。建立人脸识别项目需要完成以下三个任务。

（1）完成两类人脸图像数据的采集。

（2）完成人脸识别模型的训练，观察训练过程。

（3）完成人脸识别控制。

首先，运用 AIXLAB 平台积木组合成基本的图片训练功能。如图 1-3-5~图 1-3-7 所示，单击相应积木并对参数进行修改，以便进行测试。积木组合好后单击"保存"按钮即可。

其次，进行入正式训练过程。单击"训练"按钮，在弹出对话框的输入框中输入前采集的图片路径（人脸数据文件存放路径），即"data_face"文件夹的路径，例如"D:\ruanjian\AI_Car\face_capture_v1.0\data_face"，将该输入后单击"确定"按钮，如图 1-3-8 所示。

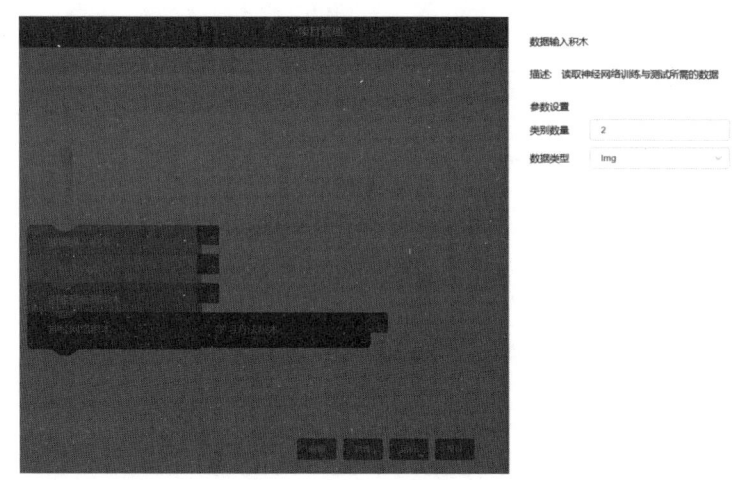

图 1-3-5 数据输入积木

图 1-3-6 人脸识别积木

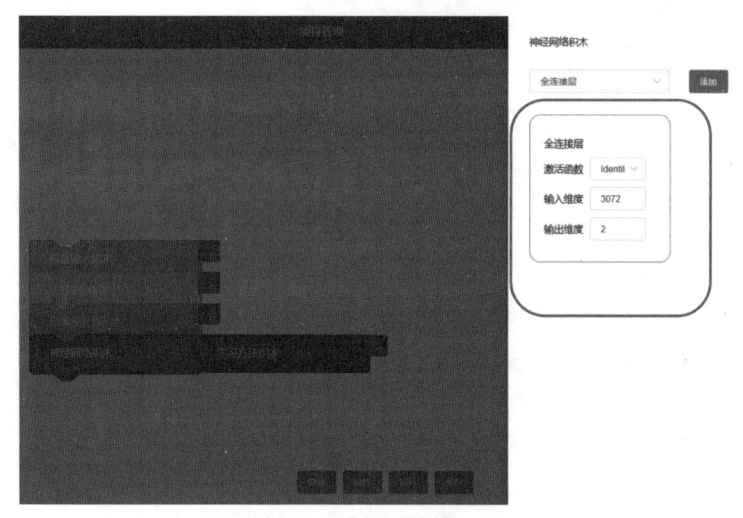

图 1-3-7 神经网络积木

图 1-3-8　输入训练路径

等待片刻，在 block 客户端显示训练进行情况，直到训练结束，如图 1-3-9、图 1-3-10 所示。

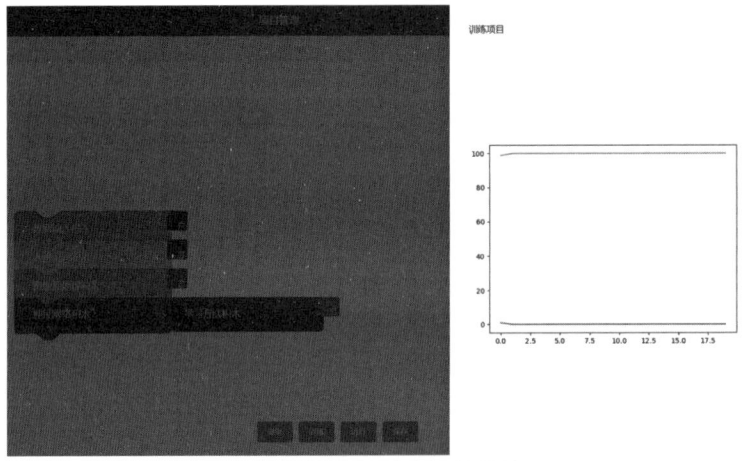

图 1-3-9　正确率训练曲线

图 1-3-10　数据训练过程

人工智能编程语言总结

人工智能是一个很广阔的领域，很多编程语言都可以用于人工智能项目开发，因此很难说人工智能项目必须用哪一种语言来开发。人工智能编程语言有优劣之分，并不是每种人工智能编程语言都能够为开发人员节省时间及精力。其中，Python 因为适用于大多数人工智能领域，所以有逐渐成为人工智能编程语言之首的趋势；LISP 和 Prolog 因其独特的功能，在部分人工智能项目中卓有成效，地位暂时难以撼动；Java 和 C++ 的自身优势将在人工智能领域继续保持。

1.4　人工智能与机器人

随着科技创新成为时代主旋律，诸如"自动驾驶取代司机""50%以上的工作岗位将会被人工智能取代"以及"机器人大规模列装，无人工厂成真"之类的新闻标题早已屡见不鲜。

这种技术名词的滥用往往会在不经意间使大众混淆"机器人"与"人工智能"两个概念。

1.4.1　人工智能与机器人不同

机器人是人工智能的一部分吗？人工智能是机器人的一部分吗？这两个名词的区别是什么？需要特别强调的是，机器人和人工智能完全不是一回事，二者的目的非常不同，甚至可以说，这两个领域除了人工智能机器人概念外，几乎是完全各自独立的（图1-4-1）。

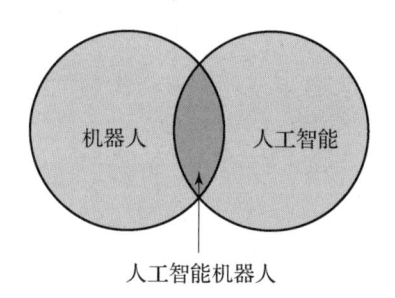

图1-4-1　机器人与人工智能概念交叉示意

1.4.2 人工智能

如前所述，高中信息技术课程标准（2017年版）将人工智能定义为"人工智能是通过智能机器延伸、增强人类改造自然和治理社会能力的新兴技术"。

人工智能分为三种类型：狭义人工智能（Narrow AI，ANI）——能力范围狭窄的人工智能；通用人工智能（General AI，AGI）——人工智能与人类能力相提并论；超级人工智能（Super AI，ASI）——超越人类智能的人工智能。下面将详细地分析每种人工智能类型。

（1）ANI。ANI也称为弱人工智能，是特定于应用程序或任务的人工智能。它被编程为执行单一任务，例如面部识别、语音助手中的语音识别或驾驶汽车。ANI基于一组有限的参数、约束和上下文来模拟人类行为。ANI的一些常见示例包括Siri在iPhone上展示的语音和语言识别、自动驾驶汽车展示的视觉识别功能和推荐系统，Netflix的推荐系统（它根据用户的在线活动推荐节目）。

（2）AGI。AGI也称为强人工智能或深度人工智能，是机器思考、理解、学习和应用其智能来解决复杂问题的能力，就像人类一样。AGI使用心智理论框架来识别其他智能系统的情绪、信念和思维过程。思维层面的人工智能理论是指教机器真正理解人类的所有方面，而不仅是复制或模拟人类的思维。尽管AGI尚未实现，但它已经引起了微软等顶级科技公司的关注，微软公司通过风险投资OpenAI向AGI投资了10亿美元。

（3）ASI。ASI是一种超越人类智能的人工智能，可以比人类更好地执行任何任务。ASI系统不仅能理解人类的情感和经历，还能唤起自己的情感、信念和欲望，类似人类。尽管ASI的存在仍是假设性的，但此类系统的决策和解决问题的能力预计远超人类。ASI系统通常可以独立思考、解决难题、做出判断和做出决定。

1.4.3 机器人

机器人学包括设计、制造和编程能够与物理世界互动的物理机器人。机器人技术中只有一小部分涉及人工智能。

通常，构成机器人有三个重要因素：机器人通过传感器和执行器与物理世界进行互动；机器人是可以编程的；机器人通常是自主或半自主的。虽然拖拉机、建筑挖掘机和缝纫机有运动部件，可以完成人工任务，但它们需要人类长期（如果不是连续）监督，因此不属于机器人。相比之下，仓库中的拣货和包装机器，以及升降和搬运病人的护理机器人，都是在部分自主的情况下完成任务的，因此它们被归为机器人。

"机器人"一词最早出现在1921年卡雷尔·卡佩克（Karel Capek）创作的一部科幻剧中，该剧讲述了在一个社会中，机器人被当作奴隶，最后机器人推翻了主人的故事。

直到20世纪50年代，机器人仍是科幻小说的专利，当时全世界第一家工业机器人公司Unimation刚刚成立。该公司发明了一种突破性的近2 t重的机械臂，可以根据预先编程的指令取放物品，是工厂中搬运重物的理想选择。之后，机器人有较大的发展。1961年，UNIMATE机器人在通用汽车公司首次亮相，它被用来运送热的压铸金属件，并将其焊接到汽车车身部件上。

1969年，机器人先驱维克多·舍恩曼开发了斯坦福臂（Stanford Arm），这是世界上第一个电动关节型机器人臂。它被看作机器人技术的一个突破，因为它在6轴上操作，比以前的单轴或双轴机器人有更大的运动自由度。

斯坦福臂标志着关节型机器人革命的开始，它改变了制造业的装配线，并推动了包括库卡（Kuka）和ABB公司在内的多家商业机器人公司的发展。多年来，关节型机器人已经承担了从焊接钢材到组装汽车，再到给白色家电加漆等各种各样的功能。国际机器人联合会估计目前全球工业机器人的数量为270万台。

在20世纪的大部分时间里，机器人行业仍然集中关注关节型机器人。本田公司的ASIMO机器人于2000年亮相，它是首批能够用两条腿行走、识别手势和回答问题的人形机器之一。

20世纪的关节型机器人往往只能固定在一个地方，但21世纪的机器人已经动了起来。其中一个驱动因素是人工智能和机器人的共生，复杂的软件让物理机器有能力应对无法预料的环境和事件。例如，强化学习意味着机器人可以模仿和学习人类。此外，将数据存储在云端意味着机器人可以与网络中的其他机器人学习和共享经验。

纵观机器人的发展，可以看出现在的物理机器人主要有以下类型：关节型机器人；固定式机器人，其手臂至少有3个旋转关节，这种机器人通常出现在工业环境中；协作机器人，其是关节型机器人的最新迭代。

1.4.4 人工智能机器人：机器人和人工智能的桥梁

从以上描述可以了解，大多数机器人都不是"智能"的。即使人工智能被用于控制机器人，人工智能算法也只是更大的机器人系统的一部分，该系统还包括传感器、执行器和非人工智能程序。

直到现在，所有工业机器人都只能通过编程进行一系列重复性的动作，这些动作显然并不需要人工智能。然而，非智能机器人的功能相当有限。

当想让机器人执行更复杂的任务时，人工智能算法是必要的。

例如，仓储机器人可能使用路径搜索算法在仓库周围导航；无人机可能在电池快用完的时候使用自主导航功能返回；自动驾驶汽车可能结合使用人工智能算法来检测和避免道路上的潜在危险。这些都是人工智能机器人的例子。

1.4.5 聊天机器人

本节旨在通过语音识别、语音转换、语音合成、聊天机器人、自然语言理解等内容让学生切身体会人工智能在生活中的应用，通过使用服务器上的文件降低学生的学习实践门槛。

在组装聊天机器人的过程中，通过让学生学习使用热熔胶枪等工具来提升学生的动手能力和实践操作能力。学生在使用工具的过程中会遇到不同的问题，通过让学生自己解决这些问题，达到习得人工智能技能的目的。在对聊天机器人进行调试的过程中，培养学生的耐心和积极解决问题的品质。在对聊天机器人进行电子元件组装的过程中，让学生探究计算机的电子原理，包括常见的元件接口、信号模块外形及功能等计算机常识。

通过使用服务器实现人工智能的相关语音功能，学生通过观察/实践来学习服务器的相关操作方法，从而对网络安全、信息处理、人工智能等相关知识有清晰的理解。在进行语音项目实践时，让学生亲身实践语音的采集、格式转换、互联网文件的传输等操作，从底层了解人工智能语音方向的原理。下面以北京理工大学聊天机器人为例进行介绍（图1-4-2）。

图1-4-2 北京理工大学聊天机器人

聊天机器人的功能如下。

（1）聊天机器人语音识别功能：能够将语音转换为文字（图1-4-3）。

图1-4-3　聊天机器人语音识别功能

使用方法：打开聊天机器人配套的软件ChatBot，在主界面中单击"语音识别"按钮，然后单击左侧的话筒图标，可以进行语音的录入。录入完毕后，在右侧的语音识别框中可显示对应的文字。

（2）聊天机器人聊天功能：能够对不同声音中包含的语义进行识别并回答问题（图1-4-4）。例如询问"北京今天天气怎么样？"，将会得到有关北京天气的回答。

图1-4-4　聊天机器人聊天功能

使用方法：打开聊天机器人配套的软件ChatBot，在主界面中单击"聊天机器人"按钮，在左侧文本区输入相应的文本。输入完毕后，单击中间的话筒图标，然后在右侧的文本区可显示对应的聊天文字。

（3）聊天机器人自然语言理解功能：可以理解语义并回复（图1-4-5）。

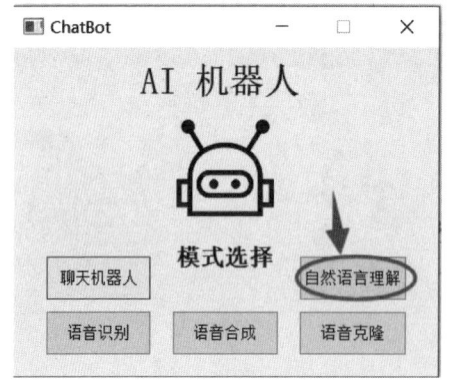

图1-4-5 聊天机器人自然语言理解功能

使用方法：自然语言理解功能和上述聊天机器人功能的使用方法类似。打开聊天机器人配套的软件 ChatBot，在主界面中单击"自然语言理解"按钮，在左侧文本区输入相应的文本。输入完毕后，单击中间的转换图标，然后在右侧的文本区可显示对应的自然语言理解文字。

（4）聊天机器人语音合成功能：可以将文字转换为语音（图1-4-6）。

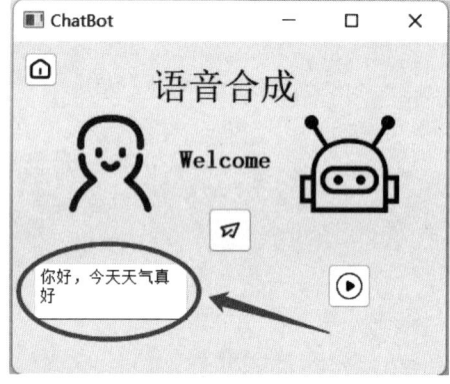

图1-4-6 聊天机器人语音合成功能

使用方法：打开聊天机器人配套的软件 ChatBot，在主界面中单击"语音合成"按钮，在左侧文本区输入相应的文本。输入完毕后，单击中间的转换图标，然后在右侧的播放区即可播放合成后的声音。

（5）聊天机器人语音克隆功能：可以将原声音按照指定音色转换为相应声音（图1-4-7）。

图1-4-7 聊天机器人语音克隆功能

使用方法：打开聊天机器人配套的软件 ChatBot，在主界面中单击"语音克隆"按钮，单击"上传音色"按钮录入声音。录入完毕后，单击中间的"语音克隆"按钮，然后在右侧的播放区即可播放语音克隆后的声音。

> **思考探究：**
> 你对聊天机器人的哪些功能比较感兴趣？你知道其中的科学原理吗？

阅读资料

自主下棋机器人

自主下棋机器人如图1-4-8所示。

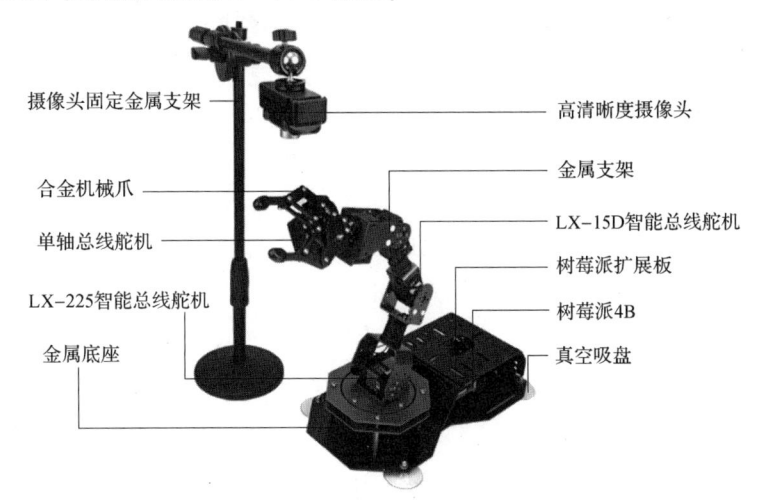

图1-4-8 自主下棋机器人

自主下棋机器人具有感知、执行和思考能力，可以按照一定的策略，自由移动机械臂，移动棋子下棋。

第 2 章　ChatGPT 原理与应用

学习目标
(1) 了解生成式人工智能的定义以及 ChatGPT 与大模型基本原理。
(2) 了解 Transformer 神经网络模型的基本原理。
(3) 理解强化学习和人工神经网络在 ChatGPT 中的应用。

2.1　生成式人工智能

2.1.1　什么是生成式人工智能？

生成式人工智能（Generative AI）是人工智能发展史上的重要技术革新，具有里程碑意义，与之前基于规则的人工智能有很大区别。简单地说，生成式人工智能是指基于深度学习的人工智能技术算法、模型、规则生成新的文本、图片、声音、视频、代码等内容的技术。ChatGPT 是生成式人工智能的典型代表，有很多科技公司正在致力于生成式人工智能的开发和研究，包括但不限于微软、谷歌、Meta、百度、阿里巴巴等国内外科技巨头。

生成式人工智能和传统人工智能有哪些不同？二者在生成内容和输入/输出方式等方面有很大的不同。首先，生成式人工智能能够自动地生成新的数据、图像、声音、文本等内容，而不是像传统的机器学习算法一样对已有数据进行分类或预测，因此生成式人工智能生成全新的事物和传统人工智能对已有事物分类预测有本质的不同。其次，生成式人工智能与传统人工智能在输入/输出方式上也有很大的不同。生成式人工智能的输入虽然仅是一组数据，但它的输出是在对已有数据全面分析和深入学习理解后生成的与该数据高度相关的全新期望数据，因此与基于传统规则的人工智能有较大的差异。

从生成式人工智能基本原理来看，生成式人工智能需要通过大量的数据进行训练，从数据中发掘隐含的规律和联系，因此对相关硬件要求较高，例如需要高性能的 GPU 等，此外还需要深度学习框架和海量的数据资源作为基础和前提。虽然生成式人工智能起步较晚,但是它发展很迅速,生成式人工智能的应用领域将不断扩大,生成式人工智能将发挥巨大的作用和影响。

目前生成式人工智能的开展虽然如火如荼,但是从人工智能安全以及伦理道德的角度来讲,亟需规范和标准化,因此相关部门出台了具体要求和标准。2023年7月13日,网信办等七部门正式发布了《生成式人工智能服务管理暂行办法》,该办法自2023年8月15日起施行。该办法规定生成式人工智能的各项标准,对从生成式人工智能服务提供者的算法设计与备案、训练数据、模型,到用户隐私、商业秘密的保护,以及监督检查和法律责任等方面提出了相关要求。可以看出,该办法对生成式人工智能产业持积极的支持和鼓励态度。

2.1.2 生成式人工智能的主要应用场景

随着人工智能技术的不断革新和延展,生成式人工智能成为人工智能领域的重要分支,在人们的生活和学习中扮演着重要的角色,由此产生众多的生成式人工智能应用,例如ChatGPT等。生成式人工智能的应用场景非常广泛,主要包括图像生成、自然语言生成、音频合成、视频生成、艺术创作、医疗诊断、机器人控制、金融分析、智能分析、产品设计、城市规划、智能辅助、游戏开发、自然语言理解、智能语音助手、内容创作、图像处理等领域。在这些领域中,生成式人工智能都发挥了非常重要的作用。例如,人们撰写文章时可能经常缺乏思路,有了ChatGPT后,可以由该生成式人工智能生成部分创意,再进行详细展开,但是需要注意版权问题,不能因为使用生成式人工智能而侵犯他人的版权。再如,有新闻报道称艺术专业的大学生感叹ChatGPT的作用,之前冥思苦想很长时间才能完成绘画创意,可在ChatGPT中输入准确主题,在短短10分钟内ChatGPT就可以完成绘画创意,其速度之快、质量之高令人惊叹。此外,生成式人工智能在视频创意实现方面也有较大的突破,例如以前拍摄大型的科幻主题电影可能需要大量资金制作实物才能实现其中的情节画面,拍摄时耗费了大量的人力、物力,有了生成式人工智能,电影制作就变得非常方便。

1. 快速图像生成

生成式对抗网络(Generative Adversarial Networks,GAN)是一种深度学习模型,它由两个人工神经网络模型组成:生成器(Generator)和判别器(Discriminator)。GAN的核心思想是通过生成器和判别器的对抗训练,使生成器逐渐生成逼真的数据样本，以至于判别器无法区分真实数据和生成数据。GAN 技术目前应用很广，被广泛应用于人脸生成、图像风格重塑、虚拟现实等领域。图 2-1-1 所示为生成式人工智能图像生成示意。

图 2-1-1　生成式人工智能图像生成示意

2. 自然语言生成（Natural-Language Generation，NLG）

自然语言生成指使用计算机程序将非自然语言数据（如数据、图形或者其他形式的信息）转换为自然语言（人类可读的语言）的过程。自然语言生成的目的是生成一段通俗易懂、自然流畅的语言文本，使计算机生成的内容更加贴近人类的语言表达方式。例如，在写文章缺乏思路的时候，可以让生成式人工智能帮助指引思路。此外，生成式人工智能还可以进行电子邮件、广告、对话、诗词等文稿类创作（图 2-1-2）。在企业应用领域，客户服务和虚拟助手较多地应用了自然语言生成技术。

图 2-1-2　生成式人工智能文字生成

3. 音频合成

除了可以生成文本类内容外，生成式人工智能也可以用于音频类合成和创造新的音乐，例如给出特定的规律或规则后，生成式人工智能可以生成相应的自然语音、音乐等（图2-1-3）。值得一提的是，生成式人工智能可以模仿人类的声音和音乐创作的过程，并能创作出新的声音和音乐，极大地满足人们对创新音乐的需求。

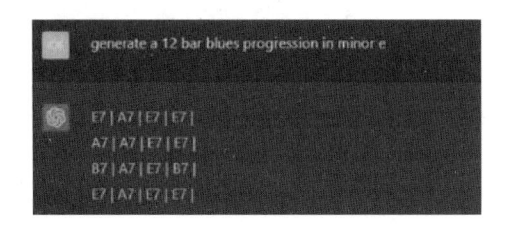

图2-1-3　生成式人工智能音频生成

4. 视频生成

生成式人工智能可以用于生成真实程度较高的仿真视频，这对视频游戏场景制作和电影制作尤为重要，可以在视频中生成需要的虚拟人物和3D故事情节，同时有许多公司开始探索将生成式人工智能用于视频编辑和虚拟现实，以便替代更多人工（图2-1-4）。

图2-1-4　生成式人工智能视频生成

5. 艺术创作以及图像处理

生成式人工智能也可以被用于艺术创作，例如用于生成绘画和雕塑作品（图2-1-5）。生成式人工智能可以创造出真实世界中从未存在过的艺术品，并且可以帮助艺术家实现自己的创意。此外，生成式人工智能还可以用于图像处理，例如进行图像修复、图像增强和图像转换。生成式人工智能可以帮助人们更好地处理图像，同时也可以帮助艺术家更好地创作。

图 2-1-5　生成式人工智能艺术生成

6. 医疗诊断

生成式人工智能可以用于医疗诊断,帮助医生更快地诊断病情,也可以帮助医学研究人员更好地理解疾病和治疗方法(图 2-1-6)。此外,生成式人工智能还有望通过将自然语言转换为机器请求来简化自定义报告和分析的创建。生成式人工智能还有以下功能。

(1) 提高图像质量(例如病理切片)并提高诊断的准确性(通过 Paige 和 Pictor Labs 的产品)。

(2) 自动化患者与临床医生的互动,为医生腾出时间来治疗患者或者链接到特定设备(Corti 和 Microsoft + Nuance)。

(3) 在医疗工作流程中提供指导,例如在手术期间支持医生的移动(Activ Surgical 和 Kaliber Labs)。

(4) 识别大脑健康异常并制定个性化治疗计划和干预措施(DiagnaMed)。

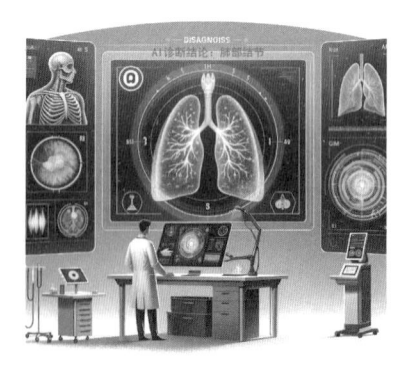

图 2-1-6　生成式人工智能医疗生成

7. 机器人控制

生成式人工智能可以用于机器人控制,例如生成逼真的机器人动作和语音(图 2-1-7)。生成式人工智能可以帮助机器人更好地与人类交互,并且可以应用于许多领域,例如制造、物流和医疗等。

图 2-1-7　生成式人工智能机器人控制

8. 金融分析

生成式人工智能可以用于金融分析，例如生成股票价格预测和交易策略。生成式人工智能可以帮助投资者更好地了解市场，同时可以帮助银行和保险公司更好地管理风险。

9. 智能推荐

生成式人工智能可以用于智能推荐，例如生成个性化的电影和音乐推荐。生成式人工智能可以帮助用户更好地发现自己喜欢的内容，同时可以帮助企业提高销量和客户满意度。

10. 产品设计

生成式人工智能可以用于产品设计，例如自动生成新的汽车、家具、建筑和工业机器人等。生成式人工智能可以加快设计和制造流程，同时可以帮助公司更好地了解消费者的需求和消费趋势。

11. 城市规划

生成式人工智能可以用于城市规划，例如生成不同城市规划方案的模拟器。生成式人工智能可以帮助城市规划者更好地预测城市的未来发展趋势，并且可以帮助他们做出更好的规划决策。

12. 智能辅助

生成式人工智能可以用于智能辅助，例如生成辅助用品，如假肢、轮椅、助听器等。生成式人工智能可以帮助残疾人和老年人更好地融入社会，同时可以帮助医生更好地治疗患者。

13. 游戏开发

生成式人工智能可以用于游戏开发，例如生成游戏地图、人物和道具等。生成式人工智能可以帮助游戏开发者更快地创建游戏，同时可以帮助他们制作更丰富、更具挑战性的游戏。

14. 智能语音助手

生成式人工智能可以用于智能语音助手，例如语音合成和语音识别。生成式人工智能可以帮助人们更轻松地完成各种任务，例如发送短信、查找信息和控制家庭设备等。

15. 内容创作

由于时间紧迫或缺乏人手，新闻工作者不得不通过复制粘贴的方式添加一定数量的内容来完成新闻稿的撰写。生成式人工智能使新闻工作者节省时间和精力。生成式人工智能使用大语言模型和深度学习算法，能够模拟人类写作的方式，并以非常高的准确性和速度生成新闻稿件。生成式人工智能可以用于内容创作，例如生成新闻报道、广告和网页内容等。生成式人工智能可以帮助企业更快地创建内容，同时可以帮助媒体更好地传递信息和故事。

总之，生成式人工智能可以应用于许多领域，其应用场景的潜力和前景都非常广阔。未来随着技术的不断进步和创新，生成式人工智能的应用场景还会不断拓展。

2.1.3　生成式人工智能的技术原理

生成式人工智能是一种基于深度学习的人工智能技术，它可以通过学习大量的数据，自动生成新的数据或者文本。从基本原理看，它是通过人工神经网络模型来学习数据的分布规律，然后根据这些规律生成新的数据。生成式人工智能的核心是生成模型，它是一种能够从随机噪声中生成新数据的模型。生成模型通常采用深度神经网络实现，其中最常用的是 GAN 和变分自编码器（VAE）。

如前所述，GAN 是一种由两个人工神经网络组成的模型，一个是生成器，另一个是判别器。生成器的作用是生成新的数据，而判别器的作用是判断这些数据是否真实。在训练过程中，生成器会不断生成新的数据，而判别器会不断判断这些数据是否真实。通过不断的迭代训练，生成器可以逐渐学习得数据的分布规律，从而生成更加真实的数据。

VAE 是一种基于编码器和解码器的模型，它可以将数据压缩成一个低维向量，然后将这个向量解码成原始数据。在训练过程中，VAE 会不断调整编码器和解码器的参数，使压缩后的向量尽可能地包含原始数据的信息。通过这种方式，VAE 可以生成与原始数据相似的新数据。

除了 GAN 和 VAE 之外，还有一些其他生成模型，如自回归模型和流模型。自回归模型是一种基于序列的模型，它可以根据前面的数据生成后面的数据。流模型是一种基于变换的模型，它可以将一个分布变换成另一个分布。

总的来说，生成式人工智能是一种非常有前景的人工智能技术，它可以应用于图像生成、语音合成、自然语言生成等领域。随着技术的不断发展，生成式人工智能将会越来越成熟，为人类带来更多的便利和创新。

2.2 ChatGPT 与大模型

有很多同学使用过 ChatGPT，对 ChatGPT 有一定的了解。实际上，ChatGPT 是开源的自然语言处理大模型之一。

2.2.1 ChatGPT 基本原理

在 2022 年 11 月上线的 ChatGPT 是由美国人工智能实验室 OpenAI 开发的人工智能聊天机器人应用。OpenAI 自 GPT1.0 开始，就将大型语言模型看作通往 AGI 的一条非常重要的途径并加以实现。有专家认为，未来的 AGI 应拥有一个通用的、与具体任务无关的大语言模型（Large Language Model，LLM），理论上该模型可以从巨大的数据海洋中学习各种需要的知识，大语言模型可以生成一切方式解决各种各样的实际问题。除此之外，AGI 在自然语言理解方面有了重大的技术突破，能够听懂人类的命令，便于人类使用。

那么，如何构建大模型呢？需要从三方面进行努力，分别是数据标注、反馈模型和打分模型的构建（图 2-2-1）。

数据标注 ⟶ 反馈模型 ⟶ 打分模型

图 2-2-1　大模型的构建过程

（1）在海量数据中进行标注。随机挑选部分数据（问题），这些数据是完全随机的，并由标注人员根据人类偏好给出高质量回答，形成"问题提出—人类表达—任务结果"的人为标注数据，"喂"给模型并让其学习。在具体实践层面，相对于海量数据，这些标注的数据少而精，但是能够起到重要的支撑作用。数据的标注通过提示词（prompt）模式进行，也就是以模型的实例方式训练，这样可以确保在模型参数不发生变化的情况下，让大模型更加精准。

（2）对反馈模型进行设置和训练。在海量数据中，随机挑选一定的样本，样本量可根据实际需要进行增减。先由原始模型输出结果（answer），再由标注人员使用"人类偏好标准"（例如信息是否丰富、是否具有高度相关性、是否有负面情感或道德问题等），对原始模型的结果（Answer）进行排序，当然排序在一定程度上取决于标注人员对问题结果的理解，具有一定的主观性，标注人员的理解和排序对后续结果准确性和适用性的判定有一定的影响。

（3）构建并训练一个问题结果评判模型，也就是打分模型，将标注好的"人类偏好"数据"喂"给打分模型，该打分模型会对原始模型的答案进行评判和打分，然后生成问题结果分数高还是低的评判结果，通过分数高低决定问题答案的取舍，以便更加适配人类风格。

2.2.2　ChatGPT 的关键技术

从功能价值来看，人工智能技术可被划分为分析式人工智能（Analytical Artificial Intelligence）和生成式人工智能（Generative Artificial Intelligence）两个重大的部分。分析式人工智能的主要目标是通过对数据进行分析、处理和解释，获得洞察和决策支持。这种类型的人工智能通常涉及数据挖掘、机器学习、统计分析和模式识别等技术，它从大量的数据中提取有用的信息，例如外卖系统、商品售卖系统中根据个人的使用习惯进行的算法推送和垃圾邮件识别等，都是分析式人工智能在发挥着重要的作用。

与分析式人工智能有较大的不同，生成式人工智能是一种基于深度学习的人工智能技术，它可以通过学习大量的数据，自动生成新的数据或者文本。这是一个创新创造的过程、从无到有的过程，区别于对原有事物的分类和模式提取。ChatGPT 是一种典型生成式人工智能技术产物，它融合了"对话 + 创作"的精髓，能够把创作的内容通过对话的形式展现出来，并且根据问题的不同以及问题的连续性，把"思考"的答案及时反馈出来。ChatGPT 的人工智能技术在拟真度和功能维度上有较大的创新。人工智能包含单维低拟真人工智能、单维高拟真人工智能、多维低拟真人工智能、多维高拟真人工智能等不同种类，ChatGPT 属于多维高拟真人工智能。

2.2.3　大语言模型

大语言模型是一种基于深度学习的自然语言处理模型，它能够学习自然语言的语法和语义，从而可以生成人类可读的文本。

所谓"语言模型",就是只用来处理语言文字(或者符号体系)的人工智能模型,它发现其中的规律,可以根据提示词自动生成符合这些规律的内容。语言模型发展历程如图2-2-2所示。

大语言模型通常基于人工神经网络模型,使用大规模的语料库进行训练,例如使用互联网上的海量文本数据。这些模型通常拥有数十亿到数万亿个参数,能够处理各种自然语言处理任务,如自然语言生成、文本分类、文本摘要、机器翻译、语音识别等。

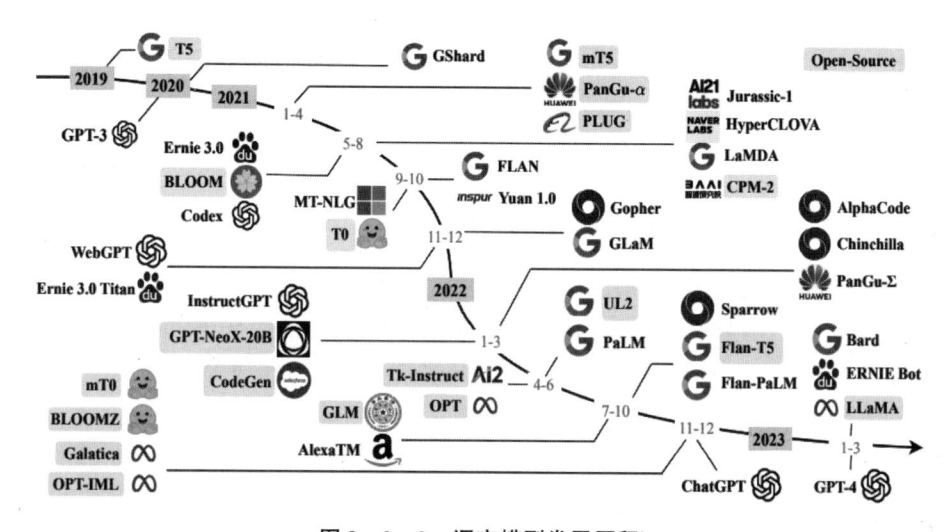

图2-2-2 语言模型发展历程

随着ChatGPT的火爆,越来越多人希望在本地运行一个大语言模型。其上面是开源大语言模型汇总,跟踪每天发布的大语言模型和精调语言模型。在ChatGPT的时代,每个人都能够轻松使用这一强大的大语言模型。这得益于大语言模型微调技术,其实并没有引入太多新颖的元素。特别是有了ChatGPT作为"引路人",许多事情变得更加容易和简单。

有些模型的训练集就是原始的问答数据集,其数据格式是问答形式,只是在更大的模型上进行微调而已。有些模型的训练集包含Instruction和Input两个部分,但并没有本质上的改变,因为它们的Instruction在整个数据集上都是一模一样的。这种方式也存在一些问题。

当然,选择使用哪种格式通常取决于具体需求,包括任务类型、模型的预期行为,以及训练数据的可用性。对于某些任务,混合使用这两种格式的训练数据可能产生最佳结果。

2.3　Transformer 神经网络模型

近年来，Transformer 神经网络模型已经成为深度学习和深度神经网络技术的重要支撑技术之一，它主要用于自然语言类的相关处理和应用。Transformer 是可以被设计用来翻译文本、写诗和文章的模型，甚至可以生成计算机代码。Transformer 是一种用于处理序列数据的人工神经网络架构，由 Vaswani 等人在 2017 年提出。它在自然语言处理领域取得了革命性的成果，如 BERT、GPT 等模型都是基于 Transformer 架构的。Transformer 神经网络模型的设计解决了传统循环神经网络（RNN）在处理长序列时面临的一些问题，同时引入了注意力机制（Attention Mechanism），这使模型能够更好地捕捉序列中的长距离依赖关系。

2.3.1　什么是 Transformer 神经网络模型

从整体上看，Transformer 架构的核心思想是将输入序列分别通过自注意力机制和前馈神经网络进行编码，然后通过多层堆叠的编码器和解码器模块处理序列数据。下面是 Transformer 神经网络模型的主要组成部分。

1. 自注意力机制（Self-Attention）

自注意力机制允许模型在处理每个位置的输入时，根据其他所有位置的信息进行加权聚合。它能够捕获序列中不同位置之间的关系，而不受位置距离的限制。自注意力机制可以分为三个部分——查询（Query）、键（Key）和值（Value），它通过计算查询和键之间的相似度，得到对值的加权求和。

2. 编码器-解码器结构

Transformer 神经网络模型包括编码器和解码器两个部分。编码器负责将输入序列转化为一组高维表示，解码器则根据编码器输出和之前的输出预测目标序列。

3. 多头注意力机制（Multi-Head Attention）

为了捕获不同信息粒度的关系，Transformer 神经网络模型引入了多头注意力机制。在多头注意力机制中，Transformer 神经网络模型学习多组查询、键和值的权重，然后将它们分别进行自注意力计算，最后将多个注意力头的结果进行拼接并线性变换。

4. 前馈神经网络（Feedforward Neural Network）

在自注意力计算之后，每个位置的编码会通过一个前馈神经网络进行进一步的映射和特征提取。

5. 位置编码（Positional Encoding）

Transformer 神经网络模型没有使用循环结构，因此需要通过位置编码为输入序列的每个位置添加位置信息。位置编码通过一些函数产生，并与词嵌入相加，以使模型能够区分不同位置的输入。

Transformer 神经网络模型的突出特点是并行计算能力强，这使其适用于大规模数据和大规模模型的训练。通过引入自注意力机制，Transformer 神经网络模型能够在较短的距离内捕获长序列的依赖关系，从而在自然语言处理和其他序列数据处理任务中表现出色。正因为该特点，Transformer 神经网络模型在 ChatGPT 中有了非常重要的应用。

2.3.2　Transformer 神经网络模型结构

Transformer 神经网络模型结构示意如图 2-3-1 所示。

图 2-3-1　Transformer 神经网络模型结构示意

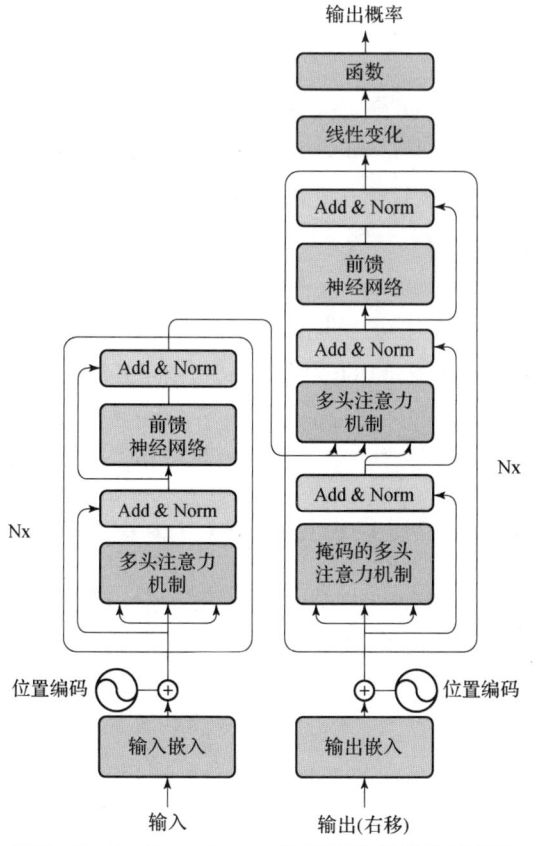

图 2-3-1 着重展示了 Transformer 神经网络模型的编码器－解码器结构以及其中的一些关键组件。从图可以看到 Transformer 神经网络模型的主要组成部分。

1. 编码器（Encoder）

（1）输入序列经过嵌入层（Embedding Layer）转化为词嵌入向量。

（2）位置编码（Positional Encoding）被添加到词嵌入向量，以提供位置信息。

（3）多头注意力机制用于在不同位置之间建立关联，产生上下文感知的表示。

（4）前馈神经网络进一步处理注意力输出，提取特征。

2. 解码器（Decoder）

（1）目标语言序列的词嵌入向量以及位置编码作为解码器的输入。

（2）自注意力层用于处理解码器内部的序列依赖关系，以及解码器之前已生成的内容。

（3）编码器－解码器注意力层（Encoder-Decoder Attention）用于将编码器的输出与解码器的输入关联起来，以捕获源语言和目标语言之间的关系。

（4）前馈神经网络用于进一步处理注意力输出。

每一层的输出传递到下一层。

图 2-3-1 展示了 Transformer 神经网络模型的整体结构，以及编码器和解码器各自的组件。多头注意力机制在 Transformer 神经网络模型中起到关键作用，能够捕获不同位置之间的依赖关系，从而在各种自然语言处理任务中表现出色。请注意，实际的 Transformer 神经网络模型可能具有更多层和组件，图 2-3-1 所示是一个简化版本。

2.3.3　Transformer 神经网络模型在 ChatGPT 中的应用

在 ChatGPT 中，Transformer 神经网络模型被广泛应用于生成自然语言对话，使 ChatGPT 能够模拟人类对话并回应用户输入。以下是 Transformer 神经网络模型在 ChatGPT 中的应用方式。

1. 对话建模

ChatGPT 使用 Transformer 神经网络模型对用户和模型之间的对话进行建模。对话历史被编码成嵌入向量，并传递给 Transformer 神经网络模型进行处理。Transformer 神经网络模型可以利用自注意力机制捕捉不同轮次之间的依赖关系，以及在对话中可能出现的语义结构。

2. 生成回复

基于用户的输入和对话历史，ChatGPT 使用 Transformer 神经网络模型解码器来生成回复。解码器根据之前生成的单词和上下文信息，逐步生成连贯的回复文本。

3. 上下文保持

Transformer 神经网络模型能够在对话中保持上下文，从而在多轮对话中产生连贯的回复。通过编码对话历史和解码生成回复，ChatGPT 可以理解先前的对话内容，并生成与之相关的合理回复。

4. 语义理解与生成

Transformer 神经网络模型能够理解输入的语义，并基于理解生成回复。这使 ChatGPT 能够回应用户的问题、提供信息、进行闲聊等，具有多样性和适应性。

5. 调控回复风格

通过调整 Transformer 神经网络模型的输入、参数和优化目标，可以实现不同风格的回复，例如正式、幽默、严肃等，使 ChatGPT 更具个性。

6. 实时交互

Transformer 神经网络模型的高并行计算能力使 ChatGPT 能够在实时交互中快速生成回复，从而实现流畅的对话体验。

ChatGPT 中使用的 Transformer 神经网络模型通常比较大，并且通过预训练和微调的方式进行训练。这使得 ChatGPT 能够理解广泛的语义、处理多种对话情境，并生成具有连贯性和合理性的回复。然而，正因为 Transformer 神经网络模型的特点，ChatGPT 也可能出现生成不准确、不恰当或不相关的回复，这是需要在应用中进行监控和调整的方面之一。

2.3.4　Transformer 神经网络模型实例

Transformer 神经网络模型在现实生活中有很多重要的应用，下面通过详细分析一个 Transformer 神经网络模型的实例，更深入地理解它在自然语言处理任务中的应用。在此，以机器翻译任务为例，展示 Transformer 神经网络模型如何在编码器-解码器结构下工作。

在机器翻译任务中，将一个源语言句子翻译成目标语言句子。假设要将英文句子"I love machine learning"翻译成法语。RNN 会把英语句子作为输入，一次处理一个单词，然后按顺序输出它们的法语对应词。这里的关键是"按顺序"。在语言中，单词的顺序很重要，不能随便更改。

1. 输入数据准备

将输入的英文句子转化为嵌入向量。每个单词都由一个向量表示，这些向量可以是预训练的词嵌入或在训练过程中学习得到的。句子中的每个单词都会添加位置编码，以提供单词在句子中的位置信息。

2. 编码器

编码器将输入英文句子的词嵌入和位置编码传递给多层的自注意力机制和前馈神经网络。在自注意力层，每个单词会根据其他单词的信息进行加权聚合，得到一个上下文感知的表示。这些表示被送入前馈神经网络进行进一步的特征提取。编码器的最终输出是源语言句子的一组编码表示。

3. 解码器

解码器接收编码器的输出表示，并开始逐步生成目标语言句子。解码器的每个步骤都涉及自注意力机制以及前馈神经网络。在每个步骤中，解码器的自注意力层会关注已生成的目标语言部分，以确保生成的单词与之前生成的单词保持一致。这样，解码器可以逐渐生成与目标语言句子相对应的单词序列。

4. 生成翻译

解码器通过逐步生成目标语言单词，最终生成完整的目标语言句子。在生成过程中，Transformer 神经网络模型可以根据之前生成的单词和源语言句子的编码进行预测。

该机器翻译的例子展示了 Transformer 神经网络模型在自然语言处理任务中的应用。编码器－解码器结构使 Transformer 神经网络模型能够同时处理输入和输出序列，并通过自注意力机制捕获长距离依赖关系。在训练过程中，Transformer 神经网络模型通过最小化损失函数来调整参数，使生成的翻译与目标翻译尽可能接近。实际上，Transformer 神经网络模型在各种自然语言处理任务中取得了显著的成就，包括文本生成、问答系统、语义理解等。其强大的能力来自自注意力机制和多头注意力机制的引入，这使其能够捕获上下文信息、关系和重要性，从而更好地处理序列数据。

2.4 强化学习方法

ChatGPT 官方网站介绍，ChatGPT 使用来自人类反馈的强化学习训练模型，其方法与 InstructGPT 相同，只在数据收集上有细微的差别，使用强化学习奖励反馈机制促使答案更加准确。强化学习应用示意如图 2－4－1 所示。

收集人类数据
训练有监督的策略

从prompt数据集中
选取一个prompt
（问题或指令）

向6岁儿童解释
强化学习

人类会展示期望AI
回答的结果/行为
（人类给出一个标
准答案）

我们通过……
方式教会AI

这些数据（人类问答）
会被用来优化GPT3.5
模型——通过监督学
习的方式

SFT

图 2-4-1　强化学习应用示意

那么，ChatGPT为什么使用强化学习呢？先看一个示例，如图2-4-2所示。

ChatGPT和InstructGPT差别

ChatGPT 是 OpenAI 开发的用于对话生成的语言模型，具有良好的对话生成能力。

InstructGPT 是 OpenAI 开发的指令生成模型，专门用于生成指令。它是在 ChatGPT 的基础上进行训练，具有更强的生成指令的能力。

因此，两者的差别在于它们的训练目的不同：ChatGPT 是为对话生成而训练，InstructGPT 是为生成指令而训练。

用英问回答一下

What is the difference between ChatGPT and InstructGPT?

ChatGPT is a language model developed by OpenAI for generating conversational responses. It has a good ability in dialogue generation.

InstructGPT, on the other hand, is a command generation model developed by OpenAI, specifically designed for generating commands. It is trained on the basis of ChatGPT and

图 2-4-2　ChatGPT回答示例

从图 2-4-2 所示的回答看，不管回答内容是否正确，该回答具有很强的关联性，回答取自前几句的语义。强化学习可以用于解决语义要求连贯性比较强的问题，即每个状态仅依赖前一个状态，而这种链式关系又使历史信息被传递到了未来。那么强化学习场景（图 2-4-3）有哪些特点呢？强化学习以下特点。

图 2-4-3　强化学习场景示意

（1）随机过程：人机聊天（你一句我一句）。

（2）依赖性：回答依赖问题。

（3）奖励：问题可能有多种答案，答案没有绝对的对错，但提问者会对某个答案更满意。

（4）行为：每一次决定如何回答都对后续对话走向产生影响。

决策过程包括随机过程、依赖性、奖励、行为等核心要素。可以看到聊天的场景是一个决策过程，进而产生了另一个问题：模型需要大量数据训练，如果用户提出一个问题，给出三个答案，让用户选择一个答案，收集用户选择的答案以用于训练模型。这肯定不够友好，软件在效果不佳时也不会有人使用，且有些用户的回答还可能误导模型。

于是，需要模仿真实的使用场景，根据用户对答案的偏好，生成奖励值，以进一步训练强化学习模型，即对场景建模，这也是强化学习的重要部分：基于模型的强化学习（model-based reinforcement learning）。

结合 GPT 自然语言模型、奖励模型，代入强化学习算法，让模型训练和更新筛选答案的策略。简言之，自然语言模型针对人提出的问题生成多种答案，通过强化学习，根据当前情况，选择其中最符合用户偏好的答案。

用什么样的文本训练模型，模型就会生成什么样的文字，用从互联网上抓取的数据训练，模型学到的也都是"大多数声音"。通过人标注数据的引导，可以影响和改变模型的行为，例如，在第一列可通过"喂"给模型更多更高质量的数据，让模型在细分领域更具专业性；而通过人工标注数据训练第二列的奖励模型，可以约束和引导模型的行为。当然，日后还会发展出更好的结构。

至少，到目前为止，模型只是自然语言生成工具，具有一定的语言能力，可以照猫画虎地根据上文生成下文（一种或多种答案），再通过强化学习，根据当前情境，从中选出相对可靠的答案。

阅读资料

ChatGPT 背后的技术——基于人类反馈的强化学习

基于人类反馈的强化学习（Reinforcement Learning from Human Feedback，RLHF）是一种强化学习的方法，其中人类提供的反馈被用来加速智能体的学习过程。在传统的强化学习中，智能体通常需要在环境中与试错交互，从而逐步学习如何做出最优决策。然而，这可能需要大量的试错，尤其在复杂的环境中，学习过程可能变得非常耗时。

1. RLHF 的一般工作流程

RLHF 的目标是利用人类提供的经验和知识，以及人类对智能体行为的评估反馈来加速强化学习过程。图 2-4-4 所示为 RLHF 的一般工作流程。

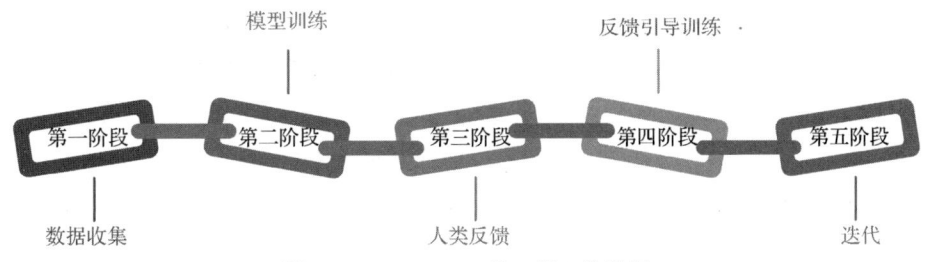

图 2-4-4 RLHF 的一般工作流程

1）数据收集

在初始阶段，人类提供一些示例，这些示例可以是专家人类操作、期望的行为，或是一些有代表性的状态-动作对。这些示例用于构建初始的训练数据集。

2）模型训练

使用人类提供的数据，通过传统的强化学习方法（如 Q-learning、策略梯度等）进行模型训练。这可以视为一个监督学习阶段，因为模型使用了人类提供的标签。

3）人类反馈

在模型经过初步训练后，它开始与环境交互，并采取动作。然后，人类对模型的动作提供反馈，可以是积极的强化信号（当模型表现良好时）、消极的弱化信号（当模型表现不佳时），或者其他类型的反馈。

4）反馈引导训练

根据人类提供的反馈，模型进行更新，以改进其策略或值函数估计。这个过程可以结合强化学习算法，但更加关注人类提供的反馈。

5）迭代

上述过程可以迭代多次。在每次迭代中，模型在环境中与人类反馈相结合，逐渐改进其决策策略。

RLHF 的关键优势在于它可以充分利用人类智慧来加速学习，从而在少量交互中获得更好的性能。这对于一些复杂的任务，如控制机器人、优化决策等，可以缩短学习时间和降低试错成本。然而，其中一个挑战是如何有效地整合不同类型的人类反馈，以及如何平衡人类提供的反馈和模型自主探索的需要。

2. RLHF 在 ChatGPT 中的应用

当在 ChatGPT 中使用 RLHF 时，需要遵循以下几个步骤。

1）初始预训练

ChatGPT 首先通过在大规模文本数据上进行预训练，学习到语言的语法、句法和常见知识。初始预训练使模型具备一定的对话生成能力。

2）人类反馈数据收集

在实际应用中，ChatGPT 与真实用户或评审员进行交互。当 ChatGPT 生成回复时，这些回复会被发送给评审员进行评估。评审员会根据准确性、连贯性、恰当性等标准来评价回复，并提供反馈。

3）强化学习训练集构建

通过将评审员的反馈与 ChatGPT 生成的回复关联，构建一个强化学习训练集。强化学习训练集包括了每个生成回复的人类评估结果、可能的纠正或重写，以及评价的分数或奖励信号。

4）RLHF 训练

使用强化学习算法，ChatGPT 开始在训练集上进行训练，以最大化与评审员反馈相关的奖励信号。模型的目标是生成更加符合人类期望的回复。

5）微调和优化

训练后的模型可能需要进行微调，以平衡强化学习训练和自主探索的需要。微调可以通过传统的监督学习方法，如最小化生成回复与纠正距离来完成。

6）迭代训练

上述过程可以进行多次迭代。在每次迭代中，新的对话数据会被收集，模型会进行更新和训练，以逐渐提高生成对话的质量。

7）人类评审的持续参与

人类评审员的参与是持续的，他们继续提供反馈和评估，以确保模型的性能不断改进。

8）监控和调整

在使用 RLHF 的过程中，需要监控模型的性能和生成回复的质量。必要时，可以调整模型的训练方法、超参数等来进一步提高模型的性能。

ChatGPT 中的 RLHF 方法充分利用人类评审员的专业知识和判断，将其反馈作为强化学习中的奖励信号，以指导模型的训练和改进。这种方法能够快速改进模型的对话生成能力，从而使模型生成的回复更加符合人类的期望和需求。然而，确保评审员的一致性、平衡人类反馈与自主探索的需要，以及有效处理多样的评价标准都是需要考虑的挑战。

2.5　仿 ChatGPT 生成式系统

目前，国内一些优秀的人工智能公司生产了仿 ChatGPT 生成式系统，例如聊天机器人，该款机器人经过不断技术升级和迭代，应用生成式人工智能。

2.5.1　使用语音识别功能

语音识别技术就是让机器通过识别和理解过程把语音信号转变为相应的文本或命令的技术。语音识别技术主要包括特征提取技术、模式匹配准则及模型训练技术三个方面。聊天机器人的语音识别功能操作步骤如下所示。

（1）进入文件夹左键双击"chatbot.exe"程序（图 2–5–1）。

temp	2023/8/31 10:44	文件夹	
chatbot.exe	2023/8/24 13:02	应用程序	54,330 KB
config.ini	2023/6/11 14:36	配置设置	1 KB

图 2–5–1　"chatbot.exe"程序存放示意

（2）在界面中单击"语音识别"按钮（图 2-5-2）。

图 2-5-2　单击"语音识别"按钮

（3）"语音识别"功能界面如图 2-5-3 所示。

图 2-5-3　"语音识别"功能界面

（4）与聊天机器人进行对话。

在操作时，需要注意靠近聊天机器人对话，录音时发出"滴"声代表开始录音，再次发出"滴"声代表录音结束，在录音时需要清晰且匀速地说普通话，以便聊天机器人能够更好地识别。出现图 2-5-4 所示提示即代表语音识别成功。

图 2-5-4　语音识别成功示意

2.5.2 使用聊天功能

此功能分为两部分:一部分为聊天机器人功能,另一部分是自然语言理解功能。

1. 使用聊天机器人功能

该项功能允许用户使用标准普通话和机器人进行聊天。操作步骤如下。

(1) 在界面中单击"聊天机器人"按钮(图2-5-5)。

图 2-5-5 单击"聊天机器人"按钮

(2) 进入"聊天机器人"功能界面(图2-5-6)。

图 2-5-6 "聊天机器人"功能界面

(3) 单击话筒图标与机器人进行对话(图2-5-7)。

在实际操作时,需要注意,应靠近机器人对话,录音时发出"滴"声代表开始录音,再次发出"滴"声代表录音结束。在录音时需要清晰且匀速地说普通话。

图 2-5-7 单击话筒图标

（4）等待语音处理完成，机器人会自动播放声音（图 2-5-8）。

图 2-5-8 机器人自动播放声音

（5）如果要继续对话，则再次单击话筒图标即可（图 2-5-9）。

图 2-5-9 继续对话

2. 使用自然语言理解功能

自然语言理解是人工智能的分支学科。它研究用计算机模拟人的语言交际过程，使计算机能理解和运用人类社会的自然语言如汉语、英语等，实现人机之间的自然语言通信。使用自然语言理解功能的操作步骤如下。

（1）在界面中单击"自然语言理解"按钮（图2-5-10）。

图2-5-10　单击"自然语言理解"按钮

（2）进入"自然语言理解"功能界面（图2-5-11）。

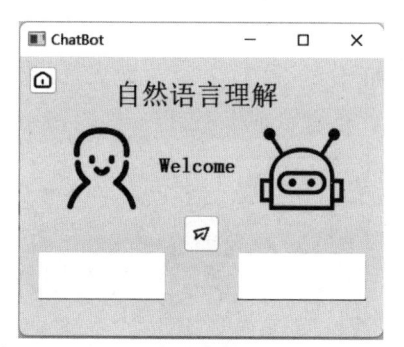

图2-5-11　"自然语言理解"功能界面

（3）在文本输入框中输入要理解的文本（图2-5-12）。

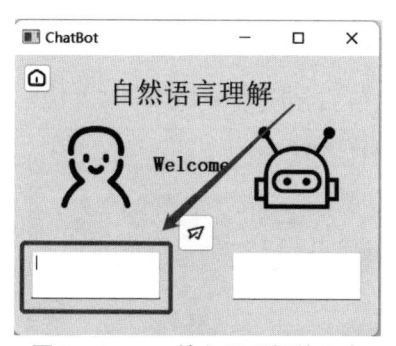

图2-5-12　输入要理解的文本

（4）单击转换图标，等待服务器处理文本，处理完成之后显示自然语言理解结果（图2-5-13）。

图 2-5-13　显示自然语言理解结果

2.5.3　使用语音合成功能

语音合成是通过机械的、电子的方法产生人造语音的技术。TTS 技术（又称文语转换技术）隶属于语音合成技术，它是将计算机自己产生的或外部输入的文字信息转变为人类可以听得懂的、流利的口语输出的技术。使用语音合成功能的操作步骤如下。

（1）在界面中单击"语音合成"按钮（图 2-5-14）。

图 2-5-14　单击"语音合成"按钮

（2）进入"语音合成"功能界面（图 2-5-15）。

图 2-5-15　"语音合成"功能界面

(3) 在文本输入框中输入要合成的文本（图 2 - 5 - 16）。

图 2 - 5 - 16　输入要合成的文本

(4) 单击"语音合成"按钮进行语音合成（图 2 - 5 - 17）。

图 2 - 5 - 17　单击"语音合成"按钮

(5) 等待机器人播放声音。
(6) 单击播放按钮即可再次播放声音（图 2 - 5 - 18）。

图 2 - 5 - 18　再次播放声音

2.5.4　使用语音克隆功能

语音克隆功能可以将源音色的声音转换为目标音色的声音，能实现类似变声器的效果。使用语音克隆功能的操作步骤如下。

(1) 在界面中单击"语音克隆"按钮（图 2-5-19）。

图 2-5-19　单击"语音克隆"按钮

(2) 进入"语音克隆"功能界面（图 2-5-20）。

图 2-5-20　"语音克隆"功能界面

(3) 上传音色（使用此音色播放）（图 2-5-21）。

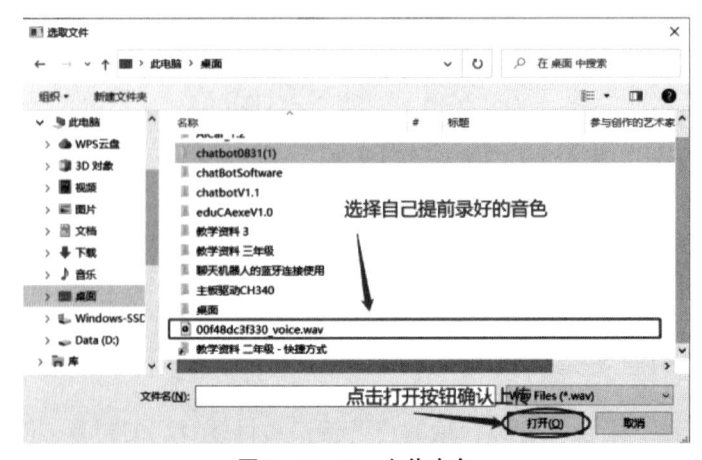

图 2-5-21　上传音色

(4) 上传音色（提示"上传成功"后即完成音色上传）（图 2-5-22）。

图 2-5-22　上传音色

(5) 在文本输入框中输入要合成的文本，然后单击"语音克隆"按钮（图 2-5-23）。

需要注意的是，语音克隆的音色和声音音频最好由不同的声音录制，这样对比效果较为明显。

图 2-5-23　语音转换音色

(6) 等待处理完成机器会自动播放音频，单击播放按钮机器会再次播放音频。

第 3 章　AlphaGo 原理与应用

学习目标

(1) 了解 AlphaGo 系统的主要构成及机器博弈的基本原理。
(2) 了解 AlphaGo 系统包含的 CNN 模型。
(3) 理解监督学习与强化学习方法在 AlphaGo 中的应用。

3.1　机器博弈

人类利用下棋进行娱乐已经有非常悠久的历史，有众多的爱好者对博弈进行了专门的研究。棋类游戏不仅可以锻炼思维，还对博弈理论产生了直接的推动，人工智能研究者也把机器博弈看作检测人工智能水平的一个重要方面。那么什么是人机博弈？什么是机器博弈？两者之间有哪些区别？下面逐一阐述。

3.1.1　什么是机器博弈？

机器博弈是人工智能和计算机科学领域的重要研究方向，它在决策和策略制定方面有着广泛的应用。在机器博弈中，计算机系统被赋予了学习、推理和预测等能力，以使其能够模拟人类在游戏中的行为和决策。

机器博弈算法——极小极大方法的流程如下。

(1) 计算得分：确定反映当前棋局对己方是否有利的分数。
(2) 极小：该对方走的时候，取最小得分。
(3) 极大：该自己走的时候，取最大得分。
(4) 决策：根据极小极大原则计算总的得分，确定最优执行方案。

一些著名的机器博弈如下。

(1) 棋类游戏：例如国际象棋、围棋、西洋跳棋等。在这些游戏中，计算机系统通过搜索算法和评估函数来选择最佳的下一步棋。

(2) 扑克类游戏：扑克是一种不完全信息博弈，玩家只能看到对手的部分信息，这使计算机在扑克游戏中需要更加复杂的策略。

(3) 实时战略（RTS）游戏：RTS 游戏是一类需要实时决策和资源管理的游戏，例如《星际争霸》。在这类游戏中，计算机需要考虑多个因素，如资源收集、单位控制和战术部署。

通过在机器博弈中研究和训练，计算机能够提高决策能力，发展更强大的策略，这有助于解决实际生活中的复杂问题和进行优化决策过程。

3.1.2　经典机器博弈事件

棋类游戏一直是人们非常喜欢的游戏之一，从古至今一直长盛不衰。虽然棋类游戏玩法简单，但要下棋常胜则需要较高智慧，因此很多人工智能专家喜欢用棋类游戏测试人工智能的水平。著名的人工智能专家和计算机学家阿兰·图灵（Alan Turing，图 3-1-1）设计了一个能够下国际象棋的计算机程序，并经过一步步的人为推演，实现了第一个国际象棋人机博弈。

图 3-1-1　人工智能专家和计算机学家阿兰·图灵

机器博弈的水平在一定程度上代表了计算机体系架构与计算机科学的最高水平，因此人们热衷于机器博弈的研究。机器博弈具有比较悠久的历史。早在 1962 年，人工智能专家阿瑟·萨缪尔（图 3-1-2）在比较原始的 IBM 7090 晶体管计算机上完成了棋类游戏的制作，在当时引起不小的轰动。他开发出了西洋跳棋人工智能程序，该程序能够模仿人类的思维和人类对弈，并且还战胜了罗伯特·尼雷（全美最著名的棋手之一），这是人工智能程序挑战人类顶尖选手并获得胜利的典型事件之一。

阿瑟·萨缪尔所研制的下棋程序是世界上第一个具有自主学习功能的游戏程序，因此他也被后人称为"机器学习之父"。

真正引起我国广泛关注的机器博弈史上的两个里程碑事件如下。

图 3-1-2　人工智能专家阿瑟·萨缪尔

（1）1997 年，IBM 公司的"深蓝"（Deeper Blue）战胜世界国际象棋棋王卡斯帕罗夫，这是人工智能战胜人类的一个开创性的里程碑，扭转了人们对人工智能不能在高级棋类上突破的看法（图 3-1-3）。

图 3-1-3　"深蓝"对战国际象棋棋王卡斯帕罗夫

（2）2016 年，谷歌公司的 AlphaGo 战胜了围棋世界冠军李世石（图 3-1-4）；2017 年年初 AlphaGo 升级版 Master 横扫全球 60 位顶尖围棋高手，这是基于蒙特卡洛树搜索和深度学习的人工智能系统的胜利。

图 3-1-4　AlphaGo 对战围棋世界冠军李世石

3.1.3 机器博弈历史

在机器博弈历史中,一些具体的阶段和重要事件展现了机器在博弈领域的发展。

1. 20 世纪中叶：早期尝试

1947 年,图灵编写了第一个下棋程序。

1948 年,Claude Shannon 在论文《数字电路与逻辑设计》中首次提出了使用计算机下棋的想法。他开发了一个下西洋跳棋的程序,尽管当时的计算机性能非常有限。

20 世纪 50 年代,早期计算机科学家开始编写棋类游戏程序,普遍把国际象棋、西洋跳棋和九子棋作为算法和编程技术的试验对象。例如在 1951 年,图灵的朋友克里斯特拉切（Christopher Strachey）编写了西洋跳棋程序,开创了西洋跳棋程序的先河。

2. 20 世纪 60 年代：机器学习方法

1962 年,阿瑟·萨缪尔开发了一个西洋跳棋程序,首次使用了机器学习方法,它通过与自己下棋来不断改进。

1967 年,Richard Greenblatt 和 Donald Eastlake 开发了 Chess——一个下国际象棋的程序,使用了一些基础的启发式算法。

3. 20 世纪 80 年代：微型计算机的崛起

随着个人计算机的出现,人工智能爱好者和研究人员开始在家用计算机上尝试开发不同的棋类游戏程序,如国际象棋和围棋。

4. 20 世纪 90 年代："深蓝"和计算机围棋

1996 年,IBM 公司的"深蓝"在国际象棋领域取得了一些突破,但在与国际象棋世界冠军卡斯帕罗夫的比赛中还失败了。

1997 年,"深蓝"成功地击败了卡斯帕罗夫,标志着计算机在国际象棋领域的进步。

"深蓝"并不是终结,卡斯帕罗夫也没有服气。1999 年,"弗里茨"升级为"更弗里茨"（Deep Fritz）,并在 2001 年击败了卡斯帕罗夫（图 3-1-5）。

5. 21 世纪初：围棋挑战和 AlphaGo 的崛起

2006 年,IBM 公司的围棋计算机"高斯"首次战胜一名职业围棋选手,但水平较低。

2016 年,谷歌公司的 AlphaGo 在围棋领域击败了世界围棋冠军李世石,这标志着人工智能在复杂博弈中取得了重大突破。

图 3-1-5 "更弗里茨"对战卡斯帕罗夫

6. 现代：持续发展

2016 年年末 2017 年年初，AlphaGo 以 Master 为账号与中日韩数十位围棋高手快棋对决，连续 60 局全胜（图 3-1-6）。

图 3-1-6 Master 大战聂卫平

2017 年，AlphaGo Zero 在无须人类数据的情况下通过自我对弈学习，在围棋领域达到世界冠军级水平。

2017 年 5 月，在我国乌镇围棋峰会上，AlphaGo 与柯洁对战，以 3∶0 的总比分获胜（图 3-1-7）。

图 3-1-7 AlphaGo 大战柯洁

围棋界公认 AlphaGo 的棋力已经超过人类职业围棋顶尖水平，其最新版本自我估分在 4 500 分左右，实力水平大约在 13 段左右，在人类选手中已然无敌。

2017 年 9 月，由中国科学院自动化研究所研制的人工智能程序"先知 1.0"在全国首届兵棋推演大赛上，以 7:1 的战绩战胜了经验丰富的人类高手。

8×8 格国际象棋的状态复杂度为 1 046，博弈树复杂度为 10 123；19×19 格围棋的状态复杂度已上升到 10 172，博弈树复杂度则达到惊人的 10 360，因此也被视为人类在棋类人机对抗中最后的堡垒（图 3-1-8）。

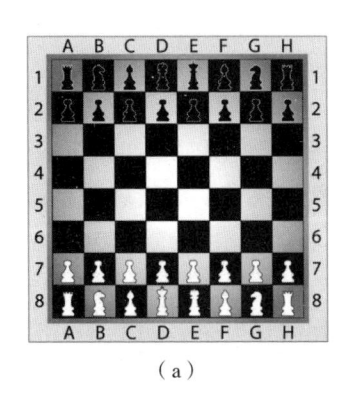

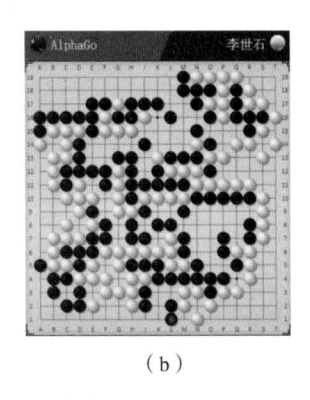

图 3-1-8 国际象棋和围棋对比
（a）国际象棋；（b）围棋

2020 年，OpenAI 的 GPT-3 模型展示了在虚拟角色和游戏文本生成方面的潜力，为游戏中的自然语言处理提供了新的可能性。

机器博弈的历史见证了计算机科学和人工智能领域在博弈方面的进步。从早期的尝试到如今机器在围棋、国际象棋等复杂博弈中的成功，这一历程突显了计算机技术在解决博弈问题上的持续发展和创新。

3.1.4 机器博弈的应用

机器博弈在不同领域的具体应用场景如下。

1. 棋类游戏

机器博弈在棋类游戏中的应用是最为典型的。从早期的国际象棋程序到 AlphaGo 在围棋领域的成功，机器博弈为棋类游戏提供了强大的对手和训练平台。它可以用于棋手训练、开局和棋局策略研究等方面。

2. 电子游戏

机器博弈在电子游戏中的应用越来越广泛。它可以用于在单人游戏中提供智能对手，也可以用于多人游戏中的协作或对抗。电子游戏中的机器博弈代理可以基于学习算法不断优化自己，提供更有趣、更具挑战性的游戏体验。

3. 经济学

机器博弈在经济学中的应用有助于理解市场和竞争行为。它可以用于建模竞争性市场中的公司策略、优化拍卖机制、分析价格竞争和市场博弈等。机器博弈在经济学中被广泛用于研究博弈论问题。

4. 安全领域

机器博弈在安全领域的应用越来越重要。在网络安全中，它可以用于分析网络攻击和防御策略、检测恶意行为，并预测未知的安全威胁。在信息安全中，机器博弈可以用于密码学研究和信息保护。

5. 决策支持

机器博弈可以为决策制定提供辅助。通过模拟对局和评估不同策略的优/劣势，机器博弈可以帮助人们做出更明智的决策，如投资决策、市场营销决策等。

6. 医学应用

在医学领域，机器博弈可以用于优化治疗方案，如个体化治疗方案、药物剂量方案等。它还可以用于模拟疾病传播，研究生物系统行为，并辅助医学研究和临床决策。

7. 交通运输

机器博弈在交通运输领域可以用于优化交通流量、规划路径和路线，以减少交通拥堵。它还可以用于智能交通系统，提高交通效率和安全性。

8. 自动化系统

机器博弈在自动化系统中可以用于优化控制策略，如智能制造中的生产调度和优化、自动驾驶系统中的行为决策等。

机器博弈的应用范围非常广泛，涵盖了许多不同的领域。它可以为这些领域提供智能化的解决方案，优化决策策略，改进系统性能，并为人们带来更好的用户体验和更大的社会效益。

阅读资料

"深蓝"成功的秘诀

1. "深蓝"的成功秘诀之一——加速芯片

"深蓝"在硬件上将通用计算机处理器与国际象棋加速芯片结合，采用混合决策的方法，即在通用处理器上执行运算分解任务，交给国际象棋加速芯片并行处理复杂的棋步自动推理，然后将推理得到的可能行棋方案结果返回通用处理器，最后由通用处理器决策出最终的行棋方案。97型"深蓝"与1996年的版本相比，运算速度差不多提高了2倍，其中国际象棋加速芯片的升级功不可没。升级后的国际象棋加速芯片能够从棋局中抽取更多特征，并在有限的时间内计算出当前盘面往后12步甚至20步的行棋方案，从而让"深蓝"更准确地评估盘面整体局势。

2. "深蓝"的成功秘诀之二——知识规则引擎

"深蓝"在软件设计上采用了超大规模知识库结合优化搜索的方法。一方面，"深蓝"存储了国际象棋100多年来70万份国际特级大师的棋谱，利用知识库在开局和残局阶段节省处理时间并得出更合理的行棋方案。

另一方面，"深蓝"采用剪枝搜索算法（图3-1-9）和基于规则的方法对棋局进行评价，通过缩小搜索空间的上界和下界提高搜索效率，同时根据棋子的重要程度、棋子的位置、棋子对的关系等特征对棋局进行更有效的评价。

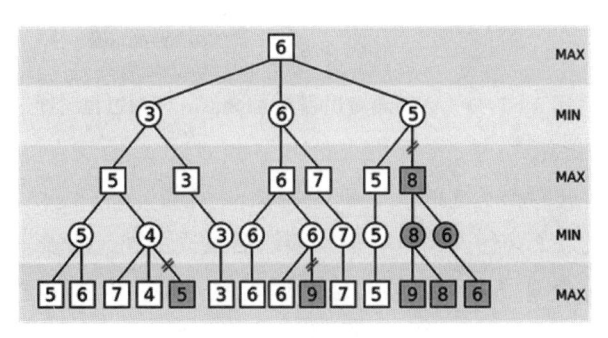

图3-1-9 剪枝搜索算法示意

3.2 AlphaGo系统的主要构成

AlphaGo是一款围棋人工智能程序。其主要工作原理是深度学习。深度学习是指多层的人工神经网络和训练它的方法。一层人工神经网络会把大量矩阵数字作为输入，通过非线性激活方法取权重，再产生另一个数据集合作为输出。这就像生物神经大脑的工作机理一样，通过合适的矩阵数量，多层组织连接在一起，形成人工神经网络"大脑"，进行精准复杂的处理，就像人类识别物体时标注图片一样。

1. 深度学习

AlphaGo用到了很多新技术，如人工神经网络、深度学习、蒙特卡洛树搜索算法等，这使其实力有了实质性飞跃。AlphaGo 系统主要由几个部分组成：①走棋网络（Policy Network），给定当前局面，预测/采样下一步的走棋；②快速走棋网络（Fast Rollout Network），目标和走棋网络一样，但在适当牺牲走棋质量的条件下，速度要比走棋网络快 1 000 倍；③价值网络（Value Network），给定当前局面，估计是白胜还是黑胜；④蒙特卡洛树搜索（Monte Carlo Tree Search，MCTS），把以上部分连起来，形成一个完整的系统。人类思考过程与 AlphaGo 研判过程对比如图 3-2-1 所示。

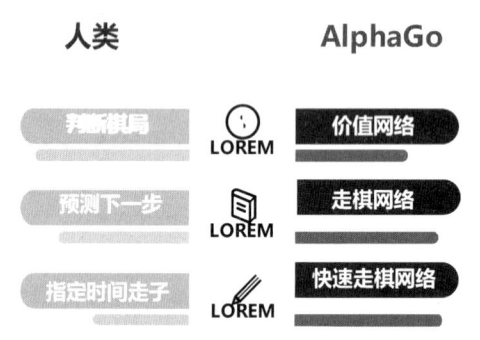

图 3-2-1　人类思考过程与 AlphaGo 研判过程对比

2. 两个"大脑"

AlphaGo 通过两个不同的人工神经网络"大脑"合作来改进棋技。这些"大脑"是多层人工神经网络，它们从多层启发式二维过滤器开始，去处理围棋棋盘的定位，就像图片分类器网络处理图片一样。经过过滤，13 个完全连接的人工神经网络层产生对它们看到的局面的判断，从而进行分类和逻辑推理。

这些网络通过反复训练来检查结果，然后校对调整参数，以便下次执行得更好。这个处理器有大量的随机性元素，因此人们是不可能精确知道网络是如何"思考"的，但更多的训练后能让它们进化到更好的状态。

1) 第一"大脑"：落子选择器（Move Picker）

AlphaGo 的第一个"大脑"是"监督学习的策略网络（Policy Network）"，它观察棋盘布局，企图找到最佳的下一步。事实上，它预测每一个合法下一步的最佳概率，那么最前面猜测的就是那个概率最高的。这可以理解成"落子选择器"。

2) 第二"大脑"：局面评估器（Position Evaluator）

AlphaGo 的第二个"大脑"用于回答另一个问题。它不去猜测具体的下一步，而是预测每一个棋手赢棋的可能。局面评估器就是"价值网络（Value

Network)",它通过整体局面判断来辅助落子选择器。这个判断仅是大概的,但对于提高阅读速度很有帮助。通过分类潜在的未来局面的"好"与"坏",AlphaGo 能够决定是否通过特殊变种去深入阅读。如果局面评估器判断特殊变种"不行",那么 AlphaGo 就跳过阅读。

3.2.1 AlphaGo 学习过程

AlphaGo 学习过程总体上包含离线学习和在线对弈两个过程。

1. 离线学习

离线学习过程分为三个训练阶段。

(1) 第一阶段:利用 3 万多幅专业棋手对局的棋谱来训练两个网络。一个是基于全局特征和深度卷积神经网络(CNN)训练出来的策略网络。其主要作用是给定当前盘面状态作为输入,输出下一步棋在棋盘其他空地上的落子概率。另一个是利用局部特征和线性模型训练出来的快速走棋策略(Rollout Policy)。策略网络速度较慢,但精度较高;快速走棋策略反之。

(2) 第二阶段:利用第 t 轮的策略网络与先前训练好的策略网络互相对弈,利用增强式学习来修正第 t 轮的策略网络的参数,最终得到增强的策略网络。这部分实际上存在理论上的瓶颈(提升能力有限)。

(3) 第三阶段:先利用普通的策略网络来生成棋局的前 $U-1$ 步(U 是一个属于 [1,450] 的随机变量),然后利用随机采样来决定第 U 步的位置(这是为了增加棋的多样性,防止过拟合)。随后,利用增强的策略网络来完成后面的自我对弈过程,直至棋局结束,分出胜负。此后,第 U 步的盘面作为特征输入,胜负作为标签,学习一个价值网络,用于判断结果的输赢概率。价值网络其实是 AlphaGo 的一大创新,围棋最为困难的就是根据当前的局势来判断最后的结果,这一点职业棋手也很难掌握。通过大量的自我对弈,AlphaGo 产生了 3 000 万盘棋局,用作训练学习价值网络。但由于围棋的搜索空间太大,3 000 万盘棋局也不能帮 AlphaGo 完全解决这个问题。

2. 在线对弈

在线对弈过程包括以下 5 个关键步骤,其核心思想是在蒙特卡洛搜索树中嵌入深度神经网络来减小搜索空间。

(1) 根据当前盘面已经落子的情况提取相应特征。

(2) 利用策略网络估计出棋盘其他空地的落子概率。

(3) 根据落子概率计算此处往下发展的权重,初始值为落子概率本身(如 0.18)。实际情况可能是一个以概率值为输入的函数。

（4）利用价值网络和快速走棋网络分别判断局势，两个局势得分相加为此处最后走棋获胜的得分。这里快速走棋策略是一个用速度换取量的方法，即从被判断的位置出发，快速行棋至最后，每一次行棋结束后都会有一个输赢结果，然后综合统计这个节点对应的胜率。价值网络只要根据当前的状态便可直接评估最后的结果。两者各有优、缺点，互为补充。

（5）利用第（4）步计算的得分来更新之前走棋位置的权重（如从 0.18 变成 0.12），此后，从权重最大的 0.15 那条边开始继续搜索和更新。这些权重的更新过程应该是可以并行的。当某个节点的被访问次数超过了一定的门限值，则在蒙特卡洛树上进一步展开下一级别的搜索。

阅读资料

AlphaGo 的成功秘诀

1. AlphaGo 的成功秘诀之一：蒙特卡洛树搜索

在机器博弈中，每步行棋方案的运算时间、堆栈空间都是有限的，只能给出局部最优解，因此 2006 年提出的蒙特卡洛树搜索就成为随机搜索算法的首选。

（1）应用：蒙特卡洛树搜索结合了随机模拟的一般性和树搜索的准确性，近年来在围棋等完全信息博弈、多人博弈及随机类博弈难题上取得了成功应用。理论上，蒙特卡洛树搜索可被用在以 {状态，行动} 定义并用模拟预测输出结果的任何领域。

（2）意义：蒙特卡洛树搜索结合了广度优先搜索和深度优先搜索，会较好地集中到"更值得搜索的变化"（虽然不一定准确），同时可以给出一个同样不太准确的全局评估结果，最后随着蒙特卡洛树的自动生长，可以保证在足够大的运算能力和足够长的时间后收敛到完美解。

2. AlphaGo 的成功秘诀之二：强化学习

机器学习分为监督学习、无监督学习和强化学习三种。其中监督学习的目标是从一个已经标记的训练集中进行学习，而无监督学习的目标是从一堆未标记样本中发现隐藏的结构；强化学习的目标是在当前行动和未来状态中获得最大回报。AlphaGo 的成功秘诀就在于可以一边获得样例一边学习，不断迭代"在当前模型的情况下，如何选择下一步的行动才对完善当前的模型最有利"的过程直到模型收敛，从而训练出最优的下棋策略。强化学习在机器博弈以外还有很多应用，例如无人驾驶（图 3-2-2）和广告投放等。

图 3-2-2 无人驾驶示意

阿里巴巴公司在"双11"推荐场景中使用深度强化学习与自适应在线学习建立决策引擎,对海量用户的行为以及百亿级商品的特征进行实时分析,提高了人和商品的配对效率,将手机用户点击率提升了10%~20%。

3.3 AlphaGo 中的 CNN 模型

AlphaGo 要想战胜人类,首先要能够模仿人类下棋的流程和核心要素,并利用自身的优势超越人类。下面先介绍人类棋手的思考过程,再推演 AlphaGo 的下棋过程。

3.3.1 人类棋手的思考过程

人类棋手的思考过程是一个复杂的心智活动,涉及多个层次的决策和战略。虽然每个人的思考方式可能有所不同,但一般来说,人类棋手的思考过程可以概括为以下几个步骤。

1. 观察和评估局面

在每一步落子之前,人类棋手首先观察当前的棋局局面。他们会注意到棋盘上每个棋子的位置,掌握整体形势以及局部的优/劣势。通过观察和分析,人类棋手会对局面进行初步的评估,并形成下一步行动的初步想法。

2. 制定长期战略

在观察和评估局面后,人类棋手会制定长期的战略目标。这可能涉及掌握整体的局势优势,考虑棋局的大势,如进攻、防守、建立地盘等。长期战略通常是为了在对弈的后期获得优势或胜利。

3. 考虑局部战术

除了长期战略，人类棋手还会考虑局部的战术变化。他们会寻找对手的弱点，尝试利用局部战术获得优势，如围杀敌方棋子、建立势力等。局部战术通常是为了在对弈的中期或局部获得优势。

4. 考虑多步走法

人类棋手不仅会考虑当前一步的落子，还会尝试预测对手的回应，并考虑未来几步的走法。这涉及多步的预测和计算，用于寻找最优的决策方案。

5. 时间管理

在正式比赛或有时间限制的情况下，人类棋手还需要进行时间管理。他们需要在有限的时间内做出决策，因此需要在思考深度和计算精度之间做出权衡。

6. 直觉和经验

除了理性的思考，人类棋手还会受到直觉和经验的影响。经过长期的练习和对局，他们积累了丰富的经验，能够凭借直觉做出一些高水平的决策。人类具有直觉指向特殊能力，它使人类不需要经过复杂的过程计算就能对事件的结果给出大致的判断，在围棋对弈中选手思考到一定的深度时，就会凭直觉和经验对棋局的结果做出判断。初学者的直觉可能不准确，但是职业选手总是能够信任自己的直觉，并且最终的结果也与直觉相差不远。

人类棋手的思考过程是一个综合考虑长期战略、局部战术、对手行动、未来走势的复杂决策过程。不同的人类棋手可能有不同的风格和优势，但所有高水平的围棋玩家都需要综合运用这些思考策略，以达到最佳的下棋表现。

3.3.2 AlphaGo 的下棋过程

AlphaGo 进一步增强了对人类直觉的模拟，使智能程序拥有超越人类的"直觉"。

AlphaGo 由 3 个深度 CNN 组成，分别是一个复杂的策略网络、一个简单的策略网络（负责快速走棋）和一个价值网络。复杂的策略网络会根据当前的棋局给出走法建议，但是和策略网络选择走法的方式不同，AlphaGo 并不仅依赖策略网络进行走法的选择，它还需要结合价值网络来综合评估潜在的走法选择，这就像人类棋手一样，会综合评判各种可行的走法所带来的收益后，从中挑选合适的选项。当使用复杂的策略网络演算到一定深度后，AlphaGo 就不再使用价值网络和策略网络相结合的方式进行走法选择了，而是对高置信度的走法进行多轮蒙特卡洛仿真,并将仿真结果用于回溯并更新所有路径上的节点。这种下棋方法和人类棋手的思考过程非常相似,它利用复杂的策略网络和价值网络对棋局的有效走法进行筛选,这样可以避免把计算能力浪费在无意义的走法上。AlphaGo 通过复杂的策略网络和价值网络相结合的方法对棋局进行推算,这一点也和人类棋手对棋盘落子进行选择和演算的过程是一样的。人类大师级棋手能够演算到 10 回合以上,AlphaGo 对这个深度并没有闲置,但是复杂的策略网络规模庞大,在计算速度上没有什么优势,采用复杂的策略网络进行整个蒙特卡洛仿真过程是极其缓慢和不现实的。因此,一般以复杂的策略网络指导的演算深度(10~20 层)作为一个界线。为了解决计算速度的难题,AlphaGo 采用了一个简单的策略网络用于指导蒙特卡洛仿真时的落子。简单的策略网络可以快速实现落子。利用简单的策略网络进行蒙特卡洛仿真得到对落子后的形势判断,这个过程就像人类棋手在棋局演算达到自己的极限后,把一切交给自己的直觉一样。目前的科学技术还没有解释直觉的科学原理,计算机也没有"直觉"这个概念,依靠蒙特卡洛方法多次仿真棋局,以此期望对后面的形势有一个准确的判断,这和直觉的效果是一样的,甚至比人类的直觉更准确。

3.3.3 AlphaGo 的 CNN 模型

AlphaGo 的 CNN 模型主要用于策略网络和价值网络,它们都采用了 CNN 的架构。以下是 AlphaGo 的 CNN 模型的主要特点和构造。

1. 策略网络

输入:策略网络的输入是当前围棋棋盘的状态。通常,围棋棋盘被表示为一个 19×19 的二维数组,每个位置上有 3 种可能的取值:空白、黑子和白子。因此,输入是一个 $19 \times 19 \times 3$ 的张量(Tensor)。

架构:策略网络采用了多层卷积层和全连接层的组合。它们通过学习从输入棋盘状态中提取特征,然后输出每个可能落子位置的概率分布。通常,策略网络有数十个卷积层,这使它可以学习复杂的局面特征。

输出:策略网络的输出是一个大小为 19×19 的概率分布,表示在当前局面下每个位置落子的可能性。

2. 价值网络

输入:价值网络的输入也是当前围棋棋盘的状态,与策略网络相同,是一个 $19 \times 19 \times 3$ 的张量。

架构:价值网络也采用了类似策略网络的卷积层和全连接层结构。然而,价值网络的目标是输出一个值,而不是概率分布。它通过学习从输入局面中提取特征,然后预测当前局面对于先手棋手的胜率。

输出:价值网络的输出是一个单一的值,代表当前局面对于先手棋手的胜率估计。这个值在 [0,1] 范围内,表示胜率的概率。

AlphaGo 的 CNN 模型使用了深度残差网络(Deep Residual Network)的结构,这种结构允许网络可以更深,更容易训练,并且能够学习到更复杂的局面特征(图 3-3-1)。深度残差网络在解决深度神经网络训练中的梯度消失和梯度爆炸问题上具有优势。通过策略网络和价值网络的组合,AlphaGo 能够在围棋博弈中做出高效准确的决策,并且在与人类顶尖棋手的对局中展现出惊人的水平。这些人工神经网络结构和训练方法的成功应用,使 AlphaGo 成为一个具有里程碑意义的人工智能系统。

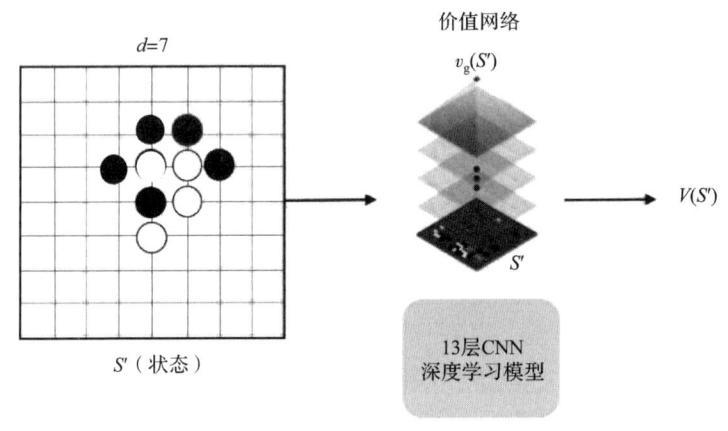

图 3-3-1 AlphaGo 工作示意

3. AlphaGo 网络训练

首先用监督学习分别训练复杂的策略网络和简单的策略网络。AlphaGo 训练的智能程序工作在标准 19 路棋盘上,它的学习样本来源于 KGS 7 段以上的棋局。复杂的策略网络在完成监督学习后,还需要使用强化学习进一步加强网络的能力,训练方法可以采用策略梯度方式。

价值网络的结构可以参照复杂的策略网络的结构,训练方式也大同小异。

AlphaGo 在网络上使用的主要是 CNN,通过卷积核的卷积操作,人工神经网络每一层的结果都会是上一层网络数据的一部分特征。AlphaGo 人为引入的知识部分是对棋盘局势归纳出的 49 种特征(图 3-3-2),可以理解为人为手工计算了 49 个虚拟卷积核卷积后的数据平面。AlphaGo 的策略网络只需要使用前 48 个特征平面,最后一个特征平面是价值网络需要使用的。其中有很多特征平面是需要重复 8 次的。这些特征平面记录了最近 8 次的落子信息，而通常人们会使用循环神经网络来处理这类包含时序信息的情况。这里 AlphaGo 使用了多层 CNN 来代替循环神经网络记录落子时序。

特征	平面数量	说明
棋子颜色	3	自己的棋子、对手的棋子、空白位置
1	1	全1平面
轮次	8	每个落子过后经过的轮次
气	8	每个落子气的数量（邻近空的点）
打吃	8	对手被打吃的数目
被打吃	8	自己被打吃的数目
落子后的气	8	每个子刚落之后气的数量
征子有利	1	落子是否征子有利
征子逃脱	1	落子是否征子逃脱
合法性	1	落子是否合法并且没有填自己的眼
0	1	全0平面
颜色	1	是否当前执黑

图 3-3-2 棋盘局势的 49 种特征

阅读资料

人工神经元和人工神经网络

1. 神经元

神经元是生物神经系统的基本功能单元，它是大脑、脊髓和神经网络中的基本构建块。神经元接收、处理和传递信息，使神经系统能够实现复杂的认知、感知和控制功能。每个神经元通常由细胞体（包含细胞核）、树突（用于接收信号）和轴突（用于传递信号）组成。

2. 人工神经元

人工神经元是对生物神经元的模拟，用于构建人工神经网络，这是人工智能中的一种重要技术。人工神经元类似生物神经元，但是它们是数字化的、数学模型化的实体，用于在计算机中模拟信息处理和传递过程。

人工神经元通常由以下几个重要部分组成。

（1）输入权重（Input Weight）：每个输入信号都与一个权重关联，这个权重决定了输入信号对人工神经元的影响程度。

（2）激活函数（Activation Function）：激活函数模拟了生物神经元中的激活过程，它将加权和的结果传递给人工神经元的输出。常见的激活函数包括 Sigmoid、ReLU（Rectified Linear Unit）和 Tanh 等。

（3）偏置（Bias）：偏置是一个常数，它与输入权重相乘并添加到加权和中，可以在模型中引入平移。

（4）输出（Output）：激活函数的输出结果作为人工神经元的最终输出，

它可以传递给其他人工神经元或人工神经网络的下一层。

3. 人工神经网络

1) 最简单的人工神经网络结构——感知机

感知机结构如图3-3-3所示。

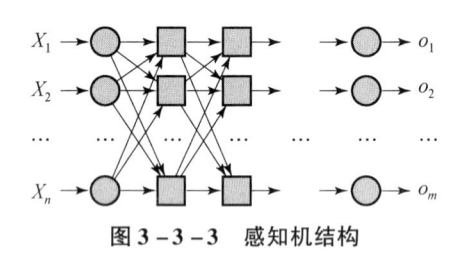

图 3-3-3 感知机结构

感知机是一种简单的人工神经网络模型，最早由 Frank Rosenblatt 在20世纪50年代提出。它是人工神经网络的基本组成部分，也是人工神经网络发展的起点之一。

感知机主要用于二元分类问题，它可以接收多个输入信号，并产生一个输出信号，用于对输入进行分类。感知机的工作原理类似生物神经元，其基本组成包括输入、权重、偏置和激活函数。感知机的训练过程涉及调整权重和偏置，以便正确分类训练数据。基于感知机模型，可以通过一些算法来学习适当的权重和偏置值，以便在给定输入时产生正确的输出。然而，感知机存在一些限制，例如无法处理线性不可分的数据集，这在复杂问题中限制了它的应用。

2) 前馈型神经网络

前馈型神经网络是最常见的人工神经网络类型之一（图3-3-4）。它的信息流动是单向的，从输入层经过一个或多个隐藏层，最终到达输出层。在前馈型神经网络中，每个神经元仅与前一层的神经元相连，没有循环连接。这使前馈型神经网络在处理静态输入数据的分类、回归等任务方面非常有效。

前馈型神经网络的训练过程通常涉及通过反向传播算法来调整权重和偏置，以最小化损失函数。常见的前馈型神经网络包括多层感知机（MLP）和CNN等。

3) 反馈型神经网络（Recurrent Neural Network）

反馈型神经网络是一种具有循环连接的人工神经网络（图3-3-5）。这意味着人工神经元之间的连接不仅存在于当前层和下一层，还可以跨越时间步骤连接到相同层中的其他人工神经元，从而使信息可以在网络中进行循环传递。这使反馈型神经网络在处理序列数据（例如时间序列、自然语言句子等）时非常有效，因为它可以捕捉到数据中的时间相关性和上下文信息。

第 3 章　AlphaGo 原理与应用

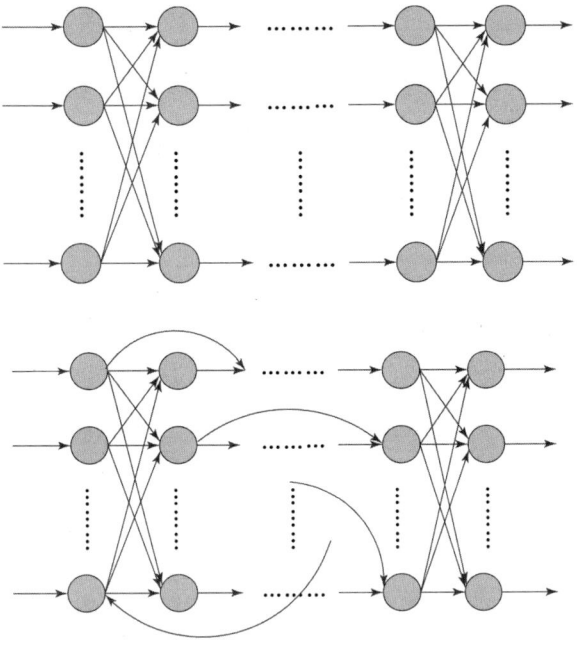

图 3-3-4　前馈型神经网络示意

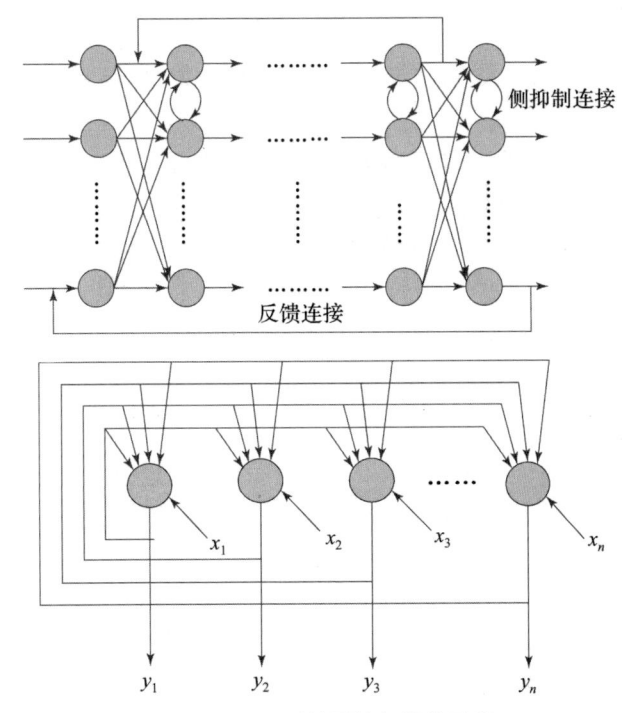

图 3-3-5　反馈型神经网络示意

反馈型神经网络的训练通常需要使用一些特殊的算法，如长短时记忆网络（LSTM）和门控循环单元（GRU），以解决梯度消失等问题，从而便有效地捕捉长序列中的信息。

3.4 监督学习与强化学习方法

机器学习是 AlphaGo 取胜的关键，在机器博弈中发挥着巨大作用，那么 AlphaGo 包含哪些监督学习和强化学习方法呢？

3.4.1 AlphaGo 的机器学习基本原理

1. 监督学习阶段

在监督学习阶段，AlphaGo 的目标是学习一个准确的策略网络，该策略网络可以在给定围棋局面时预测最佳的落子位置。下面是具体步骤。

1）数据收集

AlphaGo 收集大量的围棋对局数据，这些数据包含了许多围棋局面和对应的人类围棋选手的落子位置。每个围棋局面都被编码为一个 $19 \times 19 \times 3$ 的张量（张量是一个可用来表示在一些向量、标量和其他张量之间的线性关系的多线性函数），其中 3 个通道分别代表空白位置、黑子和白子。

2）策略网络训练

AlphaGo 将这些数据用作训练集，然后使用监督学习的方法来训练策略网络。在训练过程中，策略网络通过输入棋盘状态并计算输出，得到每个可能落子位置的概率分布。然后，它与真实的落子位置进行比较，计算输出和标签之间的误差（通常使用交叉熵损失）。利用反向传播算法，网络参数被优化以减小预测和真实标签之间的差异。通过反复迭代，策略网络逐渐学习到从棋盘状态中提取特征，并预测出合理的落子位置。

2. 强化学习阶段

在强化学习阶段，AlphaGo 开始进行自我对弈，通过与自己下棋来积累更多训练数据。下面是具体步骤。

1）自我对弈

AlphaGo 使用训练好的策略网络来模拟围棋对局。它从当前局面开始，通过策略网络的输出选择下一步落子位置。然后，它使用蒙特卡洛树搜索算法对可能的决策路径进行随机探索，从而获得更全面的落子评估。这个过程不断进行，直到达到一定的步数或对局结束。

2)蒙特卡洛树搜索

蒙特卡洛树搜索是一种概率搜索算法，它通过多次模拟对局来评估每个落子位置的优劣。AlphaGo 使用蒙特卡洛树搜索来探索多个可能的决策路径，并根据模拟对局结果来更新每个落子位置的胜率和访问次数。这样，AlphaGo 能够对每个落子位置进行更准确的评估，并且避免盲目地选择落子位置。

3）策略网络和价值网络优化

在自我对弈过程中，AlphaGo 积累了大量的训练数据，其中包含了策略网络和实际胜负结果。这些训练数据用于优化策略网络和价值网络。策略网络的目标是最大化在自我对弈中选择的落子位置的概率，使 AlphaGo 更加倾向于选择胜率较高的落子位置。价值网络的目标是通过对模拟对局结果的估计来更准确地预测当前局面的优劣，从而提高评估的准确性。

通过监督学习和强化学习的结合，AlphaGo 能够不断优化自己的下棋策略，并在围棋对局中达到超人类水平的表现。随着不断的自我对弈和优化，AlphaGo 的棋力逐渐提高，最终战胜了世界顶尖的围棋选手。

3.4.2 AlphaGo 监督学习和强化学习的实现

在棋类游戏中，一个非常重要的问题是搜索问题，往往棋类的搜索空间非常大，例如能够很好地解决国际象棋的问题，却难以解决围棋的问题。棋类搜索是计算机在博弈游戏中寻找最佳走法的过程，但由于棋类游戏状态的复杂性和搜索空间的庞大，棋类搜索面临许多困难，例如搜索空间爆炸问题。在棋类游戏中，可能的走法和棋类游戏状态组合成了巨大的搜索空间。例如，在国际象棋中，在某些局面下可能有数十亿种不同的可能走法。这使搜索算法需要在有限时间内找到最佳走法变得非常困难。此外，还有搜寻深度限制、搜寻的不确定性、计算资源限制等诸多问题。

为了克服这些困难，研究者开发了各种优化和启发式算法，以提高搜索算法的效率和准确性，监督学习和强化学习在处理棋类游戏的决策问题时，能够有效地应对复杂的决策空间、长期策略、局面评估和对手变化等挑战，从而使智能体能够在这些游戏中取得优秀的表现。因此，需要使用监督学习和强化学习，以便让智能体能够更加智能地进行博弈。

1. 强化学习

强化学习是机器学习的成员之一，旨在让智能体通过与环境的交互来学习最优的决策策略，以最大化累积的奖励或目标函数。在强化学习中，智能体不需要人工标注的数据，而是通过试错的方式来学习，类似人类通过实践来学习新的任务（图 3-4-1）。

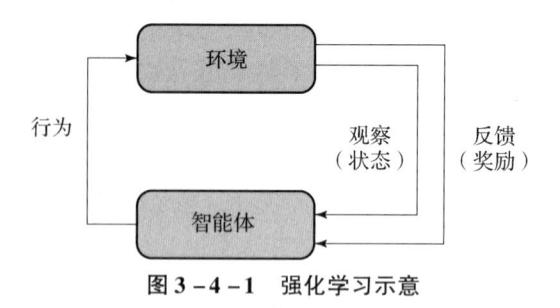

图 3-4-1 强化学习示意

强化学习涉及以下主要要素。

（1）环境（Environment）：环境是智能体所处的外部世界，它包含了所有可能的状态和行动。在每个时间步，智能体观察到当前状态，根据当前状态选择一个行动，并与环境进行交互。然后，环境会根据智能体的行动和当前状态返回一个奖励信号和下一个状态。

（2）状态（State）：状态是对环境的描述，反映了智能体所处的情况。在强化学习中，状态可以是离散的（如棋盘上的位置）或连续的（如机器人的关节角度）。智能体通过观察当前状态来做出决策。

（3）行动（Action）：行动是智能体可以在环境中执行的动作。在每个时间步，智能体从当前状态中选择一个行动来影响环境，并尝试获得更好的奖励。

（4）奖励（Reward）：奖励是环境返回给智能体的信号，用于评估智能体的行动。奖励可以是即时奖励，也可以是累积奖励（在某些情况下，智能体需要考虑未来的奖励）。智能体的目标是通过选择行动来最大化累积奖励。

（5）策略（Policy）：策略是智能体的决策函数，它定义了在给定状态下应该采取的行动。策略可以是确定性的（给定状态选择一个确定的行动）或随机性的（给定状态选择一个行动的概率分布）。

强化学习具体到围棋上，策略的核心如下。

（1）在下棋过程中，下棋双方知晓棋局的全部信息。

（2）在下棋过程，应对的策略考虑单步的状态。

2. 马尔科夫决策过程

在围棋中，马尔科夫决策过程（Markov Decision Process，MDP）可以被用来训练强化学习智能体，例如 AlphaGo。围棋中的决策问题可以被建模为马尔科夫决策过程。马尔科夫决策过程是一种强化学习问题的形式化表示,用于描述智能体在一个有限状态集合和有限行动集合的环境中做决策的过程。

在围棋中,马尔科夫决策过程(图3-4-2)的要素可以进行如下定义。

(1)状态空间(State Space):状态空间表示所有可能的围棋局面状态。在围棋中,每个状态对应于棋盘上的一个特定布局,包括棋盘上每个位置的落子情况(空白位置、黑子、白子)。

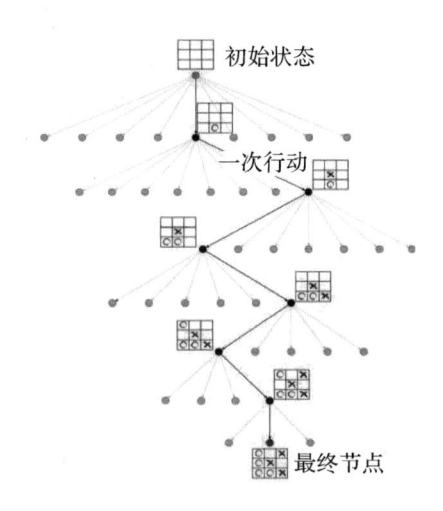

图3-4-2 马尔科夫决策过程示意

(2)行动空间(Action Space):行动空间包含智能体可以采取的所有合法行动。在围棋中,每个合法行动对应于在空白位置落子,形成新的局面。

(3)转移概率(Transition Probability):转移概率定义了在给定当前状态和采取特定行动后,智能体转移到下一个状态的概率。在围棋中,由于对手的行动和随机性因素,转移概率可能比较复杂。

(4)奖励函数(Reward Function):奖励函数定义了在每个状态和采取行动后,智能体收到的即时奖励。在围棋中,可以使用简单的奖励函数,如在每一步中获得固定的正奖励,或者使用更复杂的函数,如基于局面评估的奖励函数。

(5)策略(Policy):策略是智能体在每个状态选择特定行动的决策规则。在围棋中,策略可以是确定性的(在给定状态下选择一个特定行动)或随机性的(在给定状态下选择特定行动的概率分布)。

(6)折扣因子(Discount Factor):折扣因子用于平衡当前奖励和未来奖

励的重要性。它是一个介于 0 和 1 之间的值，用于衰减未来奖励的影响。较小的折扣因子使智能体更加重视即时奖励，而较大的折扣因子使智能体更加重视长期奖励。

3. 蒙特卡洛树搜索

蒙特卡洛树搜索是一种在树结构中搜索最优解的强化学习算法，主要用于解决博弈游戏中的决策问题。蒙特卡洛树搜索通过模拟大量的随机样本来估计每个决策的价值，并构建一棵搜索树来帮助决定最佳的下一步操作。

在 AlphaGo 主体框架中，使用蒙特卡洛树搜索作为其决策算法的核心组成部分。蒙特卡洛树搜索是一种概率搜索算法，通过模拟多次对局来评估每个落子位置的优劣，从而选择最优的落子位置。

蒙特卡洛树搜索算法主要包含以下四个阶段：

（1）选择（Selection）：从当前局面开始，通过选择策略来不断向下遍历搜索树。选择策略通常基于上次搜索的结果，以平衡探索与利用之间的权衡。在这个阶段，算法会选择具有最大上限置信区间（Upper Confidence Bound，UCB）的节点，从而优先探索具有较高潜在价值的节点。

（2）扩展（Expansion）：在选择阶段的最后一个节点，如果当前局面还没有被完全探索（即未扩展），则会随机选择一个未访问的合法落子位置，并将其添加到搜索树中。

（3）模拟（Simulation）：对于扩展的节点，使用随机模拟或启发式模拟（例如快速走棋策略）来模拟一局完整的对局，直到棋局结束。这样可以获得当前局面下的一个评估结果。

（4）回溯（Backpropagation）：将模拟结果回传到搜索树的上层节点。根据模拟结果更新所有经过的节点的统计信息，如访问次数和累积奖励值。这样，在未来的搜索中，选择阶段可以更好地指导选择最优的落子位置。

通过反复进行选择、扩展、模拟和回溯，蒙特卡洛树搜索可以逐渐收敛到最佳的落子决策，同时也可以对其他落子位置进行评估，以选择合适的下一步行动。AlphaGo 使用大量的蒙特卡洛树搜索模拟来评估每个落子位置的价值，然后在自我对弈中使用这些信息来改进自己的策略网络和价值网络。

在 AlphaGo 中，蒙特卡洛树搜索与深度学习相结合，强化了其对棋局局势的理解和决策能力，使其在围棋领域表现出色，并战胜了世界顶尖的围棋选手。与战胜国际象棋大师的"深蓝"不同，由于围棋搜索空间巨大，所以机器学习在 AlphaGo 中起到了非常重要的作用。通过巧妙地减小搜索空间和应用机器学习算法，AlphaGo 不停地在看棋谱和左右互搏中进化。从整体来看，AlphaGo 的算法思路并不十分复杂，主要应用了机器学习中的监督学习和强化学习以及人工神经网络，它们让 AlphaGo 变得更加强大。

3.5 仿 AlphaGo 博弈系统

在国内有非常好的仿 AlphaGo 博弈系统——自主机器人，它能够非常好地实现类似 AlphaGo 的机器博弈功能，用于教学和科研（图 3-5-1）。自主系统应具有感知、执行和思考能力。

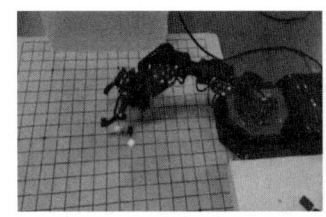

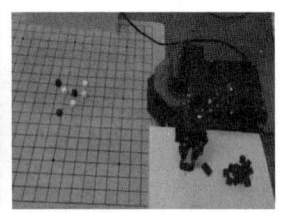

图 3-5-1 仿 AlphaGo 博弈系统

3.5.1 自主机器人的基本原理

自主机器人涉及极大极小值原理、剪枝搜索算法、棋局评估等多项人工智能核心技术。为了降低学习的难度，先从分棋子说起。

1. 分棋子

游戏规则：轮到自己时，"MIN or MAX"从所示棋子中选出一堆，将其分成个数不等的两堆，如果其不能完成这一任务，则失败（图 3-5-2）。

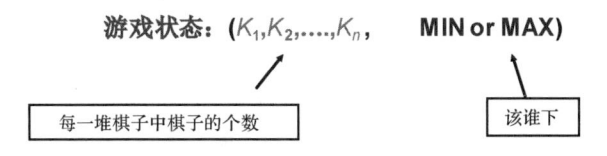

游戏状态：($K_1, K_2, \ldots, K_n,$ MIN or MAX)

每一堆棋子中棋子的个数　　　该谁下

图 3-5-2 分棋子示意

分棋子过程示意如图 3-5-3 所示。

怎样最大化胜率？

在一个典型的博弈过程中（例如二人下棋），双方的目的都是寻找对自己最优的方案，最终目标是赢得比赛。

(1) 双方轮流下棋，A 先走（奇数层），B 后走（偶数层）。

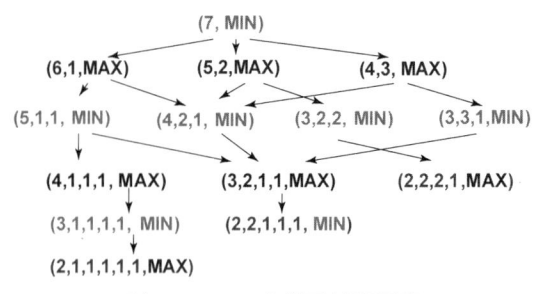

```
                    (7, MIN)
                       ↓
      (6,1,MAX)    (5,2,MAX)    (4,3, MAX)
          ↓            ↓            ↓
      (5,1,1, MIN) (4,2,1, MIN) (3,2,2, MIN) (3,3,1,MIN)
          ↓            ↓            ↓
      (4,1,1,1, MAX) (3,2,1,1,MAX) (2,2,2,1,MAX)
          ↓            ↓
      (3,1,1,1,1, MIN) (2,2,1,1,1, MIN)
          ↓
      (2,1,1,1,1,1,MAX)
```

图 3-5-3　分棋子过程示意

(2) A 足够聪明，总是能在多个可能方案中选择最有利于自己的方案。

(3) B 同样足够聪明，总会在多个可能的方案中选择最不利于 A 的方案。

把自己当成 A，如果想获胜，则不能轻敌，应该将 B 视为最强的对手，这样 B 在走步时始终会选择对自己最有利（从而最不利于 A）的方案，在此基础上 A 在走步时再选择最有利于自己的方案。

2. 棋局评估

下面看一看怎样计算五子棋棋局得分。图 3-5-4 所示是常见的五子棋棋局以及相应的术语。

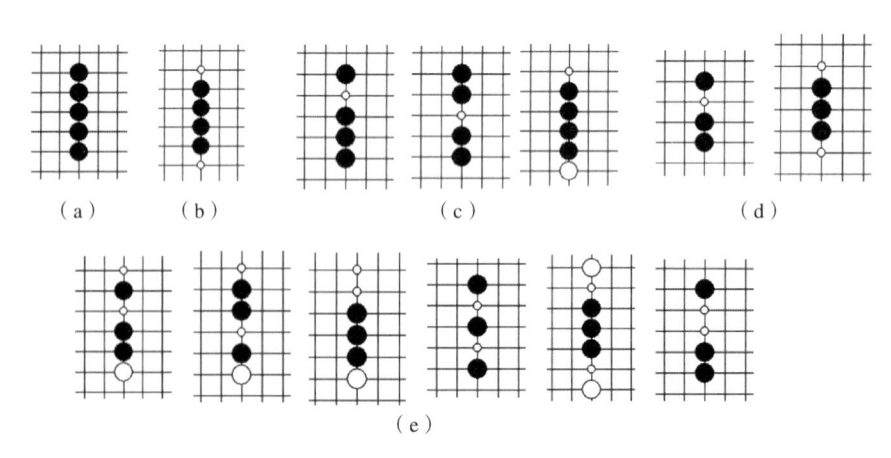

图 3-5-4　常见的五子棋棋局及相应的术语

(a) 连五；(b) 活四；(c) 冲四：差一个连五点；
(d) 冲三：可以形成活四的三；(e) 眠三：只能够形成冲四的三

那么，该怎样计算五子棋棋局得分？依据棋局获胜概率对不同棋局赋予不同的分数。例如，活二赋予 1 分，因为该棋局获胜的概率非常低；再如活四赋予1 000分，基本上获胜概率为100%。具体算法如下。

Score = [
(1,(0,1,1,0,0)),#活2
(1,(0,0,1,1,0)),#活2
(4,(1,1,0,1,0)),#眠3
(10,(0,0,1,1,1)),#眠3
(10,(1,1,1,0,0)),#眠3
(100,(0,1,1,1,0)),#活3
(100,(0,1,0,1,1,0)),#活3
(100,(0,1,1,0,1,0)),#活3
(100,(1,1,1,0,1)),#冲4
(100,(1,1,0,1,1)),#冲4
(100,(1,0,1,1,1)),#冲4
(100,(1,1,1,1,0)),#冲4
(100,(0,1,1,1,1)),#冲4
(1000,(0,1,1,1,1,0)),#活4
(90000,(1,1,1,1,1))]#连5

搜索整个棋盘，得出双方共有多少个不同的棋型，最后把双方各部分分别求和，便得到当前局势的评价值。

3.5.2 自主机器人操作步骤

（1）启动、注册并登录AIXLAB平台服务器（图3-5-5）。

图3-5-5 操作步骤（1）

(2) 新建自主机器人项目（图3-5-6）。

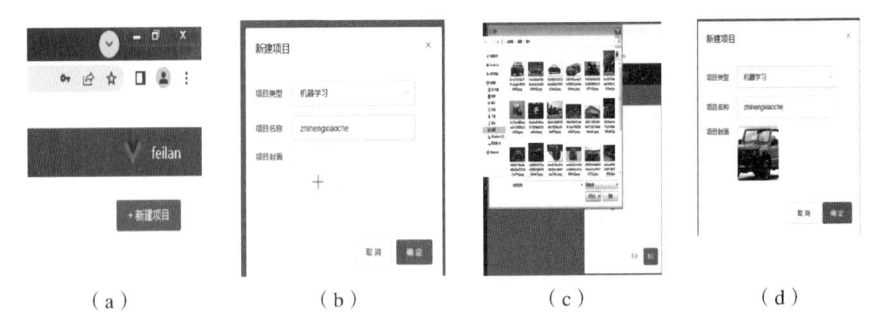

(a)　　　　　　　(b) 　　　　　　　(c)　　　　　　　(d)

图3-5-6　操作步骤（2）

(a) 单击"新建项目"按钮；(b) 输入项目名称；
(c) 单击"+"按钮选择封面图；(d) 单击"确定"按钮

(3) 搭建机器博弈积木（图3-5-7）。

图3-5-7　操作步骤（3）

(4) 设置评估函数（图3-5-8）。

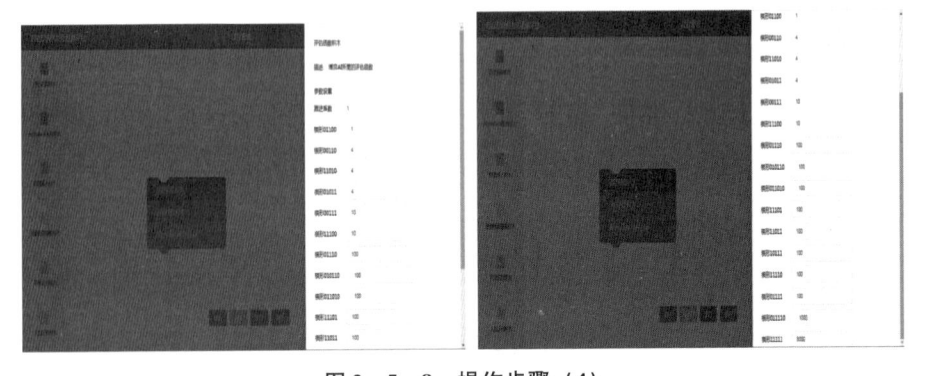

图3-5-8　操作步骤（4）

(5) 设置Alpha-Beta剪枝（极大极小）（图3-5-9）。

项目建好后单击"保存"按钮，保存完成后单击"运行"按钮，会出现图3-5-10所示棋盘，即可以进行机器博弈。

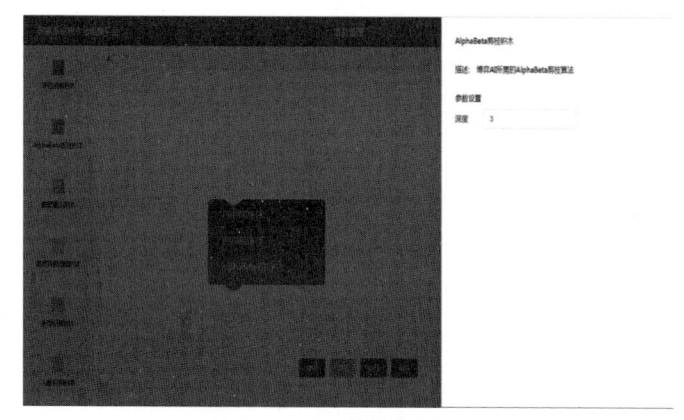

图 3-5-9 操作步骤（5）

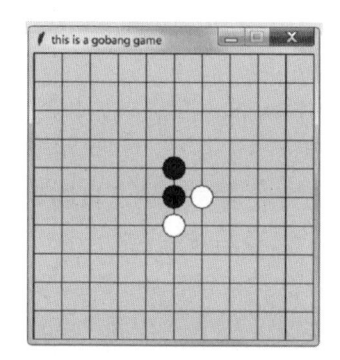

图 3-5-10 五子棋运行示意图

以上是自主机器人的软件部分，如果连接硬件，则可以看到自主机器人的机械臂自动放置棋子和博弈的过程（图 3-5-11）。

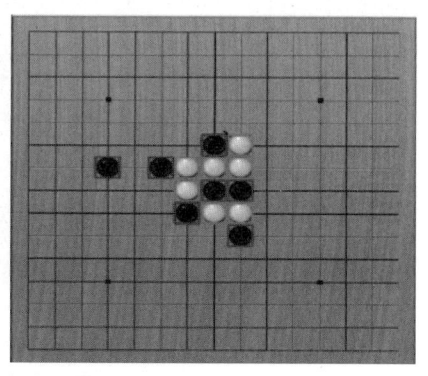

图 3-5-11 自主机器人运行示意

第 4 章 自动驾驶原理与应用

学习目标

(1) 了解自动驾驶技术的现状与未来。
(2) 了解自动驾驶系统的主要构成。
(3) 理解自动驾驶技术中感知子系统和决策子系统功能与实现原理。

4.1 自动驾驶技术的现状与未来

随着人们对交通安全性的要求不断提高，智能驾驶技术越来越受到重视。智能驾驶技术不仅可以提高交通安全性，还可以减少交通拥堵，改善驾驶体验。自动驾驶汽车，也称为自动驾驶车辆、自动驾驶车，是一种能够在没有人类驾驶员操控的情况下，使用先进的感知、决策和控制技术，实现自主导航和行驶的汽车。自动驾驶汽车通过传感器获取周围环境信息，然后利用内置的计算单元和算法进行实时的决策和控制，从而安全、高效地完成行驶任务。自动驾驶汽车构成示意如图 4-1-1 所示。

图 4-1-1 自动驾驶汽车构成示意

自动驾驶汽车通常包括传感器（激光定位器、雷达、车道引导、GPS、立体图像等）与强劲的"大脑"（电脑资料库、车辆控制系统、传感处理器）。

4.1.1 自动驾驶技术的现状

1. 自动驾驶技术的关键阶段

1）初期探索（20 世纪早期至 20 世纪 80 年代）

自动驾驶的概念最早出现在 20 世纪早期。在第二次世界大战期间，德国和美国等国家开始探索利用计算机和机械设备来实现自动驾驶。然而，由于当时的计算机技术和传感器技术相对有限，这些尝试都未能取得实质性的进展。

2）试验阶段（20 世纪 80 年代至 21 世纪初）

20 世纪 80 年代，一些试验性的自动驾驶汽车项目开始出现。例如，德国的"VaMoRs"项目和日本的"Prometheus"项目都是早期尝试，用于研究和测试自动驾驶技术。

3）谷歌公司自动驾驶项目（2009 年）

2009 年，谷歌公司开始启动自动驾驶项目。谷歌公司的自动驾驶汽车在 2010 年代表了第一辆完全自动驾驶汽车。谷歌公司的自动驾驶汽车采用激光雷达、摄像头和其他传感器进行感知，并通过谷歌地图进行导航。

4）商业化部署和实地测试（2010 年至今）

从 2010 年开始，一些公司和城市开始试点商业化部署自动驾驶技术。例如，Uber 和 Lyft 推出了自动驾驶出租车服务，Waymo 在美国多个城市进行了自动驾驶测试服务。百度无人车技术相对比较成熟，在国内展开了相关试点工作。此外，一些汽车制造商也推出了高级辅助驾驶系统（ADAS），为驾驶员提供自动化辅助功能。

2016 年 AlphaGo 的成功，对自动驾驶技术产生了重要影响。尤其是 AlphaGo 采用了深度学习和蒙特卡洛树搜索等技术，为自动驾驶技术提供了新的启示和方法。

总体来说，自动驾驶是一个复杂的领域，需要多学科的合作和持续的研究努力。随着技术的进步和社会对自动驾驶接受程度的不断提高，自动驾驶将逐渐成为现实，并有望对交通运输、城市规划和人类出行产生深远影响。

2. 我国自动驾驶技术的发展

我国在自动驾驶领域取得了显著的进展，并在全球自动驾驶市场上扮演着重要角色。我国自动驾驶技术的发展主要表现在以下几个方面。

1）技术研发和创新

我国的许多科技公司和研究机构在自动驾驶技术的研发和创新方面取得了突破，例如百度无人车。不少公司在传感器技术、人工智能、计算机视觉和地图制图等领域做出了重要贡献。

2）商业化部署

我国在自动驾驶的商业化部署方面也领先一步。多个城市已经开始试点自动驾驶出租车和公共交通服务，一些公司在特定场景下部署了自动驾驶货运车辆。我国在快递物流领域的自动驾驶应用也有显著进展。

3）政策支持

我国政府对自动驾驶技术的发展给予了大力支持。政策的推动有助于加速自动驾驶技术的研发和商业化进程，并为企业提供了更多发展机遇。

4）产业生态

我国自动驾驶产业生态相对完整，涵盖了汽车制造商、技术提供商、地图制图公司、传感器制造商、软件开发商等。这些企业形成了紧密的合作关系，推动了自动驾驶技术的发展和推广。

5）开放合作

我国的一些自动驾驶公司积极与国际伙伴合作，吸引了一些国际公司参与我国市场。同时，我国的自动驾驶企业也在国际舞台上扮演着越来越重要的角色。

6）挑战与机遇

尽管我国在自动驾驶技术方面取得了显著进展，但仍然面临一些挑战。技术上，复杂的城市交通环境、不同地区的道路状况、高精度地图等都是需要解决的问题。此外，自动驾驶技术的商业化和社会接受程度也需要进一步提高。

总体来说，我国的自动驾驶技术已经处于全球领先水平，并且在未来还有很大的发展空间。随着技术的不断成熟和市场的不断扩大，我国的自动驾驶产业有望在全球自动驾驶市场上发挥越来越重要的作用。

4.1.2 自动驾驶分类系统

自动驾驶汽车可以根据其自动化程度和功能特点划分为多个不同的级别，通常使用自动驾驶六级分类系统（SAEJ3016，图4-1-2）。这些级别描述了汽车自动驾驶系统在不同条件下对驾驶任务的控制程度和驾驶员的介入程度。

图 4-1-2 自动驾驶六级分类系统

1. Level 0：无自动化

在 Level 0 级别下，汽车没有任何自动化功能，所有驾驶任务完全由驾驶员负责。车辆可能配备一些辅助驾驶系统（如车距控制、刹车辅助等），但这些系统不具备自主驾驶能力。

2. Level 1：驾驶员辅助

在 Level 1 级别下，汽车配备了某些自动驾驶功能，例如自适应巡航控制（ACC）或车道保持辅助（LKA）。这些功能可以在特定条件下辅助驾驶员完成特定的驾驶任务，但驾驶员必须始终监控车辆并保持对车辆的控制。

3. Level 2：部分自动驾驶

在 Level 2 级别下，汽车配备了多个自动驾驶功能，例如自动转向、加速和刹车等。车辆可以在特定条件下实现较长时间的自主驾驶，但驾驶员仍然需要在系统要求下监控车辆，并随时准备接管控制。

4. Level 3：有条件自动驾驶

在 Level 3 级别下，汽车具备了更高级别的自动化功能。车辆可以在特定条件下实现完全自动驾驶，驾驶员不需要持续监控车辆，但需要在系统要求时及时接管控制。

5. Level 4：高度自动驾驶

在 Level 4 级别下，汽车可以在特定地域或特定场景下实现完全自动驾驶，驾驶员无须介入。但在某些特殊情况下，如极端天气条件或复杂交通情况下，驾驶员可能需要接管控制。

6. Level 5：完全自动驾驶

在 Level 5 级别下，汽车具备了全面的自动化能力，可以在任何道路和交通条件下实现完全自动驾驶，驾驶员无须介入。Level 5 级别的汽车是真正意义上的自动驾驶汽车。

目前大多数商业化的自动驾驶汽车还处于 Level 2 或 Level 3 级别，Level 5 级别的汽车在公共道路上的实际部署仍然面临技术、法规和社会接受程度等多个挑战。国内百度、华为等科技公司，在自动驾驶探索上迈出了坚实的步伐，它们都有着极高的研究热情，其中百度无人车已进入实验室阶段。国内外很多汽车生产商都在积极推进自动驾驶技术的研发。例如，美国的特斯拉公司、日本的本田公司和德国的宝马公司等都已经推出了自动驾驶汽车产品，并在全球范围内进行测试，取得了不俗的成绩，能够在极大程度上进行自动驾驶，并且遇到紧急情况时可以切换到手动模式。

4.1.3　自动驾驶技术的组成

自动驾驶技术的发展离不开各种感知技术的助力，如激光雷达、毫米波雷达、摄像头和超声波传感器等。这些传感器可以对车辆周围的环境进行感知，从而判断车辆周围的状况，使车辆能够做出相应的反应。同时，自动驾驶技术还包括车辆定位、地图制作和路径规划等技术。

自动驾驶技术是通过计算机控制驾驶器件实现无人驾驶的，其组成如下。

（1）感知技术：自动驾驶技术需要借助感知设备，如摄像头、激光雷达等识别周围环境，这些感知设备可以感知距离、方向、速度、姿态等信息。

（2）感知算法：感知设备通过感知算法去处理数据，将复杂的环境信息转化为可处理的数据，以便控制器进行处理。

（3）控制算法：控制算法是自动驾驶的"大脑"，可以通过集成计算机视觉、机器学习等技术，使车辆自主控制，实现高度自动驾驶。

4.1.4　自动驾驶汽车的特点与功能

1. 自动驾驶汽车的特点

自动驾驶汽车具有许多独特的特点，使其与传统的人工驾驶汽车有所区别。以下是自动驾驶汽车的一些主要特点。

1）自主性

自动驾驶汽车具备一定程度的自主决策和行动能力，能够在不需要人类干预的情况下完成驾驶任务。它可以根据感知到的环境信息做出决策，避免障碍物并遵守交通规则。

2）感知能力

自动驾驶汽车配备了丰富的传感器，如激光雷达、摄像头、毫米波雷达、超声波雷达等，以获取周围环境的信息。这些传感器帮助车辆感知道路、其他车辆、行人、障碍物等。

3）数据处理和分析

自动驾驶汽车需要处理大量的实时数据，如从传感器获取的信息和地图数据等。这些数据需要被高效地处理和分析，以便做出准确的决策。

4）决策和规划

自动驾驶汽车需要根据感知数据和车辆状态做出决策，包括选择速度、转向、变道、超车等。同时，它还需要规划行驶路径，以确保安全和高效地行驶。

5）人机交互

自动驾驶汽车可能需要与乘客或驾驶员进行交互，如提供信息、接收指令等。这涉及车内界面和人机界面设计的问题。

6）安全性：自动驾驶汽车的安全性是一个重要的关注点。它需要具有高度的可靠性和容错性，能够应对不同的驾驶场景和突发状况，以确保乘客和其他道路用户的安全。

7）地图和定位

自动驾驶汽车通常使用高精度地图和定位技术，以便准确地了解车辆所在的位置和周围环境。

8）规范和法律

自动驾驶汽车的发展还涉及法律、法规和规范的制定。各国和地区需要制定相关的法律，以适应自动驾驶技术的发展。

9）节能和环保

自动驾驶汽车的智能驾驶策略可能有助于更有效地利用燃料和电力，从而提高车辆的能源效率和环保性能。

自动驾驶汽车的特点在于其自主决策能力、感知能力、数据处理和分析能力、高级决策和规划能力，以及与人类和环境的交互能力。这些特点使自动驾驶汽车成为现代交通领域的创新和发展方向。

2. 自动驾驶汽车的功能

自动驾驶汽车具有多种功能，在提供安全、便捷、高效、环保的交通体验方面发挥着重要作用。以下是自动驾驶汽车的一些主要功能。

1）提升道路安全性

自动驾驶汽车可以利用先进的传感器和感知算法来感知道路上的障碍物、其他车辆和行人，从而大大降低交通事故的风险，提升道路安全性。

2）缓解交通拥堵

自动驾驶汽车可以实现更智能、更高效的交通流动。它可以与其他车辆和交通设施协同工作，缓解交通拥堵，提高道路通行能力。

3）增强驾驶便捷性

自动驾驶汽车可以减轻驾驶员的驾驶负担，使驾驶过程更加轻松和便捷。这对于长途驾驶、城市拥堵和高峰时段的通勤特别有益。

4）提高交通效率

自动驾驶汽车可以通过智能的路径规划和优化，减少不必要的停车和启动，从而提高交通效率，减少能源浪费。

5）改善空气质量

自动驾驶汽车在行驶时可以更加精确地控制速度和加速度，从而降低燃油消耗和尾气排放，有助于改善城市的空气质量。

6）提供移动出行服务

自动驾驶汽车有望成为移动出行服务的一部分，例如自动驾驶出租车、共享汽车等，为乘客提供方便的、定制化的出行体验。

7）实现无障碍出行

自动驾驶技术有助于提升残障人士的出行能力，为他们提供更多的独立性和自主性。

8）有利于节能环保

自动驾驶汽车可以通过更智能的驾驶策略，降低燃料消耗和排放，从而减少对环境的负面影响。

9）有助于交通管理和规划

自动驾驶汽车可以通过共享车辆位置和交通信息，帮助交通管理部门更准确地了解交通状况，从而进行更好的交通规划和管理。

10）创新商业模式

自动驾驶技术的出现还可能催生新的商业模式和服务模式，如自动驾驶货运、移动办公等。

自动驾驶汽车的功能不仅限于提供便捷的交通方式，还包括提升安全性、提升交通效率、节约能源、改善环境、创新服务等多个方面，它为交通和出行带来了全新的变革。

4.1.5 自动驾驶汽车的基本组成

自动驾驶汽车的基本组成涵盖了多个关键技术和部件，用以实现自主感知、决策和控制。自动驾驶汽车的基本组成如下。

1）传感器

自动驾驶汽车配备了多种传感器，用于获取周围环境的信息。常见的传感器包括激光雷达、摄像头、毫米波雷达、超声波雷达等。这些传感器可以感知道路上的障碍物、其他车辆、行人和交通标志等。

2）处理器和计算单元

自动驾驶汽车需要高性能的处理器和计算单元来处理大量的感知数据，实时地做出决策，并控制车辆的行驶。这些处理器和计算单元可以是 GPU、FPGA 或专门设计的自动驾驶芯片。

3）软件系统

自动驾驶汽车的软件系统包括感知、决策和控制等多个模块。感知模块负责从传感器数据中提取环境信息，决策模块基于环境信息做出驾驶决策，控制模块控制车辆的加速、制动、转向等。

4）定位系统

自动驾驶汽车需要高精度的定位信息，以确定车辆的准确位置和姿态。定位系统包括全球卫星定位系统（如 GPS）、惯性测量单元（IMU）等。

5）通信系统

自动驾驶汽车需要与其他车辆、基础设施和中心服务器进行通信，以获取实时交通信息、协同工作和更新地图数据等。

6）地图和地图更新

高精度地图对于自动驾驶至关重要。自动驾驶汽车需要精确的地图数据，以识别车道、交叉口、障碍物等。地图数据可能需要定期更新以保持准确性。

7）人机界面

自动驾驶汽车需要与驾驶员或乘客进行交互，例如显示信息、接收指令等。人机界面需要直观友好，以确保乘客的理解和信任。

8）车辆控制系统

自动驾驶汽车需要能够控制车辆的各项动作，包括加速、制动、转向等。车辆控制系统需要与车辆的机械部件紧密配合，确保车辆安全、平稳地行驶。

9）安全系统

自动驾驶汽车配备了多种安全系统，如紧急制动、自动避撞等，以应对突发情况，保障车辆和乘客的安全。

　　10）电源和能源管理系统

　　自动驾驶汽车需要电源来支持各种系统的运行，包括传感器、计算单元、通信设备等。能源管理系统需要有效地管理电池能量，以确保持续运行。

　　这些基本组成部分相互协作，使自动驾驶汽车能够在没有驾驶员干预的情况下，完成感知、决策和控制等驾驶任务。

4.1.6　自动驾驶汽车的其他关键技术

　　自动驾驶汽车的实现涉及多个关键技术，这些技术共同作用，使车辆能够感知周围环境、做出决策并安全地控制行驶。以下介绍除了上述感知技术、控制系统、通信技术、安全系统、人机界面以外的其他关键技术。

　　1）环境建模

　　基于感知数据，自动驾驶汽车需要建立环境模型，将感知到的信息转化为可理解和可处理的形式。这包括地图匹配、障碍物检测、车道识别等。

　　2）决策和规划

　　自动驾驶汽车需要根据感知数据和环境模型做出决策和路径规划。这涉及根据交通规则、道路状况和车辆目标制定行驶策略，以确保安全和高效的行驶。

　　3）定位技术

　　高精度的定位技术对于自动驾驶至关重要。全球卫星定位系统（如GPS）结合惯性测量单元等技术，能够提供车辆准确的位置和姿态信息。

　　4）机器学习和人工智能技术

　　机器学习和人工智能技术在自动驾驶中发挥着重要作用，包括模式识别、行为预测、自主学习等方面。

　　5）高精度地图

　　高精度地图对于自动驾驶至关重要，它能够提供道路几何、交通标志、信号灯和车道信息等，辅助车辆的定位和路径规划。

　　6）纠错和容错技术

　　自动驾驶汽车需要具备一定的纠错和容错能力，以应对传感器故障、不确定性和复杂环境等情况。

　　这些关键技术相互协同，使自动驾驶汽车能够实现自主感知、决策和控制，从而在没有驾驶员的情况下完成驾驶任务。随着技术的不断发展，自动驾驶汽车正逐渐成为现实。

4.1.7 当前自动驾驶技术存在的问题

1. 自动驾驶汽车难以处理复杂的交通环境

目前的自动驾驶技术在复杂交通环境下仍面临挑战。复杂的城市道路、多样化的交通参与者和非结构化的交通状况使自动驾驶汽车需要更高级别的决策和规划能力。

2. 自动驾驶存在安全问题

自动驾驶技术需要保障驾驶安全,特别在高速行驶、恶劣天气和复杂道路条件下。系统的安全性测试和验证是确保自动驾驶技术安全的重要手段。例如当自动驾驶汽车以 100 km/h 的速度行驶时,万一出现险情,没有人类对危险的预判,而仅留给硬件和软件处理,这就对软件和硬件的响应速度有极高的要求,如果恰巧此时软件/硬件出现故障,就会造成比较大的安全事故。

3. 人机交互与公众接受程度存在问题

自动驾驶系统需要与驾驶员进行良好的交互,以便及时传递系统状态和需要介入的信息。同时,提高公众对自动驾驶技术的接受程度和信任也是一个重要问题。

4. 法律法规与责任存在问题

随着自动驾驶技术的发展,相关法律法规和责任也成为关注焦点。谁来负责自动驾驶汽车的事故责任、如何划定法律责任界限等需要进行明确规定。

5. 商业模式存在问题

自动驾驶技术的商业模式仍在探索中。自动驾驶汽车的服务模式需要进一步优化,以实现自动驾驶技术的大规模商业化应用。

6. 自动驾驶成本存在问题

目前自动驾驶汽车成本高,处理器及主要配件价格高昂,在后期使用过程中会产生较多费用。

自动驾驶技术取得了重要的进展,但仍面临多方面的挑战。解决相关问题需要科技、政策和社会各方共同努力,以推动自动驾驶技术的进一步发展和应用。

4.1.8 自动驾驶技术未来发展趋势

1. 技术层面的革新

1)云端存储

自动驾驶汽车将通过云端存储和处理大量数据,实现更为智能的决策。

2）自学习

自动驾驶汽车将具有自学习的特性,并能够自适应不同的路况和驾驶风格。

3）人机交互

自动驾驶汽车将更加人性化,通过语音识别、手势识别等技术实现人与车的交互。

4）增加自动化级别

目前,大多数商业化的自动驾驶汽车处于 Level 2 或 Level 3 级别,即部分自动驾驶状态。未来,随着技术的发展,有望逐步实现更高级别的自动化,如 Level 4 和 Level 5 级别。

5）增强安全性

当前自动驾驶汽车的一个主要问题是安全性问题,在未来自动驾驶技术需要不断强化安全性,尽可能减少事故和故障。自动驾驶汽车的安全性测试和验证将持续进行,并采取冗余措施和故障容错机制。只有安全性有较大提高,自动驾驶技术的广泛推广才会成为可能。

2. 推动领域建设及商业推广

1）自动驾驶本领域有较大发展

实现自动驾驶技术的大规模应用还需要基础设施的改造,例如高精度地图的普及和更新、车载通信设施的完善、交通信号灯和道路标志的智能化等。自动驾驶技术的成熟和广泛推广有赖于这些基础设施的完善。

2）自动驾驶多领域融合

未来自动驾驶技术将与其他技术进一步融合。例如,与 5G 通信技术融合,实现车辆之间的高效通信和协作;与人工智能、大数据、云计算等融合,进一步提高自动驾驶系统的智能和决策能力。

3）商业上进行更广泛的推广

随着自动驾驶技术的成熟和可靠性的提高,自动驾驶汽车将逐步商业化。自动驾驶出租车、货运车辆和公共交通工具有望成为现实,并在特定区域或场景实现商业化应用。

3. 社会接受程度提高并形成生态

1）社会接受程度提高

在未来,自动驾驶技术得到人们的普遍接受和信任。科普宣传和教育是提高社会接受程度的重要手段。

2）法规和政策完善

法规和政策将成为自动驾驶技术的重要指引和标准。随着自动驾驶技术的发展，应制定比较完善的法律法规和制度，明确自动驾驶汽车的运行规范和责任界限。

3）自动驾驶生态系统形成

未来将形成自动驾驶生态系统，涵盖汽车制造商、技术提供商、地图制图公司、传感器制造商、软件开发商、运营商等多个参与者，形成一个完整的产业链。

自动驾驶技术在未来将继续迎来快速发展。随着技术的不断成熟、商业模式的逐步完善以及社会接受程度的提高，自动驾驶技术将为交通出行带来革命性的改变，为人们提供更安全、高效和便利的出行体验。

阅读资料

我国无人驾驶汽车发展历程

1. 红旗 HQ3 无人驾驶汽车

我国自主研制的无人驾驶汽车——由国防科技大学自主研制的红旗 HQ3 无人驾驶汽车，在 2011 年 7 月 14 日首次完成了从长沙到武汉 286 km 的高速全程无人驾驶试验，创造了中国自主研制的无人驾驶汽车在复杂交通状况下自主驾驶的新纪录，标志着中国无人驾驶汽车在复杂环境识别、智能行为决策和控制等方面实现了新的技术突破，达到世界先进水平。

红旗 HQ3 无人驾驶汽车于 2011 年 7 月 14 日从京珠高速公路长沙杨梓冲收费站出发，历时 3 小时 22 分钟到达武汉，总距离为 286 km。试验中，该车自主超车 67 次，途遇复杂天气，部分路段有雾，在咸宁还遭逢降雨。红旗 HQ3 全程由计算机系统控制车辆行驶速度和方向，系统设定的最高时速为 110 km。在试验过程中，实测的全程自主驾驶平均时速为 87 km。国防科技大学方面透露，该车在特殊情况下进行人工干预的距离仅为 2.24 km，仅占自主驾驶总里程的 0.78%。

从 20 世纪 80 年代末开始，在贺汉根教授的带领下，2001 年研制成功时速达 76 km 的无人驾驶汽车，2003 年研制成功中国首台高速无人驾驶汽车，最高时速可达 170 km；2006 年研制的新一代无人驾驶汽车红旗 HQ3，在可靠性和小型化方面取得突破。

2. 百度无人驾驶汽车

2014 年 7 月 24 日，百度启动无人驾驶汽车研发计划。根据规划，该无人驾驶汽车可自动识别交通指示牌和行车信息，具备雷达、相机、全球卫星导航等电子设备，并安装同步传感器。车主只要在导航系统中输入目的地，该无人驾驶汽车即可自动行驶，前往目的地。在行驶过程中，该无人驾驶汽车会通过传感设备上传路况信息，在大量数据的基础上进行实时定位分析，从而判断行驶方向和速度。

2023年10月，百度第六代量产无人驾驶汽车Apollo RT6现身。Apollo RT6是一款定位为"换电式纯电动多用途乘用车"的车型，在自动驾驶方面，Apollo RT6配备了38个传感器硬件，配合Apollo最新一代无人驾驶系统和1 200 Tops高算力计算单元，具备Level 4级别自动驾驶能力，能够从容应对中国城市各种复杂道路的无人驾驶场景。百度已经将视觉、听觉等识别技术应用在无人驾驶汽车系统研发中。

3. 清华无人驾驶汽车

20世纪90年代初期，清华大学开始研究无人驾驶汽车相关技术。20世纪90年代后期，清华大学研发的无人驾驶试验平台THMR系列无人车问世。

2003年，清华大学研制成功THMR-V（Tsinghua Mobile Robot-V）型无人驾驶汽车，它能在具有清晰车道线的结构化道路上完成巡线行驶，最高车速超过100 km/h。

2008年，由中国工程院李德毅院士带队组成了清华大学智能车团队，该团队隶属于清华大学计算机科学与技术系人工智能方向，共有老师、博士生等20余人，主要从事无人驾驶汽车的研发，具体涉及图像识别、导航定位、车辆改造、人工智能软件算法等。目前该团队已经进行了多条开放道路无人驾驶试验，无人驾驶行驶里程超过30万km，在国内人工智能领域属于顶尖水平，有较高知名度。清华大学智能车团队多次参加中国智能车未来挑战赛，并取得第二名、第三名的优秀成绩。

4.2　自动驾驶系统的主要构成、模块用途和业务流程

4.2.1　IARA自动驾驶系统的主要构成

Claudine Badue等人以圣西班牙联邦大学（UFES）开发的自动驾驶汽车（Intelligent Autonomous Robotics Automobile，IARA）为例，提出了自动驾驶车的自动驾驶系统的典型架构。

IARA自动驾驶系统主要由感知系统（Perception System）和规划决策系统（Decision Making System）组成。感知系统主要由交通信号检测模块（Traffic

Signalization Detector，TSD)、移动目标跟踪模块（Moving Objects Tracker，MOT)、定位与建图模块（Localizer and Mapper）等组成；规划决策系统主要由全局路径规划模块（Route Planner)、局部路径规划模块（Path Planner)、行为决策模块（Behavior Selector)、运动规划模块（Motion Planner)、自主避障模块（Obstacle Avoider）以及控制模块（Controller）组成。

4.2.2 自动驾驶系统用途

1. 感知

传感器是自动驾驶系统的"眼睛"和"耳朵"，用于感知车辆周围的环境。常见的传感器包括激光雷达、摄像头、毫米波雷达和超声波雷达等。它们能够实时获取车辆周围的信息，包括道路、车辆、行人、障碍物等。

2. 感知融合

感知模块对传感器数据进行处理和解析，实现车辆对周围环境的感知。感知融合技术将多个传感器的数据融合在一起，形成更全面和准确的环境感知结果。

3. 定位与地图

定位模块通过 GPS 或北斗定位系统、惯性导航系统和其他定位技术，精确地确定车辆的位置。同时，高精度地图为自动驾驶系统提供了详细的道路信息，用于路径规划和导航。

4. 意图推测与决策

意图推测模块根据感知数据和地图信息，推测周围车辆和行人的行为意图。决策模块根据推测的意图和车辆的目标，做出相应的决策，如转向、加速、减速和超车等。

5. 控制

控制系统负责将决策转化为车辆的具体动作。它控制车辆的转向系统、驱动系统和刹车系统，以实现精准的车辆控制。

6. 人机交互

人机交互界面是自动驾驶系统与驾驶员之间的接口，通过显示屏、语音提示等方式向驾驶员传递车辆状态和需要介入的信息，以使驾驶员了解系统的工作状态并在需要时接管控制。

7. 安全与监控

安全与监控系统负责监控自动驾驶系统的性能和安全状态。它可以检测系统故障、预测潜在的危险情况，并在必要时警告驾驶员或采取相应的措施。

8. 通信

通信系统允许自动驾驶汽车与其他车辆、基础设施和云端服务器进行通信，实现车辆之间的协作和地图数据实时更新等功能。

4.2.3 自动驾驶业务流程

自动驾驶业务流程可以分为感知、决策和控制三个主要阶段。这三个阶段是自动驾驶汽车实现自主驾驶的关键步骤，下面对每个阶段进行详细分析。

1. 感知阶段

感知阶段是自动驾驶汽车获取和理解周围环境的过程，即通过传感器感知道路、车辆、行人、障碍物等信息。常用的传感器包括激光雷达、摄像头、毫米波雷达和超声波雷达等。这些传感器实时采集周围环境的数据，并将数据转化为车辆可以理解的信息。

（1）对象检测与识别：通过图像处理和深度学习算法，将摄像头数据转化为车辆、行人、交通标志等对象，并确定其位置和形状。

（2）环境建模：根据激光雷达和毫米波雷达数据，构建周围环境的三维点云模型，表示道路、建筑物、障碍物等。

（3）传感器数据融合：将多个传感器的数据进行融合，以获取更加全面和准确的环境感知结果，提高感知的可靠性。

2. 决策阶段

在决策阶段，自动驾驶汽车根据感知到的环境信息，做出驾驶决策和行为规划。在决策阶段，自动驾驶汽车会综合考虑当前车辆状态、道路状况、交通规则以及周围车辆和行人的行为，制定最优的行驶策略。

（1）意图推测：推测周围车辆和行人的行为意图，预测未来可能的动作和行驶轨迹。

（2）路径规划：根据车辆位置、目标位置和环境地图，规划车辆的最优行驶路径，考虑交通状况和限制。

（3）行为规划：根据路径规划结果和意图推测结果，制定车辆的具体行为，如转向、加速、减速等。

3. 控制阶段

控制阶段是将决策阶段产生的行驶策略转化为具体的车辆动作的过程。控制阶段负责实现车辆的精准控制，确保车辆按照决策阶段的规划行驶。

（1）车辆控制：通过控制车辆的转向系统、驱动系统和刹车系统，实现车辆的转向、加速和制动等动作。

（2）动态调整：在行驶过程中，根据实际情况进行动态调整，确保车辆的安全和稳定。

这三个阶段是相互关联的，并进行实时交互。感知阶段提供感知数据，决策阶段根据感知数据做出决策，控制阶段实现决策结果。整个业务流程需要高度的智能和准确性，以确保自动驾驶汽车安全、高效地行驶。随着技术的进步和算法的优化，自动驾驶业务流程将不断完善和提升。

以上三个流程的每一个步骤都包含了许多核心技术，如图4-2-1所示。

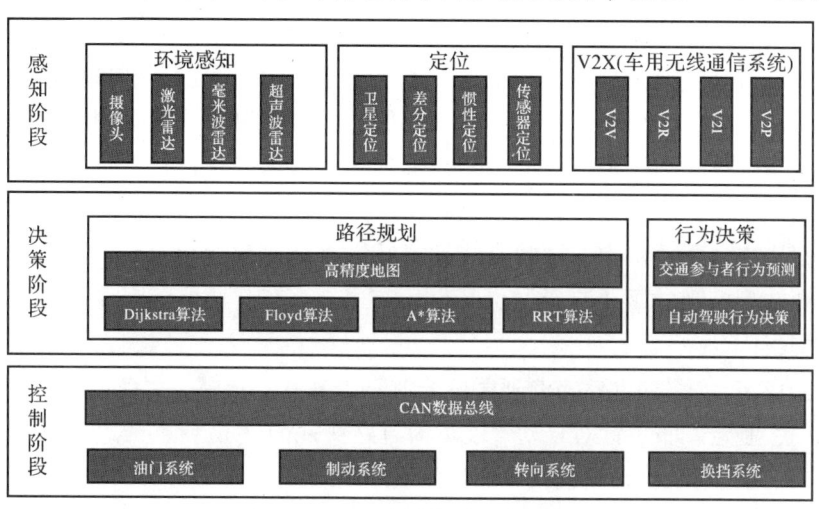

图4-2-1 自动驾驶技术架构

阅读资料

自动驾驶汽车应用历程

谷歌自动驾驶汽车于2012年5月获得了美国首个自动驾驶车辆许可证。

2014年12月中下旬，谷歌公司首次展示自动驾驶原型车成品，该车可全功能运行。

2015年5月，谷歌公司宣布将于2015年夏天在加利福尼亚州山景城的公路上测试其自动驾驶汽车。

2017年12月，北京市交通委联合北京市公安交管局、北京市经济信息委等部门，制定发布了《北京市关于加快推进自动驾驶车辆道路测试有关工作的指导意见（试行）》和《北京市自动驾驶车辆道路测试管理实施细则（试行）》两个文件。

以上文件明确了自动驾驶汽车申请临时上路行驶的相关条件。

第一，申请上路测试人需是在中国境内注册的独立法人单位。因进行自动驾驶相关科研、定型试验，可申请临时上路行驶。测试车辆必须符合《机动车运行安全技术条件》（GB 7258）标准。测试车辆具备自动、人工两种驾驶模式，并可随时切换。测试车辆必须安装相应监管装置，能监测驾驶行为和车辆位置。

第二，测试车辆上路前必须先在封闭测试场内按相关标准进行测试和考核，考核结果经专家评审，通过后才允许上路测试。

第三，自动驾驶测试车辆要按规定悬挂号牌、标识，每辆车都要配备一名有一定驾驶经验、熟悉自动驾驶系统的测试驾驶员，随时监控车辆，保障车辆安全行驶。测试车辆将在指定区域、指定时段内测试，尽量不影响城市交通。测试单位必须购买交通事故责任保险或赔偿保险，如果测试车辆在测试期间发生事故，按照现行道路交通安全法及相关规定进行处理，并由测试驾驶员承担相关法律责任。

北京市交通委认为，自动驾驶是提升道路交通智能化水平、推动交通运输行业转型升级的重要途径，也是带动交通、汽车、通信等产业融合发展的有利契机。

2017年12月，北京市交通委联合北京市公安交管局、北京市经济信息委等部门，制定发布了针对自动驾驶车辆道路测试的《指导意见》与《实施细则》，以规范推动自动驾驶汽车的实际道路测试。

2018年5月14日，深圳市向腾讯公司核发了智能网联汽车道路测试通知书和临时行驶车辆号牌。

2018年12月28日，百度Apollo自动驾驶全场景车队在长沙高速公路上行驶。

2019年6月21日，长沙市人民政府颁布了《长沙市智能网联汽车道路测试管理实施细则（试行）V2.0》，并颁发了49张自动驾驶测试牌照。其中百度Apollo获得45张自动驾驶测试牌照，百度Apollo在长沙正式开启大规模测试。

2019年9月，由百度公司和一汽联手打造的中国首批量产Level 4级别自动驾驶乘用车——红旗EV获得5张北京市自动驾驶道路测试牌照。

2019年9月22日，国家智能网联汽车（武汉）测试示范区正式揭牌，百度、海梁科技、深兰科技等企业获得武汉市交通运输部门颁发的全球首张自动驾驶车辆商用牌照。

2019年9月26日，百度公司在长沙宣布，自动驾驶出租车队Robotaxi试运营正式开启。首批45辆百度公司与一汽联合研发的"红旗EV"Robotaxi车队在长沙部分已开放测试路段开始试运营。

2023年9月，以Level 4级别自动驾驶标准设计的无人驾驶量产车型——百度Apollo RT6正式被列入当年9月的中国工信部名录。

4.3 感知系统的功能与实现原理

感知系统由3个模块组成，分别是环境感知模块、定位模块、V2X模块。

4.3.1 环境感知模块

环境感知模块主要通过摄像头和各种雷达实现对道路和行驶路线的识别。通常在理想情况下，环境感知需要多种传感器的配合实现。

1. 摄像头

摄像头是最接近人眼的一种环境感知设备。常见的车载摄像头包括单目摄像头、双目摄像头、环视摄像头。单目摄像头一般置于车辆的顶端，负责监控前方的路障，但是对距离感知不太敏感。

双目摄像头可以利用视距差，通过三角测距技术获取障碍物到车辆的距离。如图4-3-1所示，P1和P2为两个摄像头，P为障碍物。可以通过三角测距获取P到车辆的距离。

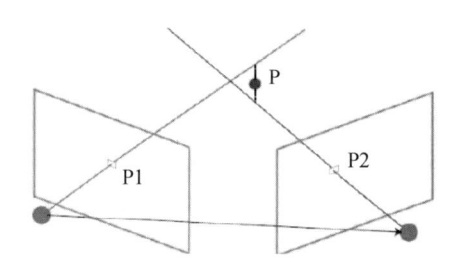

图4-3-1 三角测距示意

环视摄像头至少需要4个，可以360°监控车辆周边的情况。

采用摄像头识别的问题在于需要依赖大量的图像数据积累，并且训练生成视觉模型才能进行识别，整个技术成长周期比较长。除了摄像头，还可以通过雷达实现环境感知。雷达分为激光雷达、毫米波雷达和超声波雷达。

2. 激光雷达

激光雷达又称为LiDAR，它的核心原理是发送激光，激光遇到障碍物后反弹，通过两者的时间差判断距离。

另外，通过激光雷达的数据采集功能可以绘制点云图，从而实现对障碍物的形状、大小、距离的描绘。

激光雷达的一个主要问题是容易受到天气的影响，例如在降雨天气下，水珠容易对激光雷达的效果产生影响。

3. 毫米波雷达

毫米波雷达也能对车辆和物体测距，它通过发射信号和接收信号之间频率的转变实现速度的推送。毫米波雷达相较于激光雷达，穿透灰尘和烟的能力较强，在极端天气条件下也可以正常工作。

4. 超声波雷达

超声波雷达是辅助驾驶领域应用比较多的一种雷达，常常安装在车辆后方的保险杠上，用于倒车辅助。其原理是发出和接收相同频率的声波，然后通过时间差测量距离。超声波雷达不太适合远距离测距。

目前自动驾驶领域通常将摄像头和激光雷达、毫米波雷达配合使用。单一模式的环境识别存在一定的劣势。

4.3.2 定位模块

环境感知模块主要用于帮助车辆获取道路状况信息，而定位模块可以帮助车辆获取到其所在位置的具体坐标，为车辆的决策规划提供依据。常见的定位方式有卫星定位、差分定位和惯性定位等。

1. 卫星定位

常见的卫星定位服务有美国的 GPS 导航、欧洲的伽利略导航、我国的北斗导航等。因为自动驾驶系统一旦商用，所有车辆运行轨迹将被定位系统监控，所以出于国家安全考虑，各国大概率采用本国的卫星定位系统。

卫星定位的基本原理是通过三角定位的方案，至少 3 颗卫星同时与地面车辆连接，计算出准确的车辆坐标。

2. 差分定位

差分定位原理是确定一个参考站，参考站与卫星通信，得到当前位置的误差（也叫作差分校正量），然后通过差分校正量为汽车的真实定位做校正。差分定位是一种提升 GPS 定位准确率的技术方案。

3. 惯性定位

惯性定位不依赖任何光电技术，仅依赖汽车当前的加速度，通过积分获得汽车下一时间段的位移，当车速较高时，惯性定位是卫星定位的很好补充。

4.3.3 V2X 模块

V2X 技术指的是车用无线通信技术,即通过通信连接其他应用,已衍生出了 V2R(Vehicle to Road)、V2I(Vehicle to Infrastructure)、V2P(Vehicle to Pedestrian)等技术。

1. V2R

V2R 指的是车辆之间的通信,例如有一辆汽车要转向,那么通过与后方车辆的通信,它们让后方车辆提前避让。

2. V2I/V2P

V2I 指的是车辆与其设施的通信;V2P 指的是车辆与行人的手表、手机等设备的通信。

阅读资料

自动驾驶感知系统的发展趋势

1. 多传感器融合

传感器的种类和数量决定了自动驾驶汽车的感知能力,随着自动驾驶技术的不断发展,多传感器融合将成为自动驾驶感知系统发展的主要方向。多传感器融合技术能够将不同传感器获取的信息进行整合,从而提高自动驾驶感知系统的准确性和可靠性。

例如,将激光雷达和摄像头的信息进行融合,可以实现高精度的物体识别和跟踪;将毫米波雷达和超声波雷达的信息进行融合,可以实现更全面的环境感知。

2. 人工智能技术的应用

人工智能技术的不断发展为自动驾驶感知系统带来了新的机遇。通过应用深度学习、CNN 等人工智能技术,可以实现更高效的物体识别和跟踪。此外,人工智能技术还可以应用于数据处理和传感器故障检测等方面,进一步提高自动驾驶感知系统的可靠性和智能化水平。随着人工智能技术的不断发展和优化,自动驾驶感知系统的性能将得到进一步提升。

3. 自动驾驶感知系统的集成化

未来的自动驾驶汽车需要具备更高的可靠性和安全性。为了实现这一目标,自动驾驶感知系统的集成化是必不可少的。自动驾驶感知系统的集成化可以实现传感器之间的数据共享和协作,从而提高整个系统的可靠性和准确性，还可以实现系统的模块化设计，便于系统的升级和维护。

4. 低功耗、小型化和低成本

未来的自动驾驶汽车需要具备低功耗、小型化和低成本等特点，以满足市场的需求。为了实现这一目标，自动驾驶感知系统需要采用更先进的芯片技术和更高效的算法设计，从而实现低功耗和高性能的平衡。此外，自动驾驶感知系统的传感器需要实现小型化设计，以便于集成到车辆的外部和内部。

总之，自动驾驶感知系统作为自动驾驶汽车的重要组成部分，发展前景广阔。未来，随着传感器技术、人工智能技术等的不断发展，自动驾驶感知系统将变得更加精确、可靠、安全和智能化，从而实现真正意义上的自动驾驶。

4.4 决策系统的功能与实现原理

环境感知模块和定位模块主要起到确定外界环境状态的作用，为路径的决策和规划提供依据。决策系统主要进行路径规划、行为决策和执行控制。

4.4.1 路径规划

路径规划其实是高精度地图领域的技术。在传统的人工驾驶模式下，地图导航出现了失误时可以通过人工修正。在自动驾驶模式下，地图的准确性以及导航的准确性直接关乎安全性，因此高精度地图技术对自动驾驶非常重要。

在高精度地图领域做路径规划，其实就是求两点间最短路径。

常用的求最短路径的算法有 Dijkstra、Floyd、A*、RRT 算法等。

4.4.2 行为决策

自动驾驶问题不是单一变量问题，车辆在行驶的过程中既包含车辆本身的行为，也包含道路上其他行人、车辆的行为。行为决策主要包括两个方面，一个是交通参与方的预测，另一个是车辆自身的行为决策。

1. 交通参与方的预测

交通参与方的预测可以通过构建一套运动模型，以多种算法实现。

比较常用的方法是以高斯噪声代表交通参与方运动的不确定性，因为大部分交通参与方的行为服从正态分布，所以整个模型构建过程可以看作一个高斯过程。对交通参与方的行为和意图的预测，可以看作一个动态的时序过程，利用类似深度学习 LSTM 的循环神经网络解决相应的问题。

2. 车辆自身的行为决策

车辆自身需要决策的指令集包含行驶、跟车、转弯、换道、停车等。车辆如何做决策，或者做什么样的决策，需要根据场景判别。

行为决策流程应该分为 4 个步骤：首先感知环境信息，然后进行场景判断，调取相应模型进行计算，最终进行行为输出（图 4-4-1）。其中场景判断步骤还要考虑其他车辆的行为，以及交通规章制度。

行为决策链路非常长，而且各步骤相互影响，因此自动驾驶汽车的行为决策功能可以看成一系列概率的加成，即马尔科夫决策过程。

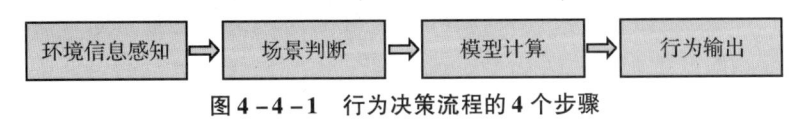

环境信息感知 ⇒ 场景判断 ⇒ 模型计算 ⇒ 行为输出

图 4-4-1 行为决策流程的 4 个步骤

4.4.3 执行控制

经过环境感知和决策规划之后，就到了执行控制环节。如何将决策传递给车辆的功能部件，把油门、制动、转向、换挡指令落实，是执行控制的关键。

自动驾驶汽车目前比较可行的方案是通过 CAN 总线控制每个部件的行为，将指令通过电子信号传达到每个部件，这也是目前电动汽车的主要传感方式。

阅读资料

自动驾驶汽车领域的里程碑事件

1. 里程碑事件 1

在汽车问世不久之后，发明家们就开始研究自动驾驶汽车。1925 年，发明家 Francis Houdina 展示了一辆无线电控制的汽车，该车在没有人控制转向盘的情况下在曼哈顿的街道上行驶。根据《纽约时报》的报道，这种无线电控制的汽车可以发动引擎，转动齿轮，并按响的喇叭——"就好像一只幽灵的手在方向盘上。"

2. 里程碑事件 2

1969 年，人工智能的创始人之一约翰·麦卡锡在一篇名为"电脑控制汽车"的文章中描述了与现代自动驾驶汽车类似的想法。约翰·麦卡锡所提出的想法是：一名"自动司机"可以通过"电视摄像机输入数据，并使用与人类司机相同的视觉输入"来帮助车辆进行道路导航。

他在文章中写道，用户应该可以通过使用键盘输入目的地来驱使汽车即自动前往目的地。同时，存在额外的命令可以让用户改变目的地，例如在休息室或餐厅停留，可以放慢速度或者在紧急情况下加速。虽然没有这样的车辆存在，但约翰·麦卡锡的文章为其他研究人员的任务设计提供了帮助。

3. 里程碑事件3

20世纪90年代初，卡内基梅隆大学的研究人员Dean Pomerleau写了一篇描述人工神经网络如何让自动驾驶汽车实时从公路获取原始图像来实现和输出方向控制的博士论文。Dean Pomerleau并不是唯一一个研究自动驾驶汽车的研究人员，但他使用人工神经网络的方法比其他手动将图像划分为"道路"和"非道路"类别的尝试更有效。

4. 里程碑事件4

1995年，Dean Pomerleau和他的同事Todd Jochem在公路上试驾了他们的无人驾驶小型货车。他们的无人驾驶小型货车（他们必须控制速度和刹车）行驶了2 797英里[①]——从匹兹堡、宾夕法尼亚州到加州的圣地亚哥，从东海岸到西海岸。在这段旅途里，这对伙伴实现了"不用手驾驶横跨美国"的任务。

5. 里程碑事件5

2002年，DARPA宣布了一项重大挑战：如果顶级研究机构的研究人员能建造一辆能够在莫哈维沙漠行驶142英里的无人驾驶汽车，则将得到100万美元的奖金。在2004年挑战开始时，15个竞争者中没有一个能够完成任务。"胜利"号在着火之前，几小时内只行驶了不到8英里的路程。这个实验结果对打造真正的自动驾驶汽车的目标是毁灭性的打击。

尽管制造自动驾驶汽车的可能性在21世纪头10年似乎仍是未知数，但自动泊车系统诞生了——这表明传感器和自动驾驶技术正在接近现实世界中的场景。

6. 里程碑事件6

丰田公司的日本普锐斯混合动力车从2003年开始提供自动停车辅助服务，

---

① 1英里≈1.609千米。

很快雷克萨斯 LS 轿车也添加了类似的系统。福特公司也在 2009 年为其产品加入了主动泊车辅助系统。一年后，宝马公司推出了自己的平行泊车助手。

7. 里程碑事件 7

从 2009 年开始，谷歌公司开始秘密开发无人驾驶汽车项目，该项目现在被称为 Waymo。该项目最初由 Sebastian Thrun 领导，他曾是斯坦福人工智能实验室的主任，也是谷歌街景服务的共同发明人。

几年后，谷歌公司宣布其设计的无人驾驶汽车在计算机控制下总共行驶了 30 万英里，并且没有发生一起事故。在 2014 年，谷歌公司展示了没有方向盘、油门踏板和刹车踏板的无人驾驶汽车的原型，从而实现了 100% 的自动驾驶。

8. 里程碑事件 8

2013 年，包括通用汽车、福特、奔驰、宝马在内的大型汽车公司都开始研发自己的自动驾驶汽车技术。有一些汽车（如 2014 年的奔驰 s 级轿车）还增加了一些半自动的功能，如在车道内行驶、避免事故等。特斯拉和优步等公司也开始积极地探索自动驾驶技术。

4.5 仿 IARA 自动驾驶系统

我国有很多厂商可以实现仿 IARA 自动驾驶系统，其中比较典型的产品是智能小车（图 4-5-1），该产品在较大程度上实现了自动驾驶，并且可以实现诸如人脸识别、语音识别等众多核心功能。

图 4-5-1　智能小车

下面以某款智能小车操作过程为例，进行自动驾驶系统探究。

4.5.1 人脸识别准备：AIXLAB 平台的配置

AIXLAB 平台提供了基于人工智能原理的图形化操作方法。AIXLAB 平台核心算法部署在服务器上。本地操作时，需要首先打开 AIXLAB 平台软件，然后在浏览器端打开相应网址。具体配置和操作如下。

（1）打开浏览器，访问 www.aixlab.cn，在首页上下载 AIXLAB 平台客户端压缩包，解压后获得"block"文件夹。

（2）双击"block"文件夹中的"环境配置.bat"进行库的安装。

（3）进入"block"文件夹，找到"block_client.bat"，双击运行（图 4-5-2）。

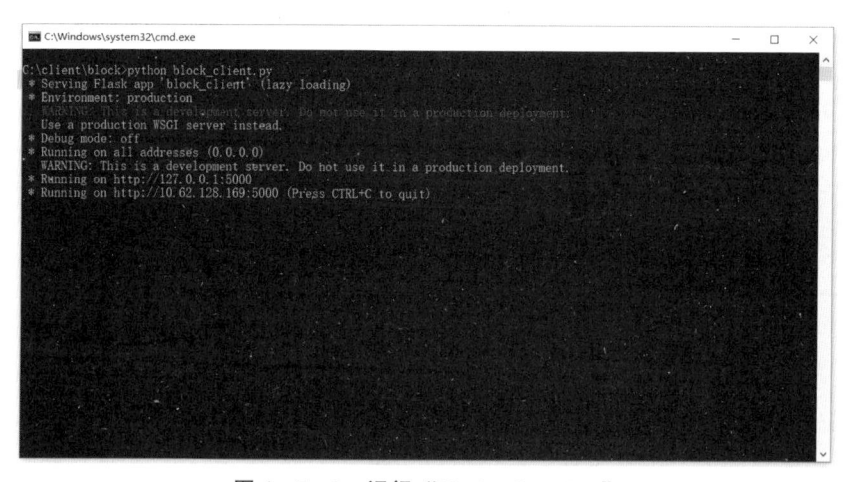

图 4-5-2 运行"block_client.bat"

（4）访问 www.aixlab.cn，进行登录（先注册后登录）。

（5）登录后，切换到"block_client.bat"，打开 cmd 窗口，可以看到类似"==> Username:teacher41"的提示，代表登录成功（图 4-5-3）

图 4-5-3 登录成功

（6）在 AIXLAB 平台上单击自己的用户名，在弹出的菜单中选择"项目管理"选项，进入项目管理页面，然后选择"新建项目"命令，"项目类型"默认为"机器学习"，进行项目命名（封面可有可无），之后即可正常使用 AIXLAB 平台进行模型的搭建和训练（图 4-5-4）。

图 4-5-4　新建项目

4.5.2　人脸识别过程

需要完成以下三个任务。

（1）完成两类人脸图像数据的采集。

（2）完成人脸识别模型的训练，观察训练过程。

（3）完成智能小车的人脸识别控制。

1. 采集人脸图像数据

打开"face_capture_v1.1"文件夹，通过 cmd 窗口打开"pythonfc_v1.1.py"（如果文件夹中已有数据，需要将数据删除之后进行采集，以避免数据混乱），如图 4-5-5 所示。

图 4-5-5　打开"pythonfc_v1.1.py"

此时会出现三种采集方式。

（1）采用小车摄像头直接采集照片。

（2）采用电脑摄像头直接采集照片。

（3）采用录制好的视频采集照片。

按 1 或者 2 键后系统会让用选择角色［注意：选择采集方式（1）录入人

像图片时需要连接小车摄像头的 Wi-Fi；选择采集方式（2）时直接调用电脑摄像头，不需要进行其他操作），如图 4-5-6、图 4-5-7 所示。

图 4-5-6　调用小车摄像头示意

图 4-5-7　检测小车主人或者其他人的人脸示意

小车主人对应 Student，其他人对应 Stranger（注意这两个类别名称不可更改）。例如，采集小车主人（Student）数据时按 1 键，然后唤醒摄像头，开始采集图片。只有当绿框标定了人脸的时候，数据才是有效数据（图 4-5-8）。

图 4-5-8　人脸识别示意

录入 100 张图片后会自动结束，如需采集更多数据可再次启动该程序。选择采集方式（3）时（视频方式），"face_capture_v1.0" 文件夹中一定要有一个提前录制好并且命名为 "face" 的 MP4 格式的视频文件，否则会出现提示 "不能打开视频文件，请检查当前目录下是否有以下文件：face.mp4"（图 4-5-9）。同样采集 100 张图片后自动停止。

cv2_detect	2023/9/8 10:05	文件夹	
data_face	2023/9/8 10:05	文件夹	
face.mp4	2023/8/9 14:21	MP4 文件	8,312 KB
fc_v1.1.py	2023/8/8 21:48	Python File	6 KB

图 4 – 5 – 9　检查提示示意

采集完成后，进入"data_face"文件夹中的"Student"子文件夹，可以看到刚刚录入的图片（视频被切分成图片）。此时可以看到有一部分是有效数据，有一部分是无效数据，无效数据（不是对应正确人脸的图片）需要删除，以免影响检测精度。

采集"Stranger"数据过程同上，但注意选择角色时要按 2 键。

2. 人脸识别模型搭建与训练

（1）对人脸图片进行训练。按照之前讲过的方式，进入"block"文件夹双击"block_client. bat"（或打开 cmd 窗口执行"block_client. py"），然后打开 AIXLAB 平台并登录，一定要确认是否有" ==> Username：××××××××× "字样，如果没有，则重新运行"block_client. bat"（或"block_client. py"）并且重新打开 AIXLAB 平台。

运用积木组合成基本的图片训练功能。选择相应积木并对参数进行修改（图 4 – 5 – 10 ~ 图 4 – 5 – 12），以便进行测试。积木组合完成后单击"保存"按钮即可。

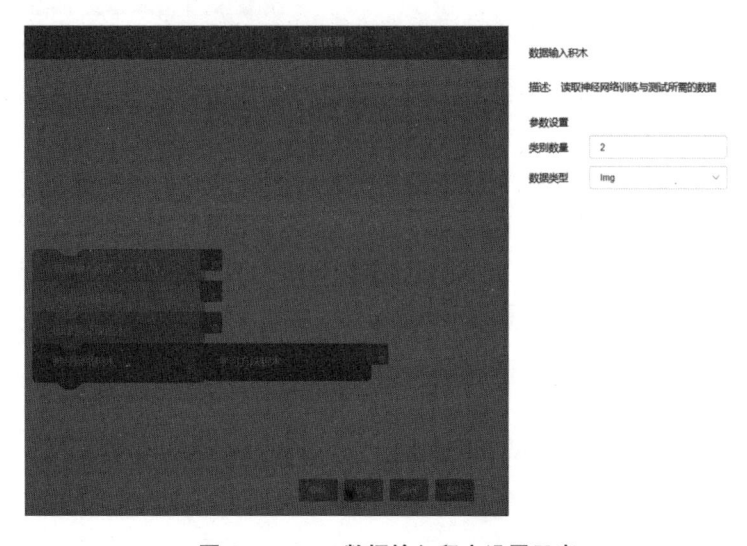

图 4 – 5 – 10　数据输入积木设置示意

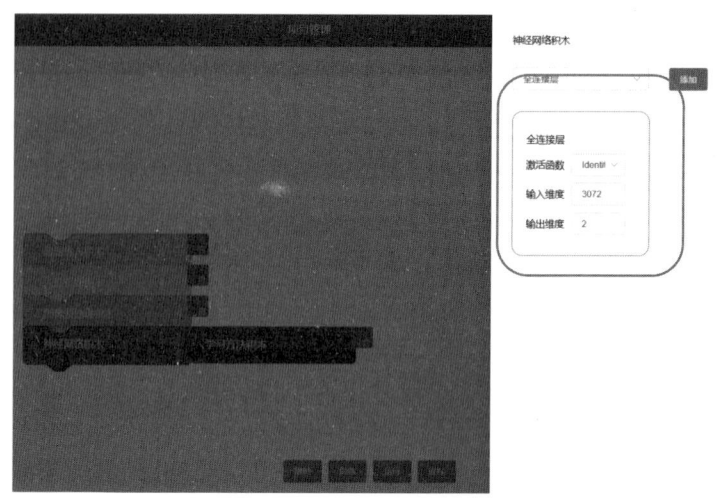

图 4-5-11　神经网络积木设置示意

图 4-5-12　人脸识别积木设置示意

（2）开始训练过程。单击"训练"按钮，会弹出需要训练的图片路径输入框。需要为 AIXLAB 平台提供之前采集的图片路径，即"data_face"文件夹的路径（例如"D:\ruanjian\AI_Car\face_capture_v1.0\data_face"），将这个路径复制到 AIXLAB 平台训练路径中（图 4-5-13）并单击"确定"按钮，等待片刻后，在积木客户端中显示训练进行情况，直到训练结束，如图 4-5-14、图 4-5-15 所示。

图 4-5-13　指定训练路径

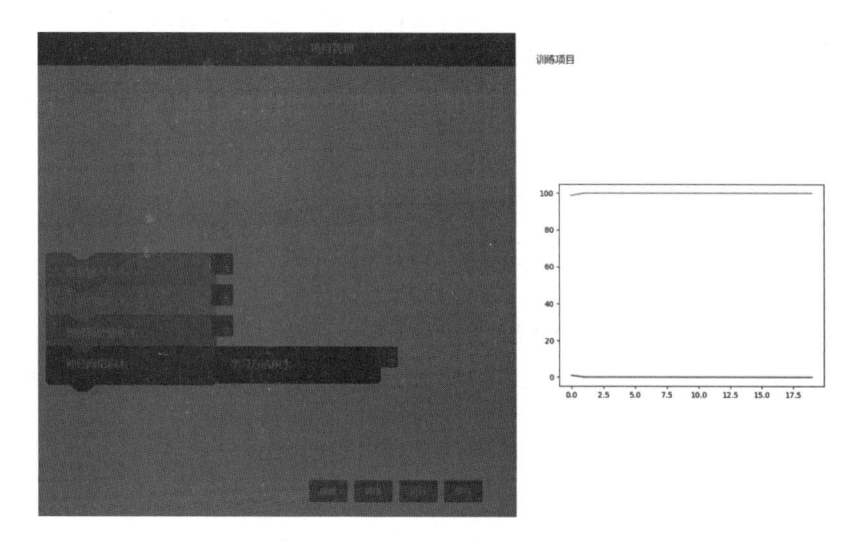

图 4-5-14 训练正确率示意

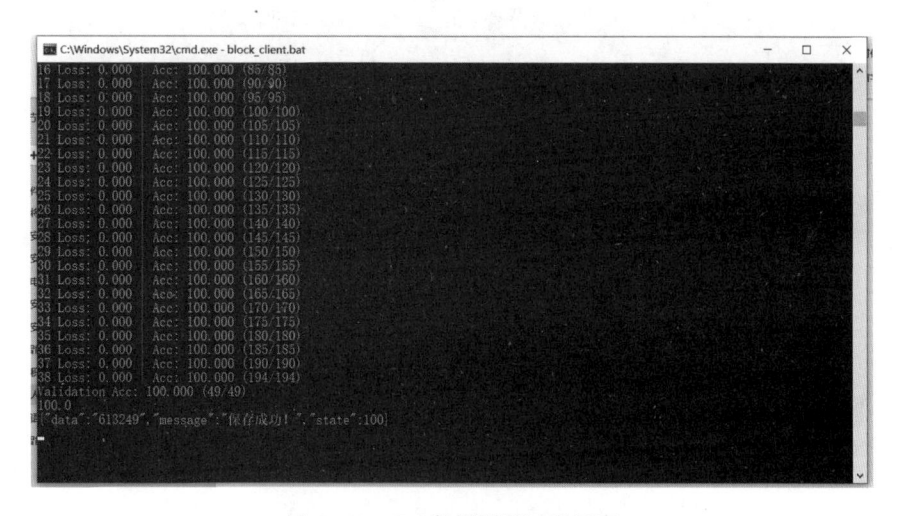

图 4-5-15 数据训练过程示意

3. 使用训练好的人脸模型控制智能小车

将训练之后的权重参数移动到指定位置。基本步骤如下。

(1) 进入"block"文件夹。找到用一连串数字命名的文件夹并进入（图 4-5-16）

图 4-5-16 找训练参数文件夹

(2) 将上述文件夹中的"generated.py"模型文件复制到"Aicar_v1.1"文件夹中的"model_face"文件夹中。

(3) 重新进入上述一连串数字命名的文件夹，再进入其中的"Result"子文件夹，将该子文件夹中的"params.pth"和"classes.pth"参数文件复制到"Aicar_v1.1"文件夹中的"low_loss_face"文件夹中。

4.5.3 语音识别

使智能小车按照语音指令行动的步骤如下（图4-5-17）。

(1) 通过人脸识别认证。
(2) 提示录入语音。
(3) 存储语音，并进行处理。
(4) 智能小车按照指令行动。

图4-5-17 智能小车语音控制示意

需要完成以下操作：如图4-5-17所示，人脸识别完成后可以看到"录音中"提示，此时即可开始进行语音命令操作，看到"录音结束""存储录音"提示即代表语音正在处理中，处理完成后会在程序中显示语音识别结果，并指挥智能小车行动。

阅读资料

自动驾驶感知系统核心部件——毫米波雷达/激光雷达

目前自动驾驶技术已经从实验室走向日常应用。如果想快速且安全地进行自动驾驶，大量交通数据不可或缺，尤其是最优的行车路线和速度，是车辆实现无人干预的自动驾驶的关键。雷达是自动驾驶的重要支撑硬件，自动驾驶汽车依靠雷达获取复杂的交通数据。目前常见的自动驾驶汽车雷达有两种，分别是毫米波雷达（图4-5-18）和激光雷达（图4-5-19），下面分别进行介绍。

图4-5-18 毫米波雷达示意　　　图4-5-19 激光雷达示意

雷达是英文 Radar 的音译，源于"radio detection and ranging"，意思为"无线电探测和测距"，即用无线电发现目标并测定它们的空间位置。雷达是利用电磁波探测目标的电子设备。雷达发射电磁波对目标进行照射并接收其回波，由此获得目标至电磁波发射点的距离、距离变化率（径向速度）、方位、高度等信息。24 GHz 微波雷达 RFbeam 如图4-5-20所示。

图4-5-20　24 GHz 微波雷达 RFbeam

1. 毫米波雷达

要想了解毫米波雷达，首先要知道什么是毫米波。所谓毫米波，是指波长为1~10 mm 的电磁波。毫米波的频段比较特殊，其频率高于无线电，低于可见光和红外线，大致频率范围是24~300 GHz。这是一个非常适合车载领域的频段。当前，比较常见的车载领域的毫米波雷达频段有三类。

1) 24 GHz

这个频段目前大量应用于汽车的盲点监测、变道辅助。毫米波雷达安装在车辆的后保险杠内，用于监测车辆后方两侧的车道是否有车、可否进行变道（图4-5-21）。这个频段也有缺点，首先是频率比较低，其次是带宽比较窄，只有250 MHz。

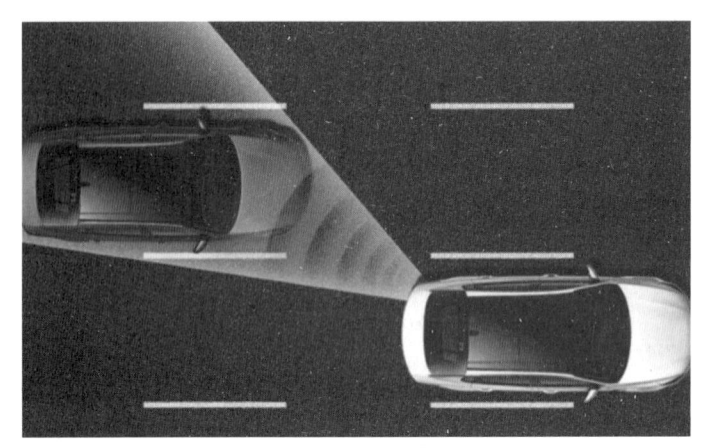

图4-5-21　监测后方车辆示意

2）77 GHz

这个频段的频率比较高，国际上允许的带宽高达800 MHz。这个频段的毫米波雷达性能要好于24 GHz的毫米波雷达，所以主要用来装配在车辆的前保险杠上，探测与前车距离以及前车速度，主要实现紧急制动、自动跟车等主动安全领域的功能（图4-5-22）。

图4-5-22　探测前车距离与前车速度示意

3）79 GHz

这个频段最大的特点就是带宽非常宽，比77 GHz频段的带高3倍以上，这也使其具备非常高的分辨率，可以达到125像素。

毫米波雷达的振荡器会产生一个频率随时间逐渐增加的信号，这个信号遇到障碍物之后会反弹，其时延是 2 倍距离/光速。返回来的波形和发出的波形之间有频率差，这个频率差和时延是呈线性关系的：物体越远，收到回波的时间就越晚，那么它与入射波的频率差就越大。将这两个频率相减就可得到二者的差频，通过判断差频的高低就可以判断障碍物的距离。

毫米波雷达精度高，抗干扰能力强，探测距离远；可呈广角探测，探测范围广；作用时速可达到 120 码[①]以上，可全天候工作，在雨雪、雾霾、沙尘暴等恶劣天气条件下均能正常使用；安装完全隐蔽，不影响车辆整体外观。

2. 激光雷达

激光雷达是以发射激光信号探测目标的位置、速度等特征量的雷达。其工作原理是向目标发射探测激光信号，然后将接收到的从目标反射回来的信号与发射信号进行比较，作适当处理后就可获得目标的有关信息，如目标的距离、方位、高度、速度、姿态、形状等参数，从而对飞机、导弹等目标进行探测、跟踪和识别。激光雷达由激光发射机、光学接收机、转台和信息处理系统等组成。激光发射机将电脉冲变成激光脉冲发射出去，光学接收机把从目标反射回来的激光脉冲还原成电脉冲，送到显示器。

激光雷达以激光作为信号源，由激光发射机发射出的激光脉冲，打到地面的树木、道路、桥梁和建筑物上，引起散射，一部分光波会反射到激光雷达的光学接收机上，根据激光测距原理，就可以得到从激光雷达到目标的距离。激光脉冲不断地扫描目标物，就可以得到目标物上全部目标点的数据，用此数据进行成像处理后，就可得到精确的三维立体图像。

激光雷达结构示意如图 4 – 5 – 23 所示。

激光雷达通过发射激光脉冲进行探测，探测范围小，受遮挡后就无法正常使用，因此在雨雪、雾霾、沙尘暴等恶劣天气条件不能使用，受环境影响很大。激光雷达没有穿透能力，其探头必须完全外露才能达到探测效果，其安装影响车辆外形美观。

3. 毫米波雷达和激光雷达的区别

毫米波雷达从 20 世纪起就已在高档汽车中使用，技术相对成熟。毫米波的波长介于厘米波和光波之间，因此毫米波雷达兼具微波制导和光电制导的优点，且其引导头具有体积小、质量小和空间分辨率高的特点。毫米波雷达穿透雾、烟、灰尘的能力强，相比于激光雷达有较大优势。毫米波雷达的缺

---

① 1 码 = 0.914 4 米。

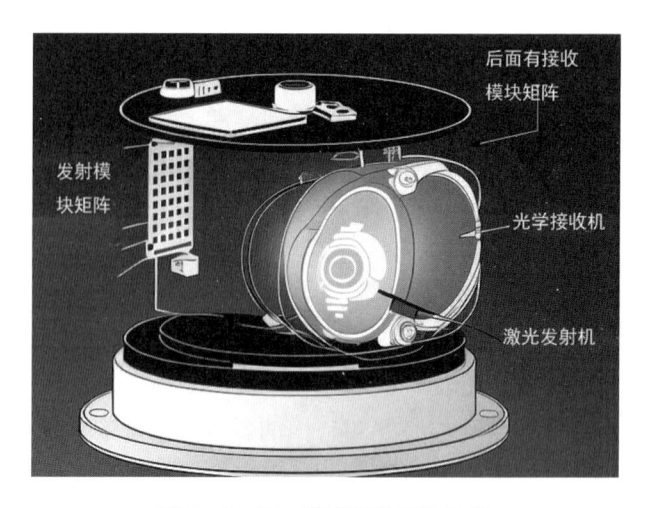

图 4-5-23　激光雷达结构示意

点也十分明显,探测距离受到频段损耗的直接制约,想要探测远距离就必须使用高频段雷达,同时毫米波雷达无法感知行人且无法对周边所有障碍物进行精准的建模。

第 5 章　人工智能创新思维

学习目标

(1) 了解人工智能科技创新规律与方法。
(2) 了解科技项目研发过程与规范。
(3) 了解论文写作方法与技巧。
(4) 理解科技答辩方法与技巧以及其科技创新中的应用。

5.1　人工智能科技创新规律与方法

为落实《新一代人工智能发展规划》，上级部门对人工智能的发展进行了紧密部署，尤其是人工智能教育开展得如火如荼。国家科技部、教育部、工业和信息化部、交通运输部、农业农村部、国家卫生健康委六部门联合印发《关于加快场景创新以人工智能高水平应用促进经济高质量发展的指导意见》，对人工智能给出具体执行方案，提出"场景创新成为人工智能重要实现途径和方法，推动新一代人工智能高质量发展"的主要发展目标。教育部印发《高等学校人工智能创新行动计划》也表明对人工智能创新的极度重视，中小学人工智能也写进了相应的课程标准。

从整体上看，人工智能科技创新的方法主要包括两个方面，一方面是科技创新固有的规律、思路和方法；另一方面是已有的人工智能创新应用。这两个方面都非常重要。人工智能创新、科技创新的关系如图 5-1-1 所示。

图 5-1-1　人工智能创新、科技创新的关系

5.1.1　已有的人工智能应用和领域

人工智能是近年来最引人注目的技术之一，它对各个领域的影响日益增

强,成为创新的主要动力之一。通过以前所未有的方式处理数据,构建模型,模拟思维过程和自主决策,人工智能已经在各种应用场景中发挥了重要作用。以下主要介绍人工智能的创新应用、核心技术以及风险和挑战。

1. 人工智能的创新应用

1）医疗卫生领域的应用

人工智能在医疗卫生领域的应用已经成为一个热点。人工智能利用机器学习和深度学习分析医学影像、进行诊断以及形成治疗策略,提高医学专家的准确性、速度,降低误诊率。在现代医学中,许多疾病被认为是复杂的疾病,而人工智能可以帮助医生从医学数据中快速识别复杂的疾病,以制定适当的治疗计划。此外,人工智能还可以辅助开发和优化医疗产品,如药品和医疗设备。

2）教育领域的应用

人工智能在教育领域的应用正在成为一个新的前沿。人工智能可以利用数据分析和机器学习,理解学生的学习方式,自动评估学生的学习效果,并提供个性化的学习方式和方案。人工智能还可以为教师提供支持,例如减小教师的工作压力、评估课程的效果、优化课程设置等。

3）智慧城市领域的应用

智慧城市是一个集成了许多不同技术的系统,包括互联网、传感器、虚拟现实（VR）和人工智能等。在智慧城市中,人工智能主要用于物联网,通过人工智能和云计算等技术,可以监控和控制城市中的各种设施和设备,从而改善城市的效率和安全性。

4）商业、金融领域的应用

在商业、金融领域,人工智能可以用于风险管理、客户管理、营销预测和供应链管理。利用机器学习和深度学习技术,人工智能可以帮助企业减少风险和提高效率,并定制个性化方案,从而增强企业的市场竞争力。

5）农业领域的应用

人工智能可以帮助解决农业生产中存在的问题,例如土地管理、作物预测和肥料管理等,从而提高农业生产的效率。通过机器学习和数据分析,人工智能可以收集并分析大量的气象和土壤数据,并为农民和农业公司提供信息和建议。

2. 人工智能的核心技术

1）机器学习

机器学习是人工智能的核心技术之一,指的是通过构建相应的算法和模型，实现计算机对数据的自动学习和推理，使其具备智能化处理数据的能力。机器学习已经在分类、预测分析等方面得到了广泛的应用，例如在医疗卫生领域，机器学习可以使计算机理解医学数据，并给出准确的诊断和治疗计划。此外，机器学习还可以用于语音识别、语义分析、图像识别等领域。

2）深度学习

深度学习是人工智能的子集，它通过构建大规模的人工神经网络，实现计算机对数据的理解和推理，形成模仿人类神经网络的人工智能系统。深度学习可以应用在语音识别、图像识别、视频识别、符号智能、行为智能、群智能、自然语言处理、自动驾驶等领域，实现感知和决策的自主学习。

3）自然语言处理

自然语言处理是人工智能中的一种计算机语言学，旨在使计算机能够以自然语言（例如英语、中文）形式处理文本和语音数据。通过自然语言处理，计算机可以理解人类语言的真正含义和目的，例如自然语言处理可以将语音转化为文本，进行情感分析、机器翻译以及智能客服等。

4）机器视觉

机器视觉是一种将计算机视觉与人工智能结合的技术，旨在使计算机理解图像和视频数据，从而实现还原人类视觉的能力。利用机器视觉技术，计算机可以识别和分析数字和电子图像，从而实现自动目标检测、车牌识别、人脸识别和行人跟踪等功能。

3. 人工智能的风险和挑战

虽然人工智能在各个领域都有广泛的应用，并带来了许多实际的益处，但也存在一些风险与挑战。

1）数据隐私和安全问题

数据隐私和安全是人工智能无法避免的问题，因为人工智能需要以大量的数据作为基础，而在此基础上的数据隐私和安全成了日益突出的问题。人工智能可能存储和处理大量的机密信息，如患者信息、信用卡信息、可商业化的知识产权信息等，如果安全性失控则会带来极大的损害。

2）算法偏差和不合理性

人工智能算法的偏差和不合理性也是人工智能面临的挑战之一。在某些情况下，人工智能算法可能以不确定的方式处理数据，并产生不准确的结论，尤其在受到数据量不足或训练数据缺失等因素影响时。

3）缺乏透明度

人工智能算法通常具有逻辑复杂性和决策过程不可解释性的缺点，人们很难理解决策的过程和原因,无法保证人工智能算法产生的结果是合理的,这给行业安全带来了挑战。缺乏透明度还会增加人工智能算法的误用概率和不当使用的风险。

4) 技术推进有难度

实现和推进人工智能技术的应用和研究需要大量的资金,需要企业和政府加大投入和科研嫁接。不同地区和组织之间的技术优势、社会文化差异和政策不一致会带来推进难度的增加。

5.1.2 人工智能科技创新能力培养方法

人工智能是科学技术的一个极为前沿且极为重要的分支,因此科学技术的一些典型研究方法同样适用于人工智能。要想培养人工智能科技创新能力,首先要明确"什么是创新?""创新的方法和途径有哪些?"等问题。

创新对应人的创造能力,也即创造世界上不曾有过的东西,如科学发现、艺术创作等。目前对创新的机制和创新的来源还有很多不清楚的部分,因此,创新是人类智能中最神秘的部分。

1. 人工智能创新理论

创新可以简单地理解为对现有的思想、方法、产品、服务或流程进行有意识的改变和创造,以产生新的、更有价值或更有影响力的成果。创新可以涉及各个领域,包括科学、技术、艺术、商业等,它不仅指发明新事物,还包括对现有事物的改进、整合和重新组合。创新是推动社会进步和发展的重要驱动力之一。关于创新思维的构成,学界并没有统一的看法,大多数学者倾向于将创新思维分为三类,分别是聚合思维、发散思维、逆向思维(图 5-1-2)。

图 5-1-2 创新思维构成示意

1) 发散思维

从字面上理解,发散思维和聚合思维相对,即求异思维,是一种从不同途径、不同角度去探索多种可能性,以期更加接近问题答案的思维过程。发散思维分为流畅性、变通性和新颖性三个层次(图 5-1-3)。

图 5-1-3 发散思维层次示意

（1）流畅性。

流畅性是发散思维的第一层次，即在短时间内想出较多的策略，提出较多的解决问题方案、探索较多的可能性。例如可以采用头脑风暴法，迅速地生成自己独特的创意。

（2）变通性。

变通性是发散思维的中间层次。它是从不同角度、不同层面灵活考虑问题的良好品质。有时解决问题的思路遇阻后，迅速切换到另一个思路往往通畅无阻。

（3）新颖性。

新颖性是发散思维的最高层次，也是求异的本质，即大胆突破常规，敢于创新。在通常情况下，基于新颖性可以生成从无到有的产品或者创意，该创意并不因循旧路，可以较好地解决问题。

对于某个问题，能顺利地写出几个答案就是流畅性的反映，在答案中对原因进行分类就是变通性的反映，在分类的原因中找出新颖独特的原因就是新颖性的反映。针对众多原因找到一个最优化的解决办法并实施，使问题得到解决，实际上就是优秀创意产生并实践的过程。

2）聚合思维

聚合思维是一种跨学科的思维方法，强调将不同领域的知识、观点和方法结合，以寻求新的洞察力、解决方案和创新。它的核心思想是通过整合多样化的信息和概念，创造更全面、更丰富的思考方式，从而超越传统的学科边界和思维模式。聚合思维和发散思维相对，是一个思维收敛的过程，收敛是为了取得问题的焦点或者核心特质，以便更清晰地给出问题答案。

聚合思维应用实例（图 5-1-4）如下。

（1）A区农场主购进发霉花生喂养数量庞大的火鸡和小鸭等家禽，结果这批家禽大都得癌症死了（现象描述）。

（2）B地区农民用发霉花生喂养鸡和猪等家畜，经过长期喂养，家禽也得癌症死了（现象描述）。

（3）C地区有人用发霉花生喂养大白鼠、鱼等动物，结果动物也大都患癌症死了（现象描述）。

研究人员得出结论：在不同地区，对不同种类的动物在食用发霉花生后都离奇生病而亡，因此发霉花生很可能是致癌物。通过对发霉花生的检测，发现黄曲霉素在发霉花生中大量存在，黄曲霉素是致癌物。

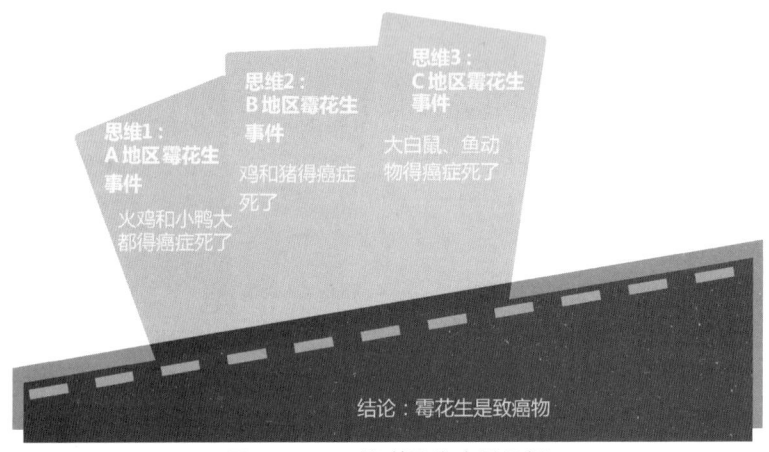

图 5-1-4 聚合思维应用示例

3）逆向思维

逆向思维是创新思维中将思维具象化和进行思维闭环的重要思维方式。通过逆向思维，可以让常规思维下不能正常求解的问题顺利解决。逆向思维包括功能反转、结构反转、状态反转、因果反转四种方式。

（1）功能反转。

功能反转是一种设计和创新思维的方法，指的是将原本事物或系统的功能进行逆转或反转，以达到新的目的、效果或解决问题的方式。这种方式通常是将事物的功能从其通常的用途中解放出来，重新思考如何应用这些功能，从而创造令人意想不到的新颖解决方案。

功能反转可以在不同领域应用，包括工程、设计、科学、商业等。它鼓励思考与传统模式相反的创新方式，以发现新的机会和应用。

下面举一个例子。传统水壶的主要功能是将水加热，以供饮用。然而，通过功能反转的思维，可以发现一些有趣的应用。

（1）冷却器：将水壶的功能反转，可以将其设计成冷却器，用于快速冷却热饮，例如将热咖啡迅速冷却成冰咖啡。

（2）食物保温器：将水壶的功能反转，可以将其设计成食物保温器，通过保持食物的热量，延长食物的保温时间。

（3）音响放大器：将水壶的共鸣效应与声音传导结合，可以创造一个简易的音响放大器。

该例子展示了如何通过功能反转的思维方式，重新解释事物的用途，并在不同的领域找到创新的应用。功能反转可以帮助人们从新的角度思考问题，发现隐藏的可能性，并在设计和创新中获得新的突破。

又如，有位工人在生产纸张的时候忘记加入某种原料，导致生产出来的纸张不合格。正在他一筹莫展时，无意中碰洒桌子上的墨水，他慌乱中用这种纸去擦拭，发现这种纸吸墨能力极强，于是他把这种纸当成吸墨纸销售，盈利不少。还有人为这种纸增加手柄，于是又创造出吸墨器，其销售更受欢迎。从缺少原料的不合格纸到吸墨纸，再到吸墨器，形成了一条创新的路线（图 5-1-5）。

图 5-1-5　不合格纸到吸墨纸，再到吸墨器的创新路线

（2）结构反转。

结构反转是一种设计和创新方法，它是指将事物的组成、结构或元素进行逆转、颠倒或重新排列，以创造新的形式、功能或效果。通过结构反转，人们可以用不同的方式思考和构建事物，从而产生新的创意和解决方案。

下面结合一个实例详细分析结构反转的概念。

普通的自行车有轮子、车架、脚蹬、把手等部件。现在，通过结构反转，可以创造出一种新的自行车——折叠自行车。

常规自行车有一个固定的车架，不能折叠。车轮是固定在车架上的，无法改变形状。

折叠自行车的车架被设计成可以折叠的形式，以便在不使用时结构更加紧凑。

对车轮也可以进行结构反转：让车轮在需要时可以自由伸缩，以适应不同的地形和使用情境。

通过结构反转，普通自行车的基本组成被重新构思和设计，从而产生了全新的产品——折叠自行车。这种创新的设计不仅使自行车更加便于携带和储存，还增加了其适应性和便利性。

又如，飞机设计师修改飞机的机翼结构，将平直机翼改为后掠机翼，从而使飞行速度得到大幅提升（图5-1-6）。

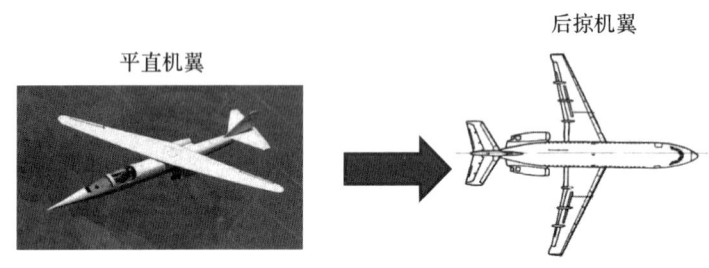

图5-1-6 结构反转示意

（3）状态反转。

状态反转是指人们根据事物的某一属性的反转来认识事物和引发创造发明的一种方法。

【例子】之前人们喜欢使用圆珠笔，圆珠笔的笔珠会磨损变小，从而导致漏油，当时许多国家的圆珠笔厂家投入大量人力物力进行耐磨滚珠的研制，但这必然会提高成本和价格，使其缺乏时长竞争力。一位青年改变了这一传统思路，提出通过控制笔芯油量，使之刚好用到笔珠磨损变小的时间点，从而轻易解决了这一问题。

（4）因果反转。

因果反转是指从已有事物的相反结果形式去设想和寻求解决问题的新途径。

【例子】在发明史上，电和磁的相互转换就是一个非常好的因果反转的实例。电能在传输过程中可以产生磁效应，根据能量守恒定律，若不考虑能量损失，则必然可以从磁这种能量形式转换回电能。根据这样的原理，发电机被发明出来。爱迪生通过听筒音膜有规律振动的现象发明了留声机，这也是因果反转的一个实例。

2. 人工智能创新方法

如前所述，人工智能隶属于科学技术，故科学技术经典创新方法同样适用于人工智能（但增加了人工智能特性）。人工智能创新方法有头脑风暴法、哥顿法、缺点列举法、希望点列举法、类比迁移法等。

1) 头脑风暴法

（1）定义。

头脑风暴法是一种创新性的群体思维方法，旨在鼓励参与者自由发表各种想法和建议，以产生具有创意的解决方案、新想法或新概念。这个过程通常在一个开放、非批判性的环境中进行，旨在激发创意思维，促进团队成员之间的合作和交流。

（2）主要原则。

①无批判性：在头脑风暴的初期，所有想法都应该被接受，不管它们看起来有多荒谬。这有助于消除对创意的限制，鼓励参与者自由表达。

②产生数量：参与者应该尽可能快地提出大量的想法，而不是过度思考或筛选。数量可以带来更多选择和可能性。

③鼓励联想：有时一个想法可以引发另一个想法，因此在联想式思维下，一个想法可以导致多个分支。

④多样性：参与者的多样性（不同的职业、经验、观点等）有助于带来更广泛和独特的想法。

⑤组合和改进：在产生大量想法之后，可以将它们进行组合、改进，甚至从中提炼出更具创意性的解决方案。

头脑风暴法可以在团队会议、创意工作坊、问题解决会议等多种场景中使用。它不仅能够帮助解决问题，还可以激发团队的创新思维和创意能力。通过多种思维的碰撞，头脑风暴有时会引发令人惊喜的想法，甚至可以在解决复杂问题或寻找新创意时起到关键作用。

（3）类型与特点。

头脑风暴法分为非结构化和结构化两种，见表5-1-1。

表5-1-1 头脑风暴法的类型和优、缺点

类型	优点	缺点
非结构化的头脑风暴	未经雕琢、自然、鼓励创造性、易在他人的基础上发挥、节奏快	难以主持、外向型成员易占主导地位、当成员不思考而立刻发表见解时易迷失方向
结构化的头脑风暴	不易让某个人主导整个过程、强迫参与、易主持、允许成员有时间考虑	节奏慢、不易在他人的基础上再发挥、团队能量有损失

(4) 流程。

从明确问题到会后评价，头脑风暴法包括三个阶段。

①明确阐述问题。

由负责人清晰地介绍问题，如果组员感到困惑，可做简单练习，以便所有的参与人员都能理解问题。

②现场讨论。

由负责人指定一人在看板记录所有见解，鼓励组员自由提出见解，不管见解是否正确。

③会后评价。

会后可以进行交叉评价，以便尽量减少固化思维带来的影响。通过异组评价，可以更加清晰地知晓见解的使用价值。

(5) 头脑风暴经典案例：组织团队活动。

①背景：假设你是一个学校的学生会成员，负责策划一次有趣且有意义的团队活动，以促进学生之间的互动和友谊。

②头脑风暴过程。

a. 明确目标：在头脑风暴开始前，明确活动的目标是什么。这里的目标是促进学生之间的互动和友谊。

b. 集合团队：召集学生会成员，确保有一个多样性的群体，包括不同年级和具有不同兴趣爱好的人。

c. 发散阶段：开始头脑风暴，让每个成员尽可能快地提出关于活动的各种想法和建议，不论是否可行。一些想法可能包括户外比赛、艺术工作坊、义工活动等。

d. 联想和改进：一些想法可能引发其他成员的联想。例如，当一个人提出户外比赛时，另一个人可能联想到主题为"冒险探险"的比赛，以及设计谜题和挑战。

e. 记录想法：在头脑风暴期间，有人负责记录所有的想法，可以使用白板、便笺纸或电子文档。

f. 筛选和讨论：在所有想法被收集后，团队可以开始讨论和筛选。这里需要注意，不要过早地批判或排除任何想法。

g. 选择最佳方案：经过讨论后，团队可以从所有想法中选择最具有创意和可行性的方案。它可能是一个混合了几个想法的综合方案。

h. 制订计划：一旦方案确定，团队就可以开始制订详细的计划，包括活动的时间、地点、预算、宣传等。

i. 执行和评价：在活动进行期间，团队执行计划，同时观察活动的效果。之后对活动进行评价，看是否达到了促进学生之间的互动和友谊的目标。

通过这个例子，可以看到头脑风暴法如何引导团队在一个开放和创造性的环境中提出各种可能的想法，并从中选择最佳的方案。这种方法可以在许多不同情境下使用，帮助团队充分发挥创造力，解决问题并制定创新计划。

例如，大雪积压在电线上（图5-1-7），利用头脑风暴法讨论如何清雪。在头脑风暴中，有人想用振荡技术除雪，有人想乘坐无人机带上大扫帚除雪（图5-1-8）。"坐飞机扫雪"的想法虽然表面滑稽，但是经过拓展后，变成了可行的方案。改良后的方案是：大雪后，派出直升机沿电线飞行（尤其是积雪严重部分的电线），直升机尽量保持与电线平行，高速旋转的螺旋桨推动强大气流，把积雪快速清除。于是，通过头脑风暴法，电线积雪清除问题得到解决。

图5-1-7 大雪积压在电线上

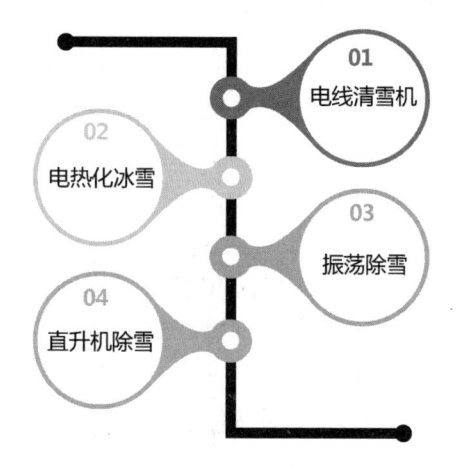

图5-1-8 利用头脑风暴法研制清雪工具示意

2）哥顿法

哥顿法（Gotham Method）是一种用于创意思维和问题解决的方法，它通过多个角度和层面的思考，推动创意的洞察和解决方案的发现。哥顿法由创意思维专家 Michael Michalko 提出，以帮助人们打破传统思维模式，寻找非常规的解决方案。

哥顿法的核心思想是从多个不同的角度审视问题，以产生丰富、独特的思考。这个方法的名字"哥顿"来自著名的漫画城市哥谭市（Gotham City），意味着突破常规的想法，发现超越寻常的解决方案。

（1）哥顿法的步骤。

①选择问题。选择一个需要解决的问题或一个需要创新的主题，确保问题具有一定的挑战性。

②换位思考。将自己放在不同的角色中，想象自己是一个不同的人物、职业或对象，然后思考问题。例如，可以想象自己是一位科学家、一只动物、一个历史人物等。

③改变尺度。考虑问题在不同的时间、空间或规模下的情况。将问题放大、缩小，或者考虑问题在不同环境下的影响。

④逆向思考。反转问题，思考相反的观点。例如，如果问题是"如何增加销售量"，那么可以反转为"如何减少销售量"。

⑤融合和混合。将不同领域、概念和观点结合起来，创造新的联想和可能性。

⑥类比思考。将问题与其他领域的问题进行类比，看是否可以借鉴其他领域的解决方法。

⑦随机刺激。使用随机词语、图像等作为刺激，触发新的想法和联想。

通过这些步骤，哥顿法鼓励人们从不同的角度、层面和思维方式思考问题，以产生创意性的解决方案。哥顿法有助于突破思维的局限性，激发创意，发现以前未曾想到的新颖思路。

（2）哥顿法经典案例：改进城市交通拥堵问题。

①背景：假设你是一个城市规划师，面临城市交通拥堵问题。你需要寻找创意性的解决方案来减少交通拥堵，提高交通效率。

②哥顿法的流程。

a. 换位思考。想象自己是一位出租车司机、一名学生、一辆自行车，甚至一只鸟。这种换位思考有助于看到问题在不同角度的影响。

b. 改变尺度。考虑交通问题在不同时间尺度上的情况。例如，可以思考在高峰时段和非高峰时段交通情况有何不同。

c. 逆向思考。反转问题，思考如何让交通更加拥堵。这可能引发一些反直觉的解决方案，例如减少车辆通行费，以增加车辆数量。

d. 融合和混合。结合不同的交通方式，例如将自行车租赁系统与公共汽车站点结合，以便更方便地切换交通工具。

e. 类比思考。将城市交通问题与其他领域的问题进行类比，例如思考如何管理人流，从中得到启发。

f. 随机刺激。使用随机词语（例如"太空""飞行"）作为刺激，思考如何将这些概念与交通拥堵问题联系起来。

g. 综合应用哥顿法的思维方式，可能得到一些创意性的解决方案，示例如下。

"拥堵共享"计划。基于逆向思维，可能想到实施一个"拥堵共享"计划，即在高峰时段设定车辆通行费，鼓励人们分享车辆，从而减少单独驾车。

"鸟瞰交通"系统。通过换位思考，可能设想建立一个"鸟瞰交通"系统，将城市交通情况呈现给鸟类视角，以寻找更有效的交通布局。

"交通冒险"活动。结合类比思考，可能想到举办一个"交通冒险"活动，鼓励人们使用不同的交通方式，如自行车、滑板等，以促进可持续出行。

这个实例展示了如何通过哥顿法的不同步骤，从多个角度思考问题，产生创意性的解决方案。哥顿法的应用有助于解决复杂问题，发现新的创意，推动创新思维。

（4）头脑风暴法和哥顿法对比见表5-1-2。

表5-1-2 头脑风暴法和哥顿法的对比

方法	缺点	优点
头脑风暴法	（1）过早知道主题容易使见解流于表面，难免肤浅； （2）坚信自己正确限制了思路，从而提不出其他设想	对于问题解决方案进行自由的思考和联想，往往简单高效
哥顿法	有时候整个流程时间过长	在会议上把具体问题抽象化，从而引起广泛的思考，然后落实与具体问题的契合点，从而找出解决问题的思路和方法

3）缺点列举法

（1）定义。

缺点列举法（Disadvantages Listing Method）是一种分析和解决问题的方法，它专注于识别和列举问题或解决方案可能存在的缺点、不足之处或负面影响。通过这种方法，人们可以更全面地了解问题，评估各种可能性，并制定更全面的决策。

（2）缺点列举法流程。

缺点列举法流程如图 5 – 1 – 9 所示。

图 5 – 1 – 9　缺点列举法流程

（3）缺点列举法应用实例。

①目的：开发新型轮椅。

②目前轮椅的缺点。

a. 操作复杂。

b. 需要健全的肢体才能操作或者在他人帮助下才能操作。

③设想。

a. 发明一种完全自主运行的新型轮椅。

b. 使用脑机接口实现对轮椅的控制。

④结果。脑机接口轮椅研制成功（图 5 – 1 – 10）。

4）希望点列举法

（1）定义。

希望点列举法（Point of Hope Listing）是一种创新性的思维方法，用于解决问题、寻找解决方案或发现创意点子。这种方法鼓励人们集中思考问题的"希望点"，即那些可以改进、解决或创新的方面。

（2）希望点列举法流程。

①确定研究对象。

②提出希望点。

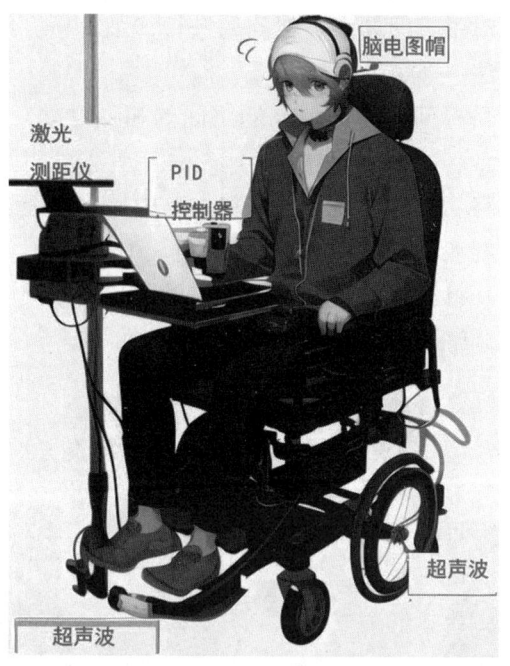

图 5-1-10　脑机接口轮椅

③提出创造方案。

（3）希望点列举法应用实例。

①背景资料：在拉链领带发明之前，很多人打领带费时费力。

②希望：人们希望能够快捷地打好领带。

a. 希望点 1：快捷。

b. 希望点 2：操作简单。

c. 希望点 3：可重复使用。

③创新想法：在打好的领带上安装拉链，佩戴时只需进行打开和拉好拉链等简易操作，既方便又快捷。

④结果：拉链领带被制作出来。

5）类比迁移法

类比迁移法（Analogical Transfer）是一种启发式思维方法，它通过将一个问题领域中已有的解决方案应用到另一个问题领域中。

（1）类比迁移法的流程。

①问题识别。确定需要解决的目标问题和已有的类似问题。目标问题可以是正面临的挑战，而类似问题是另一个领域中的问题，二者具有一定的相似性。

②问题分析。对目标问题和类似问题进行详细分析,理解它们的关键特征、限制和解决方法。

③类比。找到目标问题和类似问题之间的相似之处,包括问题的结构、性质、关系等。

④提取解决思路。从类似问题的解决方法中提取可能适用于目标问题的思路或策略。这可能涉及技术、方法、步骤等。

⑤调整和适应。将从类似问题中提取的思路与目标问题的实际情况进行匹配,进行必要的调整和适应,考虑问题的特殊性和差异性(图 5 – 1 – 11)。

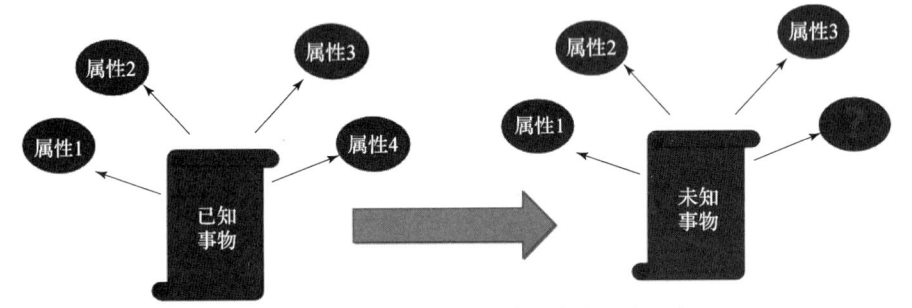

图 5 – 1 – 11　从已知事物到未知事物迁移示意

(2) 类比迁移法应用实例:蚂蚁觅食与蚁群算法。

美国科学家认为,根据蚂蚁寻找食物的方式可以开发出新的人工智能算法,以解决"寻找最佳路线"之类的复杂问题。

①蚂蚁的觅食过程。

a. 随机移动。

b. 遇到食物时分泌信息素。

c. 在搬运食物回家的路上留下信息素。

d. 其他蚂蚁发现留有信息素的路径并结束漫游,沿该路径移动,遇到食物时同样分泌信息素。

e. 信息素随时间挥发,短路径上的信息素相对浓度高。

②蚁群算法的思想

蚁群算法(Ant Colony Optimization,ACO)是一种启发式算法,它是人们受到蚂蚁在寻找食物时的行为的启发而提出的。它模拟了蚂蚁在找到最短路径的过程中的行为,并将其应用于解决优化问题。蚁群算法的基本思想包括以下几个关键点。

a. 正反馈。蚂蚁释放一种叫作"信息素"的化学物质,用于标记它们走过的路径。当其他蚂蚁在路径上移动时,会被已有的信息素吸引,从而增加该路径的吸引力。这种正反馈机制使路径上的信息素浓度逐渐增加。

b. 随机性和探索。蚂蚁在选择下一步的移动方向时，不仅根据已有的信息素，还会受到一定程度随机性的影响。这种随机性可以使蚂蚁更多地探索新的路径，有助于找到更优的解。

c. 信息素更新。随着时间的推移，信息素会逐渐挥发消失，以避免蚂蚁陷入局部最优解。为了保持路径的信息素，算法会周期性地对路径上的信息素进行更新（通常通过蒸发或衰减的方式）。

d. 启发式信息。除了已有的信息素，蚂蚁还可以根据问题的特性获得启发式信息，例如距离、代价等。这些启发式信息可以影响蚂蚁的移动决策。

3. 灵感来源案例

（1）台灯在日常生活中十分常见，但是有的台灯功能单一，仅能够照明，不能够和环境交互，也不能够随意调节灯光的亮度、柔和度和发光时间长短等，使用起来不方便。因为存在这样的不便利因素，所以有人便发明了一种智能台灯，它能够根据室内环境自动调节亮度，并且还能够自动检测与人的距离，提醒人保持正确的坐姿（图 5-1-12）。

图 5-1-12 从普通台灯到智能台灯

（2）梅雨时节，晾在窗外的衣服（图 5-1-13）会被淋湿，使用舵机[图 5-1-14（a）]和亮度传感器[图 5-1-14（b）]制作智能晾衣架（表 5-1-3）。

图 5-1-13 晾在窗外的衣服

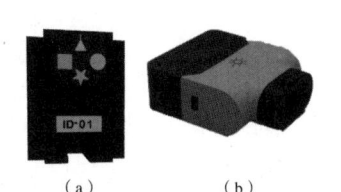

图 5-1-14 舵机和光照传感器
（a）舵机；（b）亮度传感器

表 5−1−3　智能晾衣架创意

创意名称	创意需求	功能实现	所需硬件	所需软件
智能晾衣架	1. 晚上自动把衣服收回到屋里； 2. 下雨时自动把衣服收回屋里	1. 亮度检测； 2. 晾衣架自动收回	1. 亮度传感器； 2. 舵机	Scratch 软件或者 Mixly 软件、Arduino 软件

（2）电风扇（图 5−1−15）如何才能自动开关、智能调速？使用直流电动机和温湿度传感器制作智能调速电风扇（表 5−1−4）。

图 5−1−15　电风扇

表 5−1−4　智能调速电风扇创意

创意名称	创意需求	功能实现	所需硬件	所需软件
智能调速电风扇	根据用户的个性化需要智能调速	通过温湿度传感器检测到的参数，对电风扇转速进行智能调节	1. 直流电动机； 2. 温湿度传感器	Scratch 软件或者 Mixly 软件、Arduino 软件

（3）如何能让路灯（图 5−1−16）自动调节亮度？使用超声波传感器和亮度传感器制作智能调光路灯（表 5−1−5）。

图 5-1-16 普通路灯

表 5-1-5 智能调光路灯创意

创意名称	创意需求	功能实现	所需硬件	所需软件
智能调光路灯	根据是否有行人，智能调节灯光，节能环保	通过行人检测，对路灯亮度进行调节	1. 超声波传感器 2. 亮度传感器	Scratch 软件或者 Mixly 软件、Arduino 软件

（4）如何能让车库门（图 5-1-17）自动开关？使用超声波传感器和舵机制作智能车库门开关（表 5-1-6）。

图 5-1-17 车库门

表 5-1-6 智能车库门开关创意

创意名称	创意需求	功能实现	所需硬件	所需软件
智能车库门开关	检测是否主人车辆回来，智能开关车库门	通过车辆检测，对车库门进行控制	1. 超声波传感器； 2. 舵机	Scratch 软件或者 Mixly 软件、Arduino 软件

思考题：AlphaGo是怎样提出来的？可以在AlphaGo上继续创新吗？你还可以想出哪些人工智能创新应用场景？

4. 人工智能创新应用场景

1）自动客服

使用机器学习、人工智能及自然语言处理技术，实现自动回应实时查询和询问。例如，企业公司可以在官网放置一个小程序，使用人工智能技术让访问用户能够提出疑问，小程序自动提供答复。

2）智能巡检

使用数字编码与机器学习技术，实现工厂内的自动巡检，自动发现设备的异常状况及异常参数，从而有效缩减工厂的维修成本，提高设备的使用效率。

3）细菌与病毒检测

使用深度学习技术，结合生物分子原理来检测细菌和病毒，准确区分细菌与病毒，从而节省时间，提高诊断效率。

4）自动调度

使用聊天机器人技术，为用户实现智能化的调度方案，无须人工介入即可实现自动调度，达到更佳的运营效果。

阅读资料

森林火灾的创新防治办法

故事的主人公是杰夫，他是一位年轻的工程师，热衷于解决环境问题。他的家乡正受到森林火灾的威胁，而且森林火灾越来越频繁和具有破坏性。杰夫决定要寻找一种创新的方法来应对这个问题。

他开始深入研究火灾的原因，发现其中一个主要原因是干旱和高温天气。然后，他开始考虑如何用技术来解决这些问题。在数月的研究和试验之后，他提出了一个概念：利用大规模的水雾系统来冷却森林地区，降低火灾的风险。

杰夫组建了一个团队，开始开发这个系统。他们设计了高效的水喷雾装置，可以覆盖广阔的地区，并开发了智能传感器网络，以监测森林地区的温度和湿度。这些传感器可以自动触发水雾系统，以降低森林火灾爆发的风险。

这个项目的最大挑战之一是能源问题，因为大规模的水雾系统需要大量的电力。为了解决这个问题，杰夫的团队设计了一种太阳能发电系统，可以为水雾系统提供所需的电力，而且能够将多余的电力储存起来供以后使用。

经过数年的努力，杰夫的团队成功地开发出了一套可行的水雾系统，能够在火灾季节降低森林火灾的风险。他们将这个系统部署在自己的家乡，取得了巨大的成功。随着时间的推移，他们将这个技术推广到其他地区，帮助更多的社区应对森林火灾的威胁。

杰夫的故事是科技创新的一个典范，他不仅解决了一个紧迫的环境问题，还为社会带来了更多的希望和可持续的解决方案。这个故事也强调了团队合作、创造力和坚持不懈的重要性，这些都是推动科技创新的关键因素。

5.2 科技项目研发过程与规范

制定科技项目研发过程与规范的目的，是规范科技创新产品设计开发，加强对产品研发过程的管理和监督，有效解决研发过程中的各种问题，以满足产品研发需要，结合质量体系规范研发管理及研发流程。

5.2.1 科技项目研发步骤

中学科技项目的研发过程与更大规模的科技项目类似，但在规模和复杂性上可能简化。当涉及中学科技项目的研发过程时，每个项目都有其独特的细节，但通常可以按照以下步骤进行。

1. 选题与计划阶段

选题兴趣：学生选择一个与自己兴趣相关的科技主题，可以是计算机编程、电子制作、生物试验等。

明确问题：定义一个明确的问题、挑战或目标，这将成为整个项目的核心。

项目目标：明确项目目标，例如制作一个可行的原型、解决实际问题、设计一个新产品等。

项目计划：制订详细的项目计划，包括时间表、任务分配、所需资源等。

2. 研究和准备阶段

文献研究：进行深入的文献研究，了解相关领域的现有知识、技术和解决方案。

资源准备：收集所需的材料、工具、设备，以及可能需要的软件或硬件。

3. 设计和实施阶段

方案设计：设计解决方案，包括技术细节、系统架构、界面设计等。

原型制作：制作一个简化的原型，以验证核心功能或概念的可行性。

编码/试验：开始实际编写代码，进行试验，制作模型或进行其他具体的实施工作。

4. 测试与优化阶段

单元测试：对项目的各个部分进行单独测试，确保它们按预期工作。

集成测试：将不同部分集成起来，进行系统级测试，确保它们协调运行。

优化：根据测试结果，优化性能、稳定性和用户体验。

5. 报告和演示阶段

撰写报告：撰写详细的项目报告，包括问题陈述、设计、实施、测试和结果等。

制作演示：准备清晰的演示文稿、示范视频等，以便向他人展示项目。

6. 反思和总结阶段

项目评估：自我评估项目的成果，分析成功的因素和遇到的困难。

经验总结：总结项目中获得的经验和教训，为未来项目的改进提供指导。

7. 展示和分享阶段

学校展示：在学校的科技展或创新日上展示项目，与同学、老师和家长分享成果。

科技竞赛：将项目提交到科技竞赛，与其他学生的项目竞争和展示。

8. 持续改进阶段

改进计划：根据展示和反馈，制订改进计划，进一步完善项目。

继续研究：如果项目有进一步的研究价值，可以选择继续深入研究。

在中学科技项目的详细研发过程中，学生将深入探索自己感兴趣的领域，积累实际技能，并发展解决问题、创新和团队合作的能力。这种经验不仅有助于培养学生的科学和工程素养，还可以激发他们对科技领域的兴趣。

5.2.2 科创项目开发实例

下面以一个实际的例子来了解科技项目的开发过程。假设一个学生团队决定开发一个智能温室控制系统，以实现温室内温度、湿度和灯光的自动调节。以下是该项目研发过程的详细分析。

1. 选题与计划阶段

（1）选题兴趣：学生团队中的几名成员对农业技术感兴趣，决定开发智能温室系统来改善农作物生长环境。

（2）明确问题：学生使用头脑风暴法，哥顿法等进行讨论和汇总，最后确定课题为"如何创建一个智能系统来监测和控制温室内的环境，以优化作物生长"。

（3）项目目标：项目目标是开发一个能够温室内监测温度、湿度和灯光的传感器系统，并自动控制参数以维持最佳生长条件。

（4）项目计划：学生制定了一个时间表，其中包括研究、设计硬件和软件、制作原型、测试和报告等阶段。

2. 研究和准备阶段

（1）文献研究：学生研究现有智能温室系统、传感器技术和控制算法，以了解最佳做法和技术挑战。

（2）资源准备：学生收集了温湿度传感器、光照传感器、微控制器、继电器等硬件，同时安装开发环境（如 Arduino）。

3. 设计和实施阶段

（1）方案设计：学生设计了硬件布局，选择了合适的传感器和控制元件，并制定了传感数据的处理和控制算法。

（2）原型制作：学生用 Arduino 和传感器构建了一个简化的原型，可以测量温度、湿度和光照，并控制 LED 灯的开关。

4. 测试与优化阶段

（1）单元测试：学生逐个测试传感器和控制元件，确保它们正常工作。

（2）集成测试：学生将所有组件整合起来，测试系统是否能够同时监测和控制温度、湿度和灯光。

（3）优化：根据测试结果，学生调整控制算法，确保传感器数据准确、控制系统稳定。

5. 报告和演示阶段

（1）撰写报告：学生撰写了一个项目报告，其中包括问题陈述、设计、实施、测试、结果和未来改进建议。

（2）制作演示：学生准备了一个演示文稿和示范视频，展示智能温室控制系统如何工作及其优势。

6. 反思和总结阶段

（1）项目评估：学生团队一起讨论了项目，评估了他们在设计和实施过程中遇到的问题和解决方案。

（2）经验总结：学生意识到了设计和制作硬件系统的挑战，同时也获得了在团队合作和问题解决方面的经验。

7. 展示和分享阶段

（1）学校展示：在学校的科技展上，学生展示了他们的智能温室控制系统，解释了它的工作原理和优势。

（2）科技竞赛：学生决定将项目提交到一个本地的科技竞赛，与其他学生的创意项目竞争。

8. 持续改进阶段

（1）改进计划：学生接受了来自科技展和科技竞赛的反馈，决定进一步改进他们的智能温室控制系统，例如增加更多传感器或优化控制算法。

（2）未来研究：学生意识到智能温室技术有广阔的应用前景，决定继续研究更先进的控制策略。

学生通过实际操作，培养了解决问题、创新、团队协作和沟通等多方面的能力。

5.2.3 中学科技项目研发规范

中学科技项目研发规范有助于指导学生在科技项目的策划、设计、开发和展示过程中遵循一定的方法和标准。以下是中学科技项目研发规范和需要注意的地方。

1. 项目选题

（1）选择具有一定科学性和创新性的课题，涉及学科知识和实际问题。

（2）确保选题适合项目时间和资源限制。

2. 问题定义

（1）明确项目的问题陈述和研究目标。

（2）定义问题的背景、范围和重要性。

3. 文献调研

（1）进行相关领域的文献调研，了解已有的研究和成果。

（2）在项目报告中引用相关文献，保证科学性和可信度。

4. 设计方案

（1）提出解决问题的创意性方案，包括具体的实施步骤和方法。

（2）设计方案要符合科学原理，能够验证和实现。

5. 试验与开发

（1）根据设计方案，进行试验、制作、编程等实际操作。

（2）记录试验数据、开发过程和遇到的问题。

6. 数据分析

（1）对试验数据进行分析和处理，绘制图表，统计结果等。

（2）分析数据的趋势、关系和规律，得出结论。

7. 结论和展望

（1）根据数据分析，总结试验结果，回答问题陈述。

（2）展望项目的进一步发展和可能的应用方向。

8. 项目报告

（1）撰写完整的项目报告，包括问题定义、背景、设计方案、试验过程、数据分析、结论等部分。

（2）使用科学的语言，清晰地陈述问题和解决方案。

9. 展示和演示

（1）准备展示材料，包括海报、演示文稿等。

（2）在展示中简洁地介绍问题、方案和结果。

10. 团队合作

（1）如项目由团队合作完成，则鼓励有效的团队协作和分工。

（2）在报告和展示中体现每个成员的贡献。

11. 道德和安全

（1）遵循科研道德，不抄袭、不篡改数据。

（2）确保试验和开发过程的安全性，遵循实验室规定。

12. 反思和改进

（1）在项目结束后，对整个研发过程进行反思。

（2）分析项目中的挑战、成功和改进点，以便未来改进。

中学科技项目研发规范旨在引导学生系统性地进行科技项目的研发，培养科学研究和工程设计的能力，同时注重科研的严谨性和创新性。具体规范可以根据学校和课程的要求进行调整和补充。

阅读资料

诺贝尔奖获得者谈创新

我认为每一个人在任何时候都不能全面，要求一个人非常全面是不可能的，也是不必要的。真正创新的都是年轻人，可是你要求一个20岁的年轻人百科全懂，这个要求是不合理的，也是没必要的。

"创新"两个字包含了两层意思，即好的和新的东西，凡是新的东西都把旧的东西包含在里面，用所有过去的知识都能解释得通，因此创新不光要大胆，还要具备分析的能力，在此基础上创新。

建立一种新理论不是像毁掉一个旧的仓库，在那里建立起一座摩天大楼。它倒是像在爬山一样，越是往上爬越能得到新的、更宽广的视野，并且越显示出我们的出发点与其周围广大地域之间的出乎意外的联系。

——爱因斯坦（1921年诺贝尔物理学奖得主）

我先要的是苦干和创新，其他一切都是次要的。

——德利克·巴顿（1969年诺贝尔化学奖得主）

能正确地提出问题就是迈出了创新的第一步。

——李政道（1957年诺贝尔物理学奖得主）

进行公开的讨论是培养创新意识的极为重要的环节。

——朱棣文（1997年诺贝尔物理学奖得主）

一个处于毁灭和悲惨之中的不幸的人，仍能在音乐或诗歌中创造杰作。

——罗曼·罗兰（1915年诺贝尔文学奖得主）

科学的独创性产生于学习与思考。

——福井谦一（1981年诺贝尔化学奖得主）

思考是创造一个世界的首要工作。

——萨瓦多尔·夸西莫多（1959年诺贝尔文学奖得主）

蜷缩在丑恶和苦恼之中的人，是创造不出幸福来的。

——迈哈福兹（1988年诺贝尔文学奖得主）

在任何时候，创新性的思维都是最宝贵的。

——保罗·伯格（1980年诺贝尔化学奖得主）

任何可能的发现，不管多么微不足道，都将成为知识宝库的一部分。

——皮埃尔·居里（1903年诺贝尔物理学奖得主）

我创造，所以我生存。

向没有开辟的领域进军才能创造新天地。

——杨振宁（1957年诺贝尔物理学奖得主）

创新精神强而天资差一点的学生往往比天资好而创新精神不足的学生能取得更大的成绩。

若想实现智力上的跃进，唯有创造力极强的人生气勃勃地独立思考，并在有关事实正确知识的指导下走上正轨。

——普朗克（1918年诺贝尔物理学奖得主）

科学的最高目标是不断发现新的东西。因此，要想在科学上取得成功，最重要的是学会用与别人不同的方式。

任何能把牢固的常识与一般程度的想象力结合的人都能成为具有创造力的科学家,亦可成为幸福的科学家,只要幸福取决于能充分发挥一个人的才能。

——梅达沃(1960年诺贝尔生理学或医学奖得主)

一个科学家如果对自己的研究事业没有强烈的爱好,如果对自己的研究课没有强烈的求索欲望,即使再严肃认真,也仅是一台只知按部就班精确运转的机器,不会有真正意义的创新。科学探索经常要不循常规、不惧权威、不畏众议、不怕失败、不计得失,这需要有几分近乎狂热的激情。

——理查·埃利特·斯莫利(1996年诺贝尔化学奖得主)

5.3 中学生科创论文格式要求、写作方法与技巧

5.3.1 中学生科创论文格式要求

中学生科创论文写作有一定的技巧和方法。下面以全国青少年科技创新大赛论文的写作为例,说明中学生科创论文格式要求。中学生科创论文一般包括以下几个部分:题目和摘要、引言、正文(包括文献综述、问题陈述和目标、方法与试验设计、数据分析和结果、讨论与结论)、参考文献。在实际撰写时还可以添加致谢、附录等内容。下面逐一详细介绍。

1. 题目和摘要

题目应简明扼要,准确地传达论文的主题和焦点。

摘要应该包括研究问题、方法、主要结果和结论。具体介绍研究内容和目标。

2. 引言

引言提供背景信息,介绍研究课题的重要性和现有研究的局限性。阐述作者为什么选择这个课题,以及作者的研究是如何填补知识空白或解决问题的。

3. 文献综述

回顾与论文研究相关的先前研究,指出已有的成果和发现。评价前人研究的方法、结果和局限性,突出论文研究的创新之处。

4. 问题陈述和目标

清楚明确地陈述研究问题,解释为什么这个问题值得研究。详细说明研究目标,指导读者了解作者要达成什么样的成果。

5. 方法与试验设计

详细描述论文所采用的方法和试验设计,包括步骤、样本、设备等。如果有需要,附上试验流程图、设备照片等,使读者理解试验过程。

6. 数据分析和结果

呈现作者所收集的数据,使用图表、表格等方式进行展示。对数据进行分析,解释结果。确保解释的过程清晰、有逻辑。

7. 讨论与结论

对论文结果进行深入分析,与文献综述联系,说明作者的发现和前人研究的关系。解释作者的研究对解决问题的意义,讨论结果的实际应用和未来可能的改进方向。

8. 参考文献

列出所有在文献综述和论文中引用的参考文献,遵循引用格式要求。

9. 致谢

感谢在研究过程中为作者提供帮助和支持的人、机构等。

10. 附录

如有需要,可以包含一些补充性材料,如原始数据、详细图表、代码等。在每个部分都要确保清晰、准确地陈述信息,使用科学的语言和逻辑结构。尽量避免使用难以理解的术语,同时保持论文的一致性和整体流程。编写中学生科创论文不仅为了展示研究成果,它也是培养科学思维和沟通能力的重要途径。

5.3.2 中学生科创论文写作方法

中学生科创论文写作是一个锻炼科学思维和表达能力的重要过程。以下是中学生科创论文写作方法,有助于有效地组织和呈现研究成果。

(1) 选择合适的课题:选择一个感兴趣且具有一定科学和实际意义的课题。确保有足够的资源和时间进行研究。

(2) 确定问题和目标:清晰地陈述研究问题和目标。问题陈述应该明确,可以通过简短的句子表达。

(3) 进行文献综述:对相关领域的文献进行综述,了解已有的研究和成果。这有助于确定研究的创新点。

(4) 制定研究计划:设计一个详细的研究计划,包括试验设计、数据收集方法等。确保计划能够达到研究目标。

(5) 进行试验和数据收集:按照研究计划进行试验或数据收集。确保记录试验细节和数据。

（6）数据分析和结果呈现：分析收集的数据，使用图表、表格等方式展示结果。确保结果呈现清晰易懂。

（7）撰写论文草稿：按照论文的结构，逐步撰写各个部分。不必一次完成所有部分，可以先写摘要和引言等前面的部分。

（8）思考和讨论：在讨论部分，分析研究结果，解释是否达到了研究目标。与文献综述比较研究结果，讨论研究的创新之处。

（9）反思和改进：在写作过程中不断反思，检查是否需要改进、补充或重组。

（10）审阅和校对：仔细审阅和校对论文，检查语法、拼写和逻辑错误。可以请老师、同学或家人帮助审阅和校对。

（11）展示和演示：准备好展示和演示的材料，包括海报、幻灯片等。确保可以清晰地传达研究内容。

（12）准备答辩：如果有答辩环节，则提前准备好回答问题的方式。尽量准备充分，以表现研究的深度和广度。

（13）检查格式和排版：确保论文的格式和排版符合学校或指导老师的要求，包括字体、字号、行距等。

（14）保持积极态度：在撰写论文时可能遇到挑战，但应保持积极的态度，持续努力。

中学生科创论文写作是一个逐步完善的过程，不要怕尝试，要不断修改和改进。这个过程可以提高科学研究和表达能力，为未来的学术和职业发展打下基础。

5.3.3 中学生科创论文写作技巧

中学生科创论文写作需要一定的技巧来有效地组织思路、呈现研究成果和提升表达能力。以下是中学生科创论文写作技巧。

（1）明确研究问题和目标：在引言部分清晰地陈述研究问题和目标。确保读者能够理解论文要解决的问题，以及论文的研究目标是什么。

（2）摘要简明扼要：摘要是论文的精华，应概括论文的主要内容、方法和结果。要确保摘要能够单独阐述论文的主要信息。

（3）深入文献综述：在文献综述中，不仅要列出相关研究，还要评价和比较这些研究的优、缺点。突出论文的研究在已有研究基础上的创新。

（4）清晰的试验和方法描述：在方法与试验设计部分，详细描述论文所采用的方法、步骤和试验设计。确保其他人能够按照论文的描述重复试验。

（5）展示图表和数据：使用图表等方式呈现数据和结果。确保图表清晰易懂，同时为图表添加适当的标题和解释。

（6）讨论与分析逻辑清晰：在讨论部分，分析试验结果，与文献综述对比，说明作者的发现和前人研究的关系。

（7）关注创新点：在整篇论文中强调研究的创新之处。解释论文的研究对现有问题的独特贡献。

（8）避免术语障碍：尽量避免使用过多的专业术语，特别是不常见的术语。如果使用，确保提供简明的解释。

（9）合理使用引用：如果引用其他人的研究，确保适当地引用文献，避免剽窃和抄袭。

（10）用简洁的语言：用简单、明了的语言表达思想。避免使用过于复杂的句子和词汇。

（11）逐步修改和润色：写完初稿后，进行多次修改和润色。检查语法、拼写错误和逻辑问题。

（12）保持逻辑结构：论文的结构应该清晰，每个部分都应有明确的主题和逻辑次序。

（13）充分准备展示和答辩：如果有展示和答辩环节，应清晰地传达研究内容。

（14）遵循格式要求：确保论文的格式和排版符合学校或老师的要求，包括字体、字号、行距等。

（15）寻求反馈：请老师、同学、家人等阅读论文，听取他们的建议和意见。

以上写作技巧有助于更有效地撰写中学生科创论文，展现研究的深度和广度，同时提升科学研究和表达能力。

阅读资料

中学生科创论文模板

作者署名

摘要：

关键词：

一、研究背景（包括国内外研究现状、发展趋势、重要程度等）

二、研究目标（主要参数、成果形式）

三、研究内容

1. 研究思路与方案

2. 研究难点与创新点

3. 研究计划

四、研究过程

五、研究结论

1. 研究成果（包括产品、结构、新工艺、技术成果、专利、软件登记、著作权、论文等）

2. 成果推广情况

六、参考文献

七、致谢

附件：

附件一、问卷提纲

附件二、研究过程图片

附件三、其他实证性资料

5.4 中学生科创论文答辩方法与技巧

中学生科创论文答辩是展示研究成果和表达能力的机会。进行中学生科创论文答辩主要涉及以下两个方面的技巧。

（1）答辩前的准备。

（2）答辩内容和注意事项。

5.4.1 答辩前的准备

准备中学生科创论文答辩前，需要做充分的准备，以确保能够自信、清晰地传达研究内容和成果。以下是答辩前的准备步骤。

（1）熟悉自己的研究：在答辩前，对自己的研究内容和结果要非常熟悉。了解每个部分的细节，以便能够清楚地回答问题。

（2）熟悉论文：重新阅读论文，确保对自己的研究内容和每个部分都非常熟悉。

（3）整理演讲材料：根据论文的结构，整理演讲材料。准备幻灯片演示，包括问题陈述、方法、结果、讨论等内容。

（4）确定关键信息：确定论文中的关键信息，如需要在答辩中强调的创新点、贡献以及试验结果等。

（5）练习演讲：反复练习演讲，确保可以流利、清晰地表达研究内容。注意不要死记硬背，要理解每个部分。

（6）预测可能问题：考虑一些评审委员可能提出的问题，准备好合适的回答。

（7）制作幻灯片：制作清晰、简洁的幻灯片，用于支持演讲。每张幻灯片应该有简明扼要的文字和相关的图表。

（8）模拟答辩流程：让家人、朋友或老师扮演评审委员，进行模拟答辩。

（9）控制时间：确保演讲在规定的时间内完成。在练习时设置计时器，适应答辩时间要求。

（10）查漏补缺：仔细检查演讲材料，确保没有遗漏重要信息，同时查看幻灯片是否有错误或排版问题。

（11）保持自信积极的态度：在答辩前保持自信积极的态度，相信自己的准备和研究成果。

（12）准备展示：如果需要展示试验设备、样品或其他材料，确保它们在答辩时可以顺利展示。

（13）准备问题：除了准备回答问题，还要准备一些有针对性的问题，用于与评审委员互动。这会表现出思考深度。

（14）注意服装和形象：在答辩时穿着得体，保持整洁的形象。

（15）放松心态：答辩前做些放松的活动，保持冷静和放松的心态。

（16）睡眠充足：在答辩前的晚上确保获得充足的睡眠，以保持精力充沛。

做好准备，有助于在中学生科创论文答辩中自信、清晰地呈现研究内容，展现科学研究和表达能力。

5.4.2 答辩内容和注意事项

1. 答辩内容

（1）开场白：在开场白中，简要介绍研究课题、问题内容以及研究目标。

（2）问题陈述：清晰地陈述你的研究问题，说明为什么这个问题很重要。

（3）方法描述：介绍研究方法，包括试验设计、数据收集方式等。

（4）试验结果：使用图表等方式展示试验结果。解释试验结果对研究问题有什么影响。

（5）讨论与分析：分析试验结果，解释是否达到了研究目标。将试验结果与文献综述比较，讨论研究的创新之处。

（6）创新点和贡献：强调研究的创新点和贡献，解释为什么研究在该领域有意义。

（7）问题回答：回答评审委员和听众提出的问题。回答问题时，要保持冷静，遇到不懂的问题时，可以坦诚地表示。

（8）结论：总结研究，强调研究对解决问题的意义。

2. 注意事项

（1）时间控制：控制答辩的时间，确保在规定时间内完成演讲。练习时可以使用计时器调整演讲的长度。

（2）自信态度：保持自信和镇定，不要过于紧张。

（3）互动与沟通：在答辩中与评审委员和听众进行互动。鼓励他们提问，保持积极的沟通和互动。

（4）准备回答问题：提前考虑一些可能的问题，准备好合适的回答。这可以增加自信。

（5）幻灯片设计：使用清晰、简洁的幻灯片支持演讲。每张幻灯片应该有简明扼要的文字和相关的图表。

（6）形象和礼仪：注意穿着得体，保持良好的仪表和形象。这会给人留下专业的印象。

（7）逻辑思维和结构：保持演讲的逻辑思维和结构。每个部分之间要有明确的过渡，确保听众能够跟随演讲的思路。

（8）展示自己的热情：在答辩中展示对研究的热情和兴趣，吸引听众的注意力。

（9）尊重评审委员和听众：对评审委员和听众表示尊重，注意他们的反馈和问题。

（10）反思和改进：在答辩结束后，反思自己的表现和回答，思考有哪些方面可以改进。

（11）放松心态：答辩前做些放松的活动，保持冷静和放松的心态。

阅读资料

科技创意的选题示例

（1）工程学：包括航天与航空工程、土木工程、汽车工程、船舶工程、机械工程、电气工程、摄影工程、音响工程、制热与制冷工程等。

【选题示例】

①面向弱势群体：盲人专用水杯的设计及研究；帮助盲人、老人躲避障碍和识别路况的智能盲杖；互联网老年伴侣；基于毫米波雷达技术的独居老人监护机器人系统；"智腔"——基于蜂窝夹层调节结构的智能化假肢接受腔；助老站立智能床。

②个人生活场景：基于Wi-Fi和北斗定位的防公交车遮挡交通信号灯系统；"趣、味"智能味料调配机；会打字的眼镜；电子体重计的DIS化改造；计算机视觉和力反馈结合的书法运笔引导系统；"随处记"字词记忆贴；学生正姿课椅优化（学习）；家用牙具杀菌装置（健康）；基于RFID技术的家庭物品定位方案（日常）；智能衣柜（日常）；钢琴矫正练习手套（学习）；智能预防近视眼镜（健康）；眼镜可调节鼻托设计（学习）；磁泥粉笔（学习）；光感自动擦黑板机器人（学习）；视力保护型智能台灯（学习）。

③社会生活场景：智能防溺水预警系统；隧道式节能吹灰装置；公共场景下的智能泊车引导系统；基于北斗定位及图像识别技术的智能无人船救援系统研究与实现；改善和检测有效运行潜水艇；基于平均场排队模型且考虑潮汐现象的共享单车系统研究；基于蛇类缠绕的柔性多节气动式攀爬机器人；水面垃圾自动清理及过滤装置；"守卫者"校园安防机器人；链轮传送式弹片夹持螺蛳剪尾装置；变轮距管道机器人；乐高潜水艇；蛇形灾后救援机器人；货运车辆自动消杀系统；车内防窒息预警自救系统；手机智能快充电池保护系统（通信）；手机内置式应急手摇充电器（通信）；红外探测器与车外气囊组合防范大型车内轮差盲区事故（交通）；高空自动清洁工（保洁）；吊针输液报警自动传呼系统（医疗）；电动汽车便捷充电方案构思（交通）；门吸降噪系统（公共场所）；地下车库领路机器人（交通）；基于模块的多功能路灯（交通）；自动垃圾收集一体机（环保）；将可食性包装运用于酸奶盒（环保）；公共卫生间门的优化设计（卫生）。

（2）计算机科学与信息技术：包括互联网技术及通信、计算机制图技术、仿真/虚拟现实技术、计算科学、网络安全、数据库、操作系统、编程、电路、物联网、微控制器、网络与数据通信、传感器、信号处理、机器人与智能机等。

【选题示例】

智能读表系统；涵道无人机仿鱼鳃盖侧窗调节器的设计与实现；无人驾驶智能避障技术研究及原理样车研制；AIE-Yes智能眼镜与网络人机交互系

统；柑橘类水果图像识别优化器 CFFOptimizer；基于人工智能技术的医院智能取药柜的设计与实现；基于 Arduino 的头盔佩戴提示设备；基于图像和语音联合交互技术的人工智能；机械臂平台；基于教育理念的射击机器人的开发与研究；基于智能图像拼接的图像 XY 扫描系统；基于实体机器人的运动陪练系统；智能 AI 工地安全系统；基于 STM32 开发板的地震灾区救援勘探机器人；电子音效合成软件设计与制作；基于深度学习的图像合成孔径成像方法研究；基于"随机路线"算法的警用夜间自动巡逻无人机；基于人工智能引擎的工业互联网安全实时态势感知；自我管理防沉迷软件；基于 LED 灯具二维码进行的室内定位；基于图像识别的智能交通信号灯系统；多功能头盔；基于无人机倾斜摄影的校园数字化平台设计与实现。

(3) 环境科学与工程：包括大气科学、气候科学、环境对生态系统的影响、地球科学、水科学、生物降解、土地开垦、水土保护和改良、水资源管理、污染控制、废物的回收、管理和处置等。

【选题示例】

一种基于遥感影像与深度学习的社区绿地斑块提取方法；有"鼻"无患 2.0——使用自适应边距损失函数基于合成数据预训练的气体识别通用表示模型；基于人工智能大数据的土壤动物高效分拣识别装置研究；厨房排烟管道改进方案设计；地铁噪声发电的应用设想；绿色教室整体设计；厨余垃圾解决问题探讨。

(4) 数学：包括代数分析、组合数学、博弈论、几何与拓扑、概率与统计等。

【选题示例】

民用飞机综合化飞行计划显示。

(5) 物理与天文学：包括力学、磁学、电磁学、光学、热学、天体物理、凝聚态物理、等离子体物理、核与粒子物理、天文和宇宙学、生物物理、计算物理、半导体材料、超导材料、物理仪器等。

【选题示例】

双向感应声光提示转角镜；基于 KCF 技术的天体等目标自动跟踪系统；基于 MQTT 协议的全自动电饭锅；关于静电离子风发动机的探索与模型制作；以环保方法合成纳米银抗菌膜的研究；液体折射率智能观测系统；马格努斯效应在飞机机翼上的应用；多段电磁加速演示仪因素研究；中学物理电学多功能数显实验仪；相机镜头的光圈和成像的景深之间的关系；水来电净——以摩擦电效应及电穿孔的原理，配合氧化铜纳米线，以 3D 打印机制作净水装置；递进线圈排列高效磁阻加速器；基于居里效应的太阳能转换装置；纳米塑料可视化：新型荧光材料制备及其在塑料微粒成像中的应用；关于寝室噪声的削弱及防治的方法研究；飞机尾翼结冰检测系统；环保"仙女棒烟花"；智能球拍；防止外出忘记锁门的提醒装置；星际空间定位系统；LED 散热问题研究；感光白板设计；望远镜自动校准功能设计；汽车对限高杆的自动提前预警刹车装置；防溢汤碗。

（6）化学：包括无机化学、有机化学、物理化学、分析化学、材料化学、计算化学、环境化学、化学工程等。

【选题示例】

返滴定法对混合碱各成分质量比的测定；基于焰色反应生活化的实验探究；"一"鸣警人——基于比色法自制一氧化碳警报器；碳酸钠与碳酸氢钠的创新实验；乙醇的催化氧化实验创新检测装置；"金蔗渣"——研究以蔗渣制造纳米纤维素用作重金属吸附剂和环保塑胶；薄荷化学成分的新作用；加拿大一枝黄花转变的碳材料在柔性可穿戴器件上的应用。

（7）生命科学：包括动物学、植物学、微生物学等。其中动物学含动物行为学、生态学、细胞学、发育生物学、遗传学、动物营养和生长、动物生理学、动物分类和进化等；植物学含植物生长和发育、植物生态学、遗传学（育种）、植物病理学、生理学、植物分类和进化、农林科学等；微生物学含应用微生物学、细菌微生物学、环境微生物学、微生物遗传学、病毒学和抗生素等。

【选题示例】

基于气候动态因子的植物生长研究装置；市面常见面膜的生物安全性评估及荧光素含量检测分析；基于智能手表的保护醉酒者人身安全的 App。

（8）生物医学：包括生物化学与分子生物学、医学与健康学等。其中生物化学与分子生物学含分析生物化学、医药生物化学、结构生物化学、细胞和分子遗传学、分子生物学等；医学与健康学含细胞、组织、器官和系统生理学，疾病遗传学和分子生物学，免疫学，营养学，病理生理学，转化医学等。

【选题示例】

针对酸性囊泡的超分子聚合与融合；伤口感染检测敷料；LPA1 和 LPA4 受体在调控细胞迁移上的差异及其机制探究；用于靶向治疗的口服磁性水凝胶微型机器人；基于 CRISPR 信号放大技术的可视化抗原检测方法研究；穿戴式智能静脉扎针系统；双酚（BPA）对孕鼠子代心理学行为学的影响研究。

（9）能源科学：包括替代燃料、燃料电池和电池发展、微生物燃料电池、太阳能材料、水力发电、核能、太阳能、火力发电、风能等。

【选题示例】

家用燃料电池复合循环系统。

（10）行为和社会科学：包括发展心理学、认知心理学、生理心理学、社会心理学、人类学、教育学等。

【选题示例】

城市家庭预包装食品浪费现象及对策研究；病号服里的温度与关爱——住院患者服装需求调查与新型病号服设计研究；"摆烂"or"摆而不烂"——基于对厦门市高中生的调查分析；山地组团城市公交线网运行调查及优化研究——以重庆市北部公交公司530路和551路公交线为例；一石二鸟：碳量子点一步检测去除水体重金属离子污染；荷塘浮萍处理、污水净化及生态恢复研究；当今实体店找零难的原因调查和解决方案研究；探究舆论对青少年法律意识产生的影响及解决方案；探究即时社交媒体对上海高中生的影响；手指骨折康复器材市场调研及改进方案；老年人走失情况的调查及建议。

第6章 人工智能伦理与道德

学习目标
(1) 了解人工智能应用的潜在风险。
(2) 了解人工智能伦理规范。
(3) 理解人工智能道德自律规范。

在人工智能领域，有一个非常著名的"电车问题"（图6-1-1），具体如下。一辆失去控制的电车沿着轨道疾驰而去，而你站在一个道岔开关的旁边。你可以无动于衷，任凭电车继续前行，撞死5个人；或者你可以按下开关，将电车引至侧线，只撞上正在侧线上的1个人。假设电车没有失控，而是由人工智能自动驾驶的，此

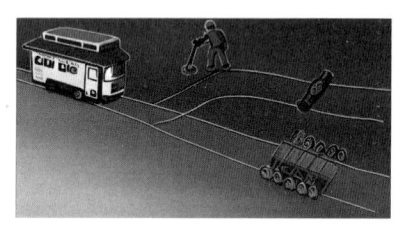

图6-1-1 "电车问题"示意

时制动系统出现故障，人工智能该如何抉择？这就涉及人工智能的伦理道德问题。人工智能的道德伦理问题引发人们的强烈关注，包括但不限于以下几个方面：①人工智能是否应该具备道德意识和责任感，对于一些涉及人类生命和安全的决策，人工智能是否应该做出道德和伦理的判断；②人工智能是否应该拥有智能产权，如果人工智能能够自主学习和创造，是否应该享有智能产权；③人工智能的应用是否符合伦理和道德的标准，例如人工智能的武器化等。

6.1 人工智能应用的潜在风险

人工智能在多个领域已经取得了令人瞩目的进展，如语音识别、图像识别、自然语言处理、智能推荐、自动化控制等。人工智能的发展可以带来各种利益，但同时存在着很多风险和挑战，如隐私泄露、人工失业、智能武器、道德质疑和未知事件等。

6.1.1 安全和隐私风险

人工智能技术的发展已经加速了数字化时代的到来，这意味着个人或组

织的数据随时可能泄露,并可能被用于犯罪或黑客攻击。除了这些问题之外,还有其他安全和隐私风险,例如社交媒体假消息的传播和可穿戴设备的网络攻击。以下是安全和隐私风险的详细描述。

1. 个人隐私被侵犯

个人数据的收集和分析被广泛运用,例如在医疗保健、金融服务、营销策略和政府监管等方面。随着数据的积累和分析,个体的个人隐私逐渐失去保护。人工智能的复杂算法和模型可以预测个体的习惯和偏好,并将这些信息用于影响和控制人们的行为。例如,许多社交媒体公司都在跟踪用户的活动,并使用算法来推荐用户可能感兴趣的帖子、视频和广告。

2. 草率地使用人工智能

在某些情况下,人工智能可能带来极大的危险或者负面后果。例如,在自动驾驶汽车中,如果算法不能快速判断行进中的事故该如何处理,将可能存在极大的安全风险。其他潜在的风险包括制定非常规武器和改变天气模式等。

3. 非法的黑客攻击

在人工智能设备和系统越来越普及的情况下,黑客攻击日益增加,这可能导致不堪设想的后果。例如,黑客可能使用钓鱼式电子邮件攻击人工智能,从而盗取用户的个人数据。

4. 伦理和法律问题

人工智能技术的发展引发了一系列的伦理和法律问题。例如,自动驾驶汽车可能被迫选择谁该生存或死亡,这可能会导致一些不利的后果。人工智能也可能被用来制造会产生有意伤害的武器或工具。

6.1.2 人工智能引起的经济和社会风险

1. 人工智能导致失业率增加

大量重复性工作将被人工智能和机器人自动处理。相较于人工,人工智能通常更加有效。从这个意义上说,人工智能将占据越来越多的工作岗位。工作丧失将对家庭、企业和整个社会产生经济影响,这也将严重影响中等收入的工人。

2. 优先考虑经济利益而损害公共利益

在制定人工智能政策时,往往会考虑经济利益的影响,而无视公共利益。例如,许多医疗保健机构使用人工智能算法来快速处理医疗保健请求,但人工智能不能考虑患者的具体情况,如患者的健康史,这样就可能导致病人获得的服务质量变差,甚至会直接危害患者的生命安全。

3. 社会分化

人工智能用于某些领域可能导致社会分化。例如，机器人抢走工人的工作可能会引发社会分化。失业的工人可能无法适应新的技术和阶段，而未失业的人可能更容易受益于新的技术和阶段。这可能导致贫富差距增大。

4. 道德挑战

人工智能往往只是模拟类似总结、推理等智能活动，没有自主性、感性和情感。因此，人工智能也不能像人一样意识到伦理和道德问题，也不会考虑社会影响。例如，语音识别系统可能被错误地用于大规模监听等侵犯个人隐私的用途。

6.1.3 人工智能带来的安全和威胁

1. 恶意攻击和破坏

人工智能可以用于执行恶意攻击，导致破坏甚至危害生命。例如，人工智能枪支可能被制造出来，这将使犯罪分子更加凶残、杀伤力更大。此外，人工智能系统可能被黑客入侵，从而导致不同领域的机密数据泄露。

2. 对设计制造标准的侵犯

如果不加限制地发展人工智能，那么其可能破坏设计和制造标准。例如，人工智能制造的机器可能被编程为违反标准，这将导致设备的误用和损坏。

人工智能产生的风险是一个复杂、远未被完全认识的问题。一方面，人工智能作为一种更快、更精确的能力，可以实现令人称奇的新体验和新发现；另一方面，它带来的改变和挑战也是不可忽视的。正如大多数技术革新一样，需要找到一种平衡来实现最大限度的发展，同时将风险和负面影响降到最低程度。这样才能更好地管理和控制应用人工智能的安全与风险。

阅读资料

人工智能开发的六大原则

2018年，微软公司对人工智能的发展进行了预测，并出版图书《未来计算》(*The Future Computed*)，该书给出了人工智能开发的六大原则。

（1）普惠性（Benevolence）。普惠性原则强调人工智能技术的设计和应用应该造福所有人类，而不是损害任何个体、社会或环境。普惠性要求确保人工智能技术的优势超过其潜在的负面影响，使每个人都能从人工智能的发展中受益。

（2）负责任（Responsibility）。负责任原则强调人工智能技术开发者和企业应该对其人工智能系统的影响负有责任。这意味着它们需要考虑人工智能系统的可预测性、安全性和可靠性，以防止出现意外后果，同时积极处理人工智能技术可能带来的社会和伦理问题。

（3）包容性（Inclusiveness）。包容性原则提醒人们人工智能技术的发展不应加剧社会不平等。人工智能技术开发者需要确保它们的人工智能系统不会造成偏见、歧视或排斥，而应该努力消除这些问题，保障多样性和包容性。

（4）透明性（Transparency）。透明性原则强调人工智能系统的决策过程应该是可解释和透明的。这有助于用户和相关方理解人工智能技术的工作原理，避免不可解释的决策，增加对人工智能技术的信任。

（5）责任追踪（Accountability）。责任追踪原则要求人工智能系统的决策应该是可追踪的，能够追溯到特定的开发者或决策者。责任追踪原则有助于解决问题、改进人工智能系统，并强调在人工智能技术中确保透明和追责的重要性。

（6）创新（Innovation）。创新原则鼓励人工智能技术的创新，但强调创新必须在伦理和社会责任的框架内进行。创新不应损害人类、社会或环境，而应该寻求人工智能技术与社会共同发展的平衡。

这六大原则旨在为人工智能的开发和应用设定一个伦理和社会责任的指导框架。这些原则反映了微软公司在人工智能领域的使命，即确保人工智能技术对人类社会产生积极影响，并能够避免潜在的负面后果。

【案例分析】：利用人工智能开发的六大原则开发医疗影像识别人工智能系统。

（1）普惠性。团队决定开发医疗影像识别人工智能系统（以下简称"系统"），用于快速检测肺部X光片中的病变。系统的设计要考虑到不同地区和人群的医疗需求，确保普遍适用且可负担。

（2）负责任。在系统开发过程中，团队进行了充分的测试和验证，以确保其准确性和可靠性。团队还评估了系统可能的误诊率，制定了应对不准确结果的计划，以减少对患者的负面影响。

（3）包容性。在训练数据集中，团队确保包括了不同种族、性别和年龄的样本，以避免算法对某些人群产生偏见。系统的用户界面还考虑到了不同用户的需求，包括那些可能具有残疾的人群。

（4）透明性。团队在系统的用户界面中提供了解释性的结果，解释为什么系统认为某个X光片存在异常。这有助于医生和患者理解系统的决策过程。

（5）责任追踪。团队建立了日志记录系统，以便追踪每次诊断的结果、决策和使用情况。这有助于跟踪系统的性能，发现和纠正潜在的问题。

（6）创新。系统的创新之处在于其能够快速、准确地诊断肺部病变，帮助医生更早地发现患者的健康问题。然而，团队也要确保创新不会导致不良的医疗决策，而是作为医生的辅助工具。

这个案例说明了如何将《未来计算》中的六大原则应用于人工智能系统的开发。通过遵循这些原则，技术团队可以确保其工作在技术、伦理和社会责任方面保持平衡，从而为社会带来积极影响。

6.2 人工智能伦理规范

6.2.1 人工智能伦理治理标准化

世界需要更强有力的人工智能伦理规则，这是时代的挑战。由人工智能生成的虚构新闻图像在社交媒体广泛传播，引发了人们对于虚假信息和错误信息泛滥的担忧。多名科技界人士呼吁，暂停训练包括 ChatGPT 在内的强大人工智能系统。2021 年 11 月，联合国教科文组织通过《人工智能伦理问题建议书》，对人工智能伦理道德问题进行规范。

6.2.2 国家人工智能伦理标准化

针对人工智能带来的隐私泄露、偏见歧视、滥用恶用等伦理问题，我国电子技术标准化研究院于 2023 年发布《人工智能伦理治理标准化指南》（以下简称"《指南》"）。《指南》由我国电子技术标准化研究院牵头，依托国家人工智能标准化总体组和全国信标委人工智能分技术委员会等 50 余家单位共同编制完成。

《指南》共分为六章，以人工智能伦理治理标准体系的建立和具体标准研制为目标，重点围绕人工智能伦理概念和范畴、人工智能伦理风险评估、人工智能伦理治理技术和工具、人工智能伦理治理标准体系建设、重点标准研制清单，以及展望与建议等 6 个方面展开研究，力争为落实人工智能伦理治理标准化工作奠定坚实的基础。

《指南》围绕中办国办《关于加强科技伦理治理的意见》、科技部国家新一代人工智能治理专委会《新一代人工智能伦理规范》和外交部《我国关于加强人工智能伦理治理的立场文件》等政策文件的有关要求，为落实人工智能伦理治理标准化工作奠定了坚实的基础。

> 📖 **阅读资料**

《人工智能伦理治理标准化指南》（节选）

5.2 人工智能伦理标准体系

为了贯彻落实相关国家政策文件，结合人工智能伦理技术及标准化研究现状，形成人工智能伦理标准体系结构，围绕人工智能伦理技术研究及应用，规范人工智能服务冲击传统道德伦理和法律秩序而产生的要求，充分发挥标准的引领作用，面向市场和技术发展需求逐步开展相关标准化工作，为人工智能普及应用和创新发展做好保障，努力实现人工智能高质量发展与高水平治理的平衡。同时，做好总体设计和布局，加强关键技术领域标准研制，形成系列协调配套的关键标准，提升我国人工智能伦理标准的先进性和国际影响力，形成标准引领人工智能产业健康发展的新格局。

人工智能伦理标准体系结构包括"基础共性""治理技术""管理""行业应用"4个部分，如图7、图8所示。

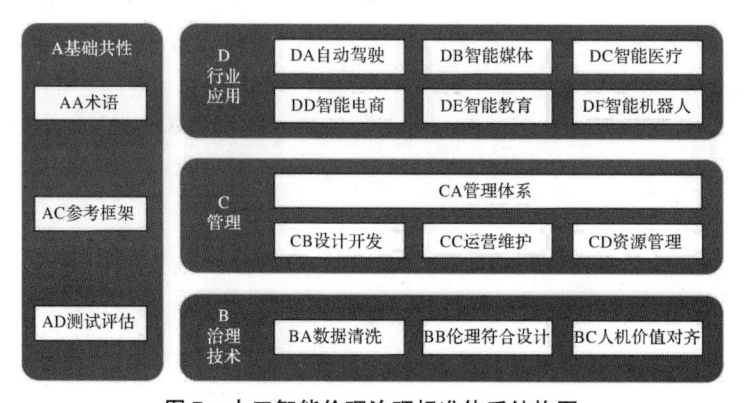

图7　人工智能伦理治理标准体系结构图

……

5.3.2 人工智能　风险评估模型

人工智能风险评估模型规定了人工智能领域产品的风险评估模型，包括风险能力等级、风险要素、风险能力要求，给出了判定人工智能产品的风险评估等级的方法。人工智能风险评估模型整体框架如图9所示。该标准可以指导人工智能产品开发方、用户方以及第三方等相关组织对人工智能产品风险开展评估工作。

人工智能与中学科技创新

图 8 人工智能伦理治理标准体系框架图

人工智能伦理治理标准体系框架
- A 基础共性
  - AA 术语
  - AB 参考架构
  - AC 测试评估
- B 治理技术
  - BA 数据清洗
    - BBA 数据质量要求
    - BAB 数据校正
    - BAC 数据增强
  - BB 伦理符合设计
    - BBA 鲁棒性
    - BBB 隐私性
    - BBC 可解释性
    - BBD 公平性
    - BBE 安全性
  - BC 人机价值对齐
- C 管理
  - CA 管理体系
  - CB 设计开发
  - CC 运营维护
    - CCC 敏捷响应
    - CCD 责任溯源
  - CD 资源管理
    - CDA 文档管理
    - CDB 人员管理
    - CDC 工具管理
- D 行业应用
  - DA 自动驾驶
  - DB 智能媒体
  - DC 智能医疗
  - DD 智能电商
  - DE 智能教育
  - DF 智能机器人

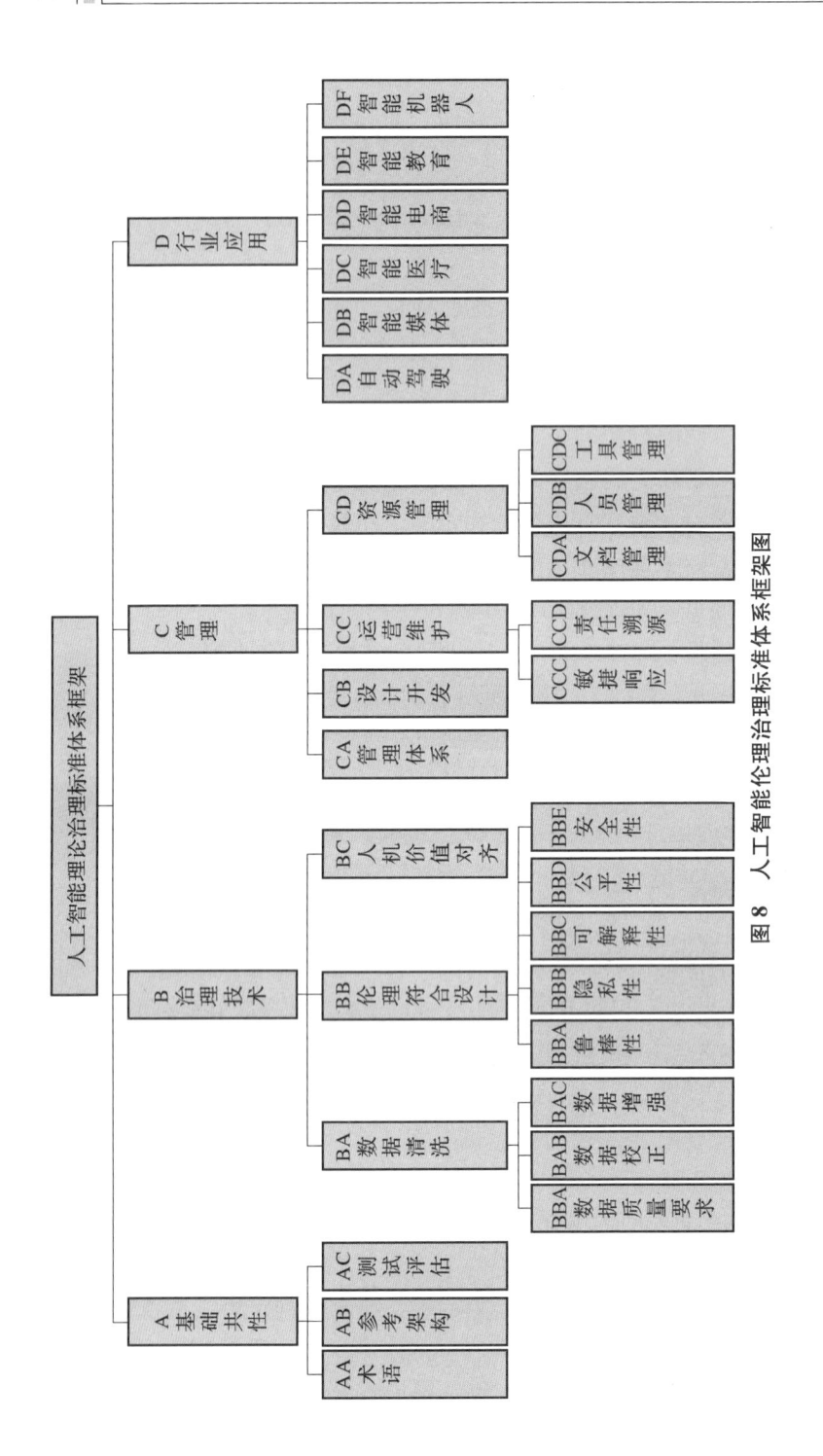

图 9 人工智能风险评估模型整体框架

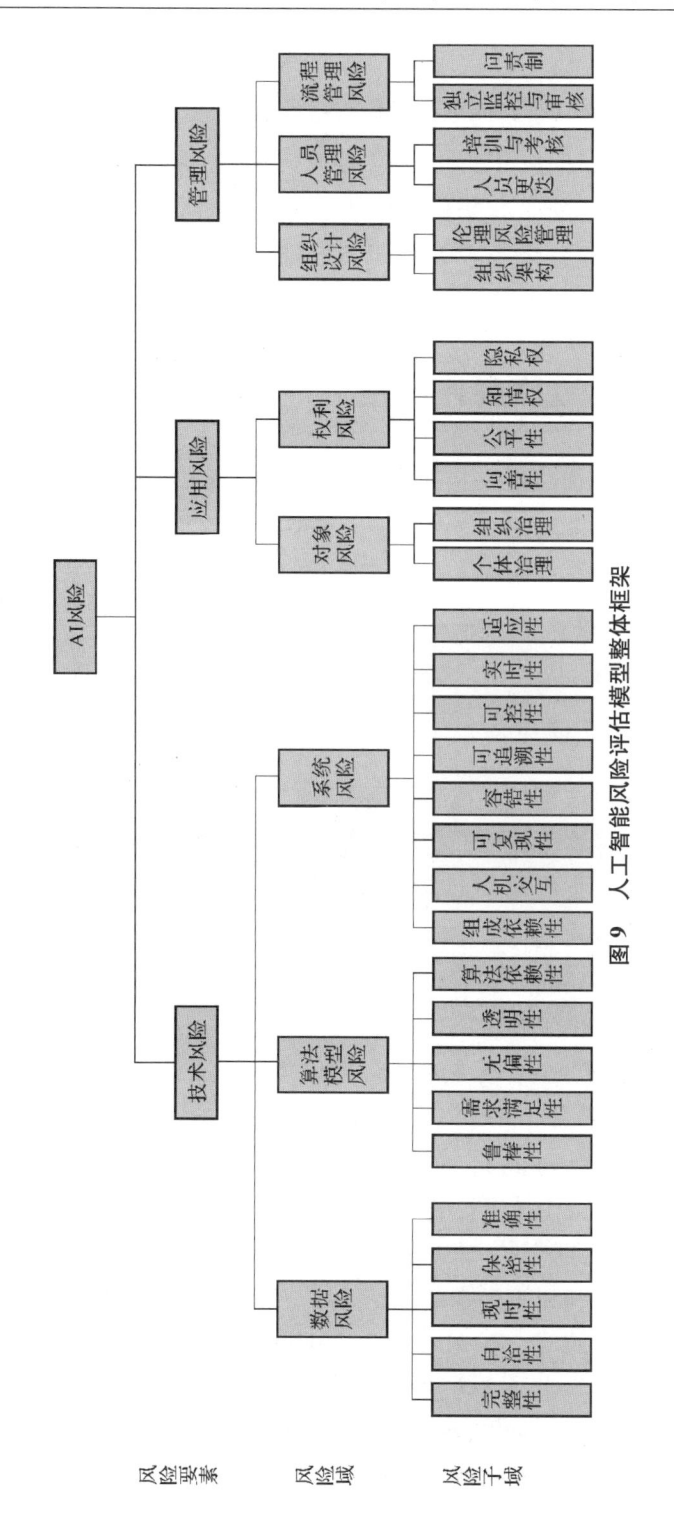

……

5.3.3 人工智能 隐私保护机器学习技术要求

《人工智能 隐私保护机器学习技术要求》规定了隐私保护机器学习系统的技术要求，来规范化隐私保护机器学习系统的技术框架及流程、功能要求、非功能性要求和安全要求。该标准用于指导科技企业、用户机构、第三方机构等，对隐私保护机器学习系统的设计、开发、测试、使用、运维管理等。

6.3 人工智能道德自律规范

人工智能道德自律规范是指在人工智能领域，为了保障技术的伦理性、安全性和社会责任而制定的一系列准则、原则和行为规范。这些规范旨在引导技术开发者、研究者和应用者在人工智能的设计、开发和应用过程中，遵循伦理准则，尊重人权，避免不良后果，促进技术的良性发展。以下是人工智能道德自律规范的一些常见内容。

6.3.1 公平性和无偏见

人工智能系统应该避免歧视和偏见，不应该对不同人群产生不公平的影响。开发者应该确保算法和模型的训练数据是多样和公正的，不损害任何群体的利益。数据偏见是指人工智能系统通常通过训练数据来学习模式和规律。如果训练数据本身存在偏见，系统可能会学习并强化这些偏见，导致在决策中出现歧视。因此，在数据收集和预处理过程中需要注意数据的多样性和代表性，以减少数据偏见。

（1）算法公平性：确保算法在不同群体之间公平地运行是至关重要的。一些公平性指标包括：平等性（equal opportunity）、群体平等（group fairness）、差异性（disparate impact）等。算法应该在各种情况下都给予相似的决策和预测，而不受个体属性的影响。

（2）透明性和可解释性：人工智能系统的决策过程需要是透明和可解释的，这可以帮助检测和纠正潜在的偏见。用户和相关方需要能够理解人工智能系统是如何做出决策的，以及决策基于哪些因素。

（3）偏见纠正：一些技术方法可以用来纠正人工智能系统中的偏见，例如重加权（reweighting）训练数据、使用平衡的数据集来训练模型，或者通过修改模型输出来实现更公平的结果。

（4）审查和监管：对于使用人工智能系统做出决策的领域，如招聘、贷款、法律判决等，需要建立审查和监管机制，确保人工智能系统的决策不会造成不公平的结果。

（5）多样性和包容性：在开发人工智能系统时，需要考虑到多样性和包容性。团队成员的多样性可以帮助发现潜在的偏见，并确保人工智能系统在不同背景下表现良好。

（6）社会参与和反馈：在人工智能系统的开发和应用过程中，与社会各界进行合作和沟通，收集反馈和意见，有助于发现和解决潜在的偏见问题。

6.3.2 隐私和数据保护

开发者应该尊重个人隐私，确保用户的数据得到妥善保护，不被滥用或泄露。数据收集和使用应当遵循适用的法律法规和伦理准则。

（1）数据收集与处理：在收集和处理数据时，需要明确目的并获得合法的授权。对于涉及个人敏感信息的数据，需要遵循相关法律法规，如《个人信息保护法》等，确保数据的合法性和合规性。

（2）数据匿名化与脱敏：在数据处理过程中，可以采用数据匿名化和脱敏技术，将个人身份信息去除或替换，以保护数据主体的隐私。这有助于在不影响分析和训练的情况下保护数据隐私。

（3）数据加密与安全传输：在数据传输和存储过程中，应使用加密技术，确保数据在传输和存储中的安全性。加密可以防止未经授权的数据访问和泄露。

（4）访问控制和权限管理：在处理数据的过程中，需要设立严格的访问控制和权限管理机制，限制只有授权人员才能访问和处理数据，以减少数据被滥用的风险。

（5）可追溯性和透明性：在数据使用和处理过程中，需要确保操作的可追溯性和透明性，以便在出现问题时能够追溯操作历史，从而提高数据处理过程的可信度。

（6）隐私协议与知情同意：在涉及个人数据的处理中，需要与数据主体签订隐私协议或获得知情同意。这有助于数据主体了解数据处理的目的和方式，并保护其权利。

（7）监管合规：遵循相关的隐私保护法规，根据不同地区和国家的法律要求进行数据处理，确保合规性。

（8）数据安全审计与风险评估：定期进行数据安全审计和风险评估，以发现潜在的隐私和安全风险，及时采取措施加以应对。

（9）伦理审查和社会反馈：在涉及敏感数据和人工智能决策的应用中，应进行伦理审查，考虑到数据主体的利益和社会影响，及时获取社会反馈。

6.3.3 安全性和可靠性

人工智能系统应该被设计成安全和可靠的，以防止恶意攻击、滥用和意外后果。开发者应该对人工智能系统进行充分的测试和验证，确保其在不同情况下都能正常工作。

（1）数据质量与可信度：人工智能系统的训练和决策依赖于数据，因此数据的质量和可信度至关重要。错误、假数据或损坏的数据可能导致系统产生错误的决策。

（2）鲁棒性与对抗性：人工智能系统应具有鲁棒性，即在面对未知情况或干扰时仍能保持稳定和可靠。此外，对抗性攻击可能通过输入数据的微小变化导致人工智能系统错误，应采取措施来减轻此类攻击。

（3）模型透明性与解释性：人工智能系统的决策过程需要是透明和可解释的，使用户和相关方能够理解人工智能系统是如何做出决策的，从而减少人工智能系统运行的不确定性。

（4）安全审计与漏洞修复：对人工智能系统进行安全审计，及时发现和修复潜在的漏洞和安全问题，以减少人工智能系统被攻击或滥用的风险。

（5）隐私保护与数据安全：保护用户数据隐私，使用数据加密和访问控制等技术，确保数据的安全性。

（6）模型监控与预警：部署人工智能系统后，需要设置模型监控机制，实时监测人工智能系统的运行情况，以便一旦出现异常，能够及时发出预警。

（7）安全团队与培训：建立专门的安全团队，负责人工智能系统的安全性和可靠性，对开发人员和操作人员进行培训，提高其安全意识。

（8）紧急停机和应急计划：部署人工智能系统时，需要考虑紧急停机和应急计划，以防止出现人工智能系统故障或安全问题时造成更大的损害。

（9）伦理问题和社会影响：在开发和应用人工智能系统时，需要考虑其可能带来的伦理问题和社会影响，确保人工智能系统不会对人类社会和个体造成不良影响。

6.3.4 社会责任

开发者和应用者应该对其人工智能技术的影响负有社会责任。人工智能技术不应该用于伤害人类、破坏社会和环境。还需要注意隐私和数据保护、透明性和解释性、安全性和可靠性、伦理问题、社会影响评估、社会参与和合作等。

人工智能社会责任的核心是确保人工智能技术的正面影响最大化,负面影响最小化。随着人工智能技术的迅速发展,社会责任将成为人工智能技术发展和应用的重要指导原则,从而创造一个更公平、更有道德、更可持续的人工智能时代。人工智能技术应该遵守普世人权价值,不应该侵犯人类的权利、尊严和自由。人工智能技术应当受到人类的控制和监督。

6.3.5 公平和无偏见

确保人工智能系统在决策和预测中不歧视或偏袒特定群体,避免造成社会不公平现象。

(1) 数据多样性:为了避免数据偏见,人工智能系统应该使用多样性的数据集,涵盖不同人种、性别、文化和社会经济背景的信息。

(2) 算法公平性:确保人工智能系统在决策和预测中不偏袒特定群体。可以通过算法调整和优化,使不同群体都能获得公平的结果。

(3) 反偏见训练:在训练模型时,采取反偏见训练的方法,纠正模型中可能存在的偏见,确保模型在各个方面都能表现公平。

(4) 透明性与解释性:人工智能系统的决策过程需要是透明的,用户和相关方应该能够理解人工智能系统是如何做出决策的,从而检查是否存在偏见。

(5) 风险评估:在开发和应用人工智能系统之前应进行风险评估,预测人工智能系统可能对人权和公平性造成的潜在影响,并采取措施来减轻这些影响。

(6) 伦理审查:对于涉及人权和公平性的关键应用应进行伦理审查,确保人工智能系统的运行符合伦理和道德标准。

(7) 社会参与:在开发和应用人工智能系统时,应当与各个社会群体合作,获取他们的反馈和意见,确保人工智能系统不会歧视或偏袒任何群体。

(8) 监管和法规:政府和相关机构应建立监管框架,确保人工智能技术的应用符合人权和公平性原则,制定相应的法规来规范人工智能的发展。

6.3.6 持续监督和改进

开发者应该对人工智能系统进行持续监督和改进,及时修复漏洞和不足,确保人工智能系统的质量和可靠性。

（1）建立伦理框架：在人工智能项目开始阶段，制定清晰的伦理框架和准则，明确人工智能系统开发和应用过程中的伦理原则和价值观。

（2）定期审查和评估：对已经开发的人工智能系统进行定期的伦理审查和评估，检查其是否符合伦理准则，并识别潜在的伦理问题。

（3）建立伦理委员会：设立专门的伦理委员会或团队，负责监督人工智能项目的伦理问题，提供建议和指导。

（4）伦理培训和教育：为开发人员、决策者和操作人员提供关于人工智能伦理的培训和教育，提高他们的伦理意识和能力。

（5）利益相关者参与：吸引利益相关者参与，如社会各界、用户、专家等，获得他们的反馈和建议，以指导伦理决策和改进。

（6）透明度和解释性：保持技术的透明性，确保人工智能系统的决策过程可解释，让用户和相关方能够理解人工智能系统是如何运作的。

（7）伦理决策工具：制定伦理决策工具和流程，帮助开发人员在伦理问题上做出明智的决策。

（8）社会影响评估：在人工智能项目的不同阶段进行社会影响评估，预测人工智能系统可能对社会、经济、文化等方面造成的影响，及时进行调整和改进。

（9）反馈和改进机制：建立反馈机制，允许用户和相关方向开发人员提供意见和建议，以及时进行改进。

（10）全球合作与标准制定：在国际层面促进人工智能伦理道德的合作和标准制定，确保人工智能技术在全球范围内都遵循一致的伦理准则。

这些道德自律规范在人工智能领域具有重要意义，有助于引导人工智能技术的发展和应用走向符合伦理和社会价值观的方向。越来越多的科技企业、研究机构和政府部门都在制定和倡导这些规范，以确保人工智能能够为社会带来积极的影响。

阅读资料

《新一代人工智能伦理规范》（节选）

2021年9月25日，国家新一代人工智能治理专业委员会发布了《新一代人工智能伦理规范》，旨在将伦理道德融入人工智能全生命周期，为从事人工智能相关活动的自然人、法人和其他相关机构等提供伦理指引。文献地址为 https://www.most.gov.cn/kjbgz/202109/t20210926_177063.html。

第一章　总则

第一条　本规范旨在将伦理道德融入人工智能全生命周期，促进公平、公正、和谐、安全，避免偏见、歧视、隐私和信息泄露等问题。

第二条　本规范适用于从事人工智能管理、研发、供应、使用等相关活动的自然人、法人和其他相关机构等。

（一）管理活动主要指人工智能相关的战略规划、政策法规和技术标准的制定实施、资源配置以及监督审查等。

（二）研发活动主要指人工智能相关的科学研究、技术开发、产品研制等。

（三）供应活动主要指人工智能产品与服务相关的生产、运营、销售等。

（四）使用活动主要指人工智能产品与服务相关的采购、消费、操作等。

第三条　人工智能各类活动应遵循以下基本伦理规范。

（一）增进人类福祉。坚持以人为本，遵循人类共同价值观，尊重人权和人类根本利益诉求，遵守国家或地区伦理道德。坚持公共利益优先，促进人机和谐友好，改善民生，增强获得感幸福感，推动经济、社会及生态可持续发展，共建人类命运共同体。

（二）促进公平公正。坚持普惠性和包容性，切实保护各相关主体合法权益，推动全社会公平共享人工智能带来的益处，促进社会公平正义和机会均等。在提供人工智能产品和服务时，应充分尊重和帮助弱势群体、特殊群体，并根据需要提供相应替代方案。

（三）保护隐私安全。充分尊重个人信息知情、同意等权利，依照合法、正当、必要和诚信原则处理个人信息，保障个人隐私与数据安全，不得损害个人合法数据权益，不得以窃取、篡改、泄露等方式非法收集、利用个人信息，不得侵害个人隐私权。

（四）确保可控可信。保障人类拥有充分的自主决策权，有权选择是否接受人工智能提供的服务，有权随时退出与人工智能的交互，有权随时中止人工智能系统的运行，确保人工智能始终处于人类控制之下。

（五）强化责任担当。坚持人类是最终责任主体，明确利益相关者的责任，全面增强责任意识，在人工智能全生命周期各环节自省自律，建立人工智能问责机制，不回避责任审查，不逃避应负责任。

（六）提升伦理素养。积极学习和普及人工智能伦理知识，客观认识伦理问题，不低估不夸大伦理风险。主动开展或参与人工智能伦理问题讨论，深入推动人工智能伦理治理实践，提升应对能力。

第四条　人工智能特定活动应遵守的伦理规范包括管理规范、研发规范、供应规范和使用规范。

......

第三章　研发规范

......

第十二条　增强安全透明。在算法设计、实现、应用等环节，提升透明性、可解释性、可理解性、可靠性、可控性，增强人工智能系统的韧性、自适应性和抗干扰能力，逐步实现可验证、可审核、可监督、可追溯、可预测、可信赖。

第十三条　避免偏见歧视。在数据采集和算法开发中，加强伦理审查，充分考虑差异化诉求，避免可能存在的数据与算法偏见，努力实现人工智能系统的普惠性、公平性和非歧视性。

......

第五章　使用规范

......

第十八条　提倡善意使用。加强人工智能产品与服务使用前的论证和评估，充分了解人工智能产品与服务带来的益处，充分考虑各利益相关主体的合法权益，更好地促进经济繁荣、社会进步和可持续发展。

第十九条　避免误用滥用。充分了解人工智能产品与服务的适用范围和负面影响，切实尊重相关主体不使用人工智能产品或服务的权利，避免不当使用和滥用人工智能产品与服务，避免非故意造成对他人合法权益的损害。

第二十条　禁止违规恶用。禁止使用不符合法律法规、伦理道德和标准规范的人工智能产品与服务，禁止使用人工智能产品与服务从事不法活动，严禁危害国家安全、公共安全和生产安全，严禁损害社会公共利益等。

第 7 章　通向人工智能专业之路

学习目标

(1) 了解国内重点大学人工智能专业课程设置情况。
(2) 了解国外重点大学人工智能专业课程设置情况。
(3) 理解中学知识与大学人工智能知识的衔接关系。

7.1　国内重点大学人工智能专业课程设置情况

国内重点大学的人工智能专业课程设置会因学校、学院和专业设置的不同而有所差异，但一般会有一些通用的课程。

(1) 机器学习：介绍机器学习的基本概念、算法和应用，包括监督学习、无监督学习、深度学习等内容。

(2) 神经网络与深度学习：深入探讨神经网络的原理、结构和训练方法，包括 CNN、RNN 等。

(3) 自然语言处理：介绍文本处理和自然语言理解的技术，如文本分类、命名实体识别、机器翻译等。

(4) 计算机视觉：探讨图像处理和计算机视觉技术，如图像分类、目标检测、图像生成等。

(5) 强化学习：讲解强化学习的原理、基本算法以及在控制问题中的应用，如 AlphaGo 中的蒙特卡洛树搜索等。

(6) 数据挖掘与大数据分析：研究从大规模数据集中提取有价值信息的方法和技术，包括数据预处理、特征选择、聚类、关联规则等。

(7) 人工智能伦理与法律：探讨人工智能技术在社会、伦理和法律方面的影响和挑战，以及如何在应用中考虑人工智能伦理问题。

(8) 人工智能项目实践：学生通过实际项目应用所学的人工智能技术，锻炼学生解决实际问题的能力。

(9) 机器人学：研究机器人的构建、控制和智能决策，涉及机器人感知、路径规划、运动控制等内容。

（10）人工智能前沿研究：探讨人工智能领域的最新研究进展，包括自然语言处理、计算机视觉、强化学习等热门课题。

人工智能专业课程设置会根据学校的专业定位、师资力量和研究方向等因素有所不同。学生在选择学校和专业时，可以根据自己的兴趣和未来职业目标来考虑不同学校的人工智能专业课程设置情况。

7.1.1 双一流高校人工智能专业开设情况

2018—2023 年普通高等学校本科新增人工智能专业（专业代码 080717T）高校数见表 7-1-1。

表 7-1-1 2018—2023 年普通高等学校本科新增人工智能专业
（专业代码 080717T）高校数

年度	2018 年新增	2019 年新增	2020 年新增	2023 年新增
高校总数	35	180	130	122
双一流高校数	28	31	23	14

自 2018 年以来，国内多所高校新增人工智能专业，根据教育部印发的《教育部关于公布 2018 年度普通高等学校本科专业备案和审批结果的通知》，全国范围内获得人工智能专业首批建设资格的共有 35 所高校，其中 28 所为双一流高校。2019 年、2020 年有陆续有多所学校新增人工智能专业。

1. 2018 年新开设人工智能本科专业双一流高校名单（28 所）

北京科技大学、北京交通大学、天津大学、东北大学、大连理工大学、吉林大学、上海交通大学、同济大学、南京大学、东南大学、南京农业大学、浙江大学、厦门大学、山东大学、武汉理工大学、四川大学、重庆大学、电子科技大学、西南交通大学、西安交通大学、西安电子科技大学、兰州大学、北京航空航天大学、北京理工大学、哈尔滨工业大学、西北工业大学、南京信息工程大学、华南师范大学

2. 2019 年新开设人工智能本科专业双一流高校名单（31 所）

我国人民大学、北京化工大学、北京邮电大学、我国农业大学、北京师范大学、我国传媒大学、复旦大学、我国矿业大学、武汉大学、华中科技大学、华中师范大学、西南财经大学、长安大学、陕西师范大学、暨南大学、南京航空航天大学、首都师范大学、天津工业大学、河北工业大学、太原理工大学、上海大学、苏州大学、南京中医药大学、南京师范大学、安徽大学、

福州大学、南昌大学、河南大学、湖南师范大学、成都理工大学、贵州大学

3. 2020年新开设人工智能本科专业双一流高校名单（23所）

清华大学、华北电力大学、东北林业大学、华东理工大学、东华大学、河海大学、江南大学、华中农业大学、湖南大学、中南大学、中山大学、华南理工大学、哈尔滨工程大学、大连海事大学、我国科学院大学、我国科学技术大学、北京工业大学、延边大学、东北农业大学、南京邮电大学、海南大学、西南石油大学、云南大学

根据教育部本次印发的通知，人工智能专业代码为080717T（T代表特设专业），学位授予门类为工学，学制为四年。除了人工智能本科专业外，也有不少高校获批设立"机器人工程"专业、"数据科学与大数据技术"专业、"大数据管理与应用"专业，人工智能教育建设已经掀起热潮。值得注意的是，在人工智能人才紧缺、智能化趋势等因素的推动下，相比于人工智能专业建设，多数高校更愿意为此设立一个独立学院，即人工智能学院。

4. 2023年开设人工智能专业双一流高校名单（94所）

南京大学、西安电子科技大学、哈尔滨工业大学、北京大学、浙江大学、上海交通大学、中国科学技术大学、电子科技大学、东南大学、华中科技大学、北京航空航天大学、复旦大学、西安交通大学、同济大学、北京邮电大学、西北工业大学、北京理工大学、武汉大学、中国人民大学、天津大学、中山大学、华南理工大学、中南大学、大连理工大学、吉林大学、南开大学、北京交通大学、北京师范大学、四川大学、东北大学、湖南大学、重庆大学、厦门大学、南京航空航天大学、京科技大学、山东大学、北京工业大学、西南交通大学、兰州大学、苏州大学、中国农业大学、哈尔滨工程大学、南京邮电大学、上海大学、华东理工大学、中国矿业大学、武汉理工大学、河海大学、安徽大学、暨南大学、陕西师范大学、西南大学、首都师范大学、南京信息工程大学、华中师范大学、江南大学、福州大学、中国矿业大学（北京）、大连海事大学、东华大学、南京师范大学、华北电力大学、云南大学、北京化工大学、山西大学、华南师范大学、河北工业大学、太原理工大学、南京农业大学、长安大学中国地质大学（北京）、天津工业大学、中国传媒大学、湖南师范大学、中南财经政法大学、西南财经大学、华中农业大学、湘潭大学、华南农业大学、贵州大学、河南大学、海南大学、对外经济贸易大学、东北林业大学、西南石油大学、南京林业大学、成都理工大学、延边大学、东北农业大学、南京中医药大学郑州大学、中央民族大学、山东大学（威海）、华北电力大学保定校区、哈尔滨工业大学（威海）、中国科学院大学。

5. 部分高校人工智能课程设置情况

1) 清华大学人工智能班

该班 2019 年第一次招生，招收一个班，共计 25 人。

培养目标：培养人工智能领域领跑国际的拔尖科研创新人才；通过广基础重交叉的培养模式，打造学科间的深层交叉合作平台，进一步促进不同学科之间的交叉结合；在助力不同学科发展的同时，深化对人工智能前沿的理解并进一步推进人工智能发展。

该班培养的特点为"广基础、重交叉"。在本科低年级，该班通过数学、计算机与人工智能的核心课程，为学生打下扎实宽广的基础。在此基础上，该班在本科高年级通过交叉联合"AI + X"课程项目的方式，使学生有机会将人工智能与其他前沿学科结合，在以人工智能促进不同学科发展的同时，深化对人工智能的理解，推动人工智能前沿的发展。

清华大学人工智能班特色课程如图 7 - 1 - 1 所示。

清华大学人工智能班特色课程
人工智能入门（姚期智院士参与授课）
人工智能应用数学（姚期智院士亲自授课）
人工智能：原理与技术
机器学习
深度学习
计算机视觉
数据挖掘
自然语言处理
数据库
人工智能交叉项目（AI+X）

图 7 - 1 - 1　清华大学人工智能班特色课程

2) 北京大学人工智能研究院

研究院结合北京大学的传统学科布局优势，从以下三个层面部署科研工作（图 7 - 1 - 2）。

（1）关键领域层：包括计算机视觉、自然语言处理、计算认知与常识推理、多智能体、机器人研究、机器学习。

（2）通用平台层：搭建通用人工智能系统平台和大任务测试平台。

（3）支撑交叉层：由支撑（智能软件系统、智能类脑芯片、视觉感知系统）、交叉（数理基础、人工智能治理、计算社会科学、智慧医疗、智慧健康）组成。

人工智能通识课	
人工智能与艺术	
人工智能与社会学	
人工智能伦理与治理	
人工智能与哲学	
必修基础课	
人工智能核心课程	人工智能引论
	认知推理
	自然语言处理
	计算机视觉
	机器人学
	机器学习
	多智能体
计算机核心课程	计算概论
	数据结构与算法
	计算机系统导论
	算法设计与分析
	离散数学与结构
	AI中的数学
数理核心课	高等数学（I）
	高等数学（II）
	线性代数A
	概率统计A
	近现代物理导论(I)
	近现代物理导论(II)
实践课程	人工智能系统实践（I）
	人工智能系统实践（II）
	人工智能系统实践（III）

专业选修课：（根据兴趣选修四门高级课程）	
认知推理和自然语言处理方向	概率与因果的模型与推理
	物理与社会常识建模与计算
	脑、认知与计算
	人类语言与通讯机理
	计算语言学
	语义计算与知识图谱
计算机视觉和机器人方向	早期与中层视觉
	高层视觉
	三维视觉
	机器人动力学
	感知与生物机械
	任务与行为规划
机器学习和多智能体方向	机器学习概论
	深度与强化学习
	机器学习理论
	博弈论与社会演化
	多智能体系统
更多其它专业选修课，如信息论、博弈论、随机过程引论、自动控制理论等，以及理学部、信息与工程学部的专业核心课程。	

图7-1-2　北京大学人工智能研究院课程体系

3）南京大学人工智能学院

在课程设置上，南京大学人工智能专业分为两个方向，每个方向有4门必修课，30多门选修课。数学和计算机是学科基础课程，同时强调机器学习的核心地位。

南京大学人工智能专业上分为机器学习与数据挖掘、智能系统与应用两个方向，注重理论和实践的深度融合。

南京大学人工智能专业课程体系如图7-1-3所示。

学科专业课程设置

课程模块（学分）	课程类别（学分）	课程性质	课程名称	建议学分	开设学期
学科专业（64）	数学基础（30）	必修	数学分析（一）、（二）	30	1~3
			高等代数（一）、（二）		
			离散数学		
			概率论与数理统计		
			最优化方法		
			数理逻辑		
	学科基础（34）	必修	人工智能导引	34	1~5
			人工智能导论		
			数据结构与算法分析		
			程序设计基础		
			人工智能程序设计		
			机器学习导论		
			知识表示与推理		
			模式识别与计算机视觉		
			自然语言处理		
			数字系统设计基础		
			计算机系统基础		
			操作系统		

专业方向课程设置

课程模块（学分）	方向	课程类别（学分）	课程性质	课程名称	建议学分	开设学期
专业方向（8）	机器学习与数据挖掘	专业核心（8）	必修	泛函分析	8	4~5
				数字信号处理		
				高级机器学习		
				计算方法		
	智能系统与应用	专业核心（8）	必修	控制理论与方法	8	4~5
				机器人学导论		
				多智能体系统		
				分布式与并行计算		

图7-1-3　南京大学人工智能专业课程体系

4）浙江大学

浙江大学在人工智能人才培养方面的思路是"厘清内涵、促进交叉、赋能应用"。明确人工智能的内核是"专、通、交"。在课程体系上，浙江大学人工智能专业的核心课程是人工智能导论，围绕核心课程设立人工智能交叉学科。

2019年，浙江大学在教育部的同意下成立人工智能本科专业，并且开始招生。同年6月，宣布开设本科生"图灵班"，重点培养计算机领域卓越创新人才。

人工智能专业核心课程是人工智能导论，深入学习以概率统计为基础的数学课程，以编程和计算机系统为基础的计算机课程，以及以知识表达、问题求解和机器学习为基础的人工智能课程等三类内容。

同时，学生根据自身的兴趣选择性地学习智能决策与机器人、统计机器学习、智能感知与语言以及可视交互与设计四个方向的模块课程。

浙江大学人工智能专业培养方案如图7-1-4所示。

专业基础课程		37.5学分	(1)专业必修课程		25.5学分
课程号	课程名称		1)核心课程群		12学分
21121620	网络空间安全导论		课程号	课程名称	
21121780	离散数学理论基础		21121450	机器学习	
21121500	优化基本理论与方法		21121520	认知神经科学导论	
21121700	人工智能基础		21121490	人工智能伦理与安全	
21121760	计算机逻辑设计基础		21121460	人工智能实践	
211C0020	数据结构基础				
211C0070	面向信息技术的沟通技巧		2)智能感知、人工智能系统、设计智能课程群		
21120491	高级数据结构与算法分析		课程号	课程名称	
21121690	计算机组成与设计		21121720	计算机视觉导论	
211C0010	面向对象程序设计		21121730	设计认知与设计智能	
21121440	理论计算机科学导引		21121480	人工智能芯片与系统	
21121770	操作系统原理与实践		21121510	自然语言处理导论	

图7-1-4　浙江大学人工智能专业培养方案

5）北京航空航天大学

2017年，北京航空航天大学开设国内高校首个人工智能研究生专业方向，首批入学122人。2018年，北京航空航天大学成立人工智能研究院；2019年，进一步整合数学、统计学、计算机科学与技术、软件工程、控制科学与工程等优势学科的相关资源，统领协调全校的人工智能研究和应用以及人才培养工作。

2020年，北京航空航天大学在信息类中新增人工智能研究院，设立本科人工智能专业，在人工智能基础理论研究、共性关键技术与核心算法研究、人工智能拔尖人才培养等方面开展工作。北京航空航天大学的人工智能核心课程体系设置具有两个显著特点。首先，数学比重大。除了数学分析、概率论、代数外，人工智能专业还设置了最优化方法及智能计算中的数学。其次，知识面广泛。必修课包含了认知科学与控制科学相关课程。

课程设计：围绕"面向复杂数据系统精准建模分析"和"复杂智能系统的原理分析与算法设计方法"两大核心能力，构建由代数、概率论、数理统计、信号分析、数据结构与算法分析等组成的数据精准建模分析课程群，以及由微分方程与动力系统、计算机系统基础和智能控制原理等组成的复杂智能系统分析设计课程群，建立面向人工智能领域的数学和信息专业交叉融合课程体系，以及以人工智能应用为导向的实验实践课程体系。

6）哈尔滨工业大学

哈尔滨工业大学是我国人工智能教育联席会创始成员。2018年5月5日，哈尔滨工业大学人工智能研究院揭牌成立。哈尔滨工业大学人工智能专业于2019年由教育部批准建立，所依托的计算机科学与技术学科是国家首批重点学科一级学科，2011年进入ESI世界大学计算机学科排行榜前1%，2012年以来，多次在教育部学科评估中列全国计算机一级学科第4名，在最新的教育部计算机科学与技术学科评估中位列A档，其中人才培养质量列第3名。哈尔滨工业大学人工智能专业拥有良好的教学和实践条件，拥有高校—企业联合实验室3个，人机对话平台、无人机、智能感知等多种软/硬件实践平台。

课程设计：人工智能、机器学习、视听觉信号处理、模式识别与深度学习、视听觉信息理解、自然语言处理、信息检索、语言与认知等。

7）中国人民大学

中国人民大学在计算机学科方面已经有40多年的教学科研积淀，在交叉学科发展上也有多年的探索。2020年，中国人民大学高瓴人工智能学院组织申报的普通本科专业"人工智能"正式获批，并且该专业与加拿大蒙特利尔大学计算机系开展双博士学位联培项目。此外，该学院设立"中国科协 - 中国人民大学智能社会治理研究中心""中国外文局 - 中国人民大学国际传播大数据智能实验室"，重点建设"大数据管理与分析方法研究"北京市重点实验室，为学生提供一流的学习、科研环境。

课程设计：以数学和计算机技术为基础，同时开设多个模块的个性化选修课，涵盖人工智能领域各前沿方向及跨学科应用课程。

核心课程：以人工智能的核心理论和知识为依托，以机器学习，计算机视觉，自然语言处理，信息检索，知识挖掘、表示和推理等前沿人工智能专业知识为核心的一流人工智能专业课程。

专业必修课程：人工智能导论、机器学习、神经网络与深度学习、人工智能实践等。

8) 中山大学

中山大学智能工程学院是国内"人工智能学院建立潮"中最早设立的一批学院，并设立有中山大学人机物智能融合实验室，其科研实力具有竞争力。

2017 年 5 月，中山大学成立智能工程学院，该学院实施"二四六"规划，即该学院未来开办两个本科专业，瞄准大数据智能、跨媒体智能、类脑智能、协同智能四个学科方向，辐射深海智能、深空智能、深地智能、智慧城市、智慧医疗、智能制造等六大应用板块。

2020 年，中山大学在珠海校区成立人工智能学院和软件工程学院，全国计划招生 90 名。

课程设计：理论科技、先进机器人、人工智能平台工具。

9) 西安交通大学

西安交通大学人工智能学院在 2018 年开始设立人工智能试验班（在 2018 年的高考生中选拔 20 人，在校内新生中选拔 25 人，在少年班中选拔 10 人，共计招生 55 人），在课程设置方面涵盖八大课程群。

（1）人工智能核心课程群。

具体课程：人工智能的现代方法Ⅰ（问题表达与求解）、人工智能的现代方法Ⅱ（机器学习、自然语言处理、计算机视觉等）。

（2）计算机科学核心课程群、数学与统计课程群、认知与神经科学课程群。

具体课程：认知心理学、神经科学基础、人类的记忆与学习、语言与思维、计算神经工程。

（3）人工智能平台与工具课程群。

具体课程：群体智能与自主系统、无人驾驶技术与系统实现、游戏设计与开发、计算机图形学、虚拟现实与增强现实。

（4）人工智能伦理课程群。

具体课程：人工智能、社会与人文，人工智能哲学基础与伦理。

（5）先进机器人学课程群。

具体课程：先进机器人控制、认知机器人、机器人规划与学习、仿生机器人。

（6）科学和工程课程群。

10）上海交通大学

上海交通大学于2019年获批新增人工智能专业并开始招生。上海交通大学已在新一代机器学习、深度学习与计算机视觉、人工智能芯片与架构、智能无人系统、医疗健康大数据智能分析等方向上形成了鲜明特色，牵头多个重点、重大科研项目，形成了从人工智能基础理论、共性技术、应用技术到应用集成的完整研究链条。

2021年1月16日，浙江大学、复旦大学、中国科学技术大学、上海交通大学、南京大学和同济大学、华为公司、百度公司和商汤科技公司在上海成立新一代人工智能科教育人联合体，发布"AI + X"微专业，以期推动我国人工智能人才培养生态建设，促进学科交叉融合，探索科教融合、产教协同的人工智能一流人才创新培养模式。

11）北京理工大学

北京理工大学是国内首批获得人工智能本科专业建设资格的高校之一。人工智能专业为北京理工大学2019年新增审批本科专业。该专业顺应"新工科"建设的时代需要，采用"人工智能 + X"的复合专业培养模式，培养以人工智能为基础，以计算机技术、大数据技术、智能应用技术等领域为拓展的新型复合专业型人才。该专业以问题为驱动、以项目为载体、以创新为目标，将与IBM - 浪潮建立BIT - IBM - IPS人工智能教育实验室，支持开展教学与科创活动；与百度公司共建产业类与拓展类课程，培养综合能力与工程素养；与华为公司共建认证体系，进行华为AI职业认证。

北京理工大学根据人工智能专业特点及发展定位，基于专业培养目标，全面培养学生的知识、能力和素质，使学生具有扎实的数学、自然科学、工程技术、人文社科基础理论，系统深入的人工智能专业知识和实践能力，具有在人工智能及相关领域跟踪和发展新理论、新知识和新技术的能力，具有健全的人格、有效沟通和交流能力，具有一定的国际化视野。

北京理工大学人工智能专业课程体系如图7 - 1 - 5所示。

7.1.2 国内重点大学人工智能专业课程设置情况

为积极响应国家《新一代人工智能发展规划》和教育部《高等学校人工智能创新行动计划》的要求，进一步加快人工智能创新人才培养，国内重点大学纷纷对人工智能专业课程进行规划设置，表7 - 1 - 2所示为某重点大学的人工智能专业课程群。

| \multicolumn{7}{c}{第4学期} |
性质	名称	属性	学分	总学时	讲课	实践	备注
公共基础	毛泽东思想与中国特色社会主义理论体系概论	必修	3	48	32	16	
公共基础	形势与政策IV	必修	0.25	8	8	0	
公共基础	体育IV	必修	0.5	32	32	0	
专业基础	计算机组成与结构	必修	2	32	24	8	
专业基础	操作系统	必修	2	32	24	8	
专业基础	矩阵分析	必修	2	32	32	0	
专业课	认知科学导论	必修	2	32	32	0	
专业课	人工智能基础	必修	3	48	48	0	
专业课	机器学习基础	必修	2	32	24	8	
专业课	随机过程	选修	2	32	32	0	
专业课	最优化方法	选修	2	32	32	0	3选1
专业课	信息论	选修	2	32	32	0	
\multicolumn{7}{c}{第5学期}
性质	名称	属性	学分	总学时	讲课	实践	备注
公共基础	形势与政策V	必修	0.25	8	8	0	
公共基础	社会实践	必修	2	64	0	64	
专业基础	数据库原理与设计	必修	2	32	24	8	
专业课	人工智能新技术专题	必修	2	32	32	0	
专业课	自然语言理解	必修	3	48	32	16	
专业课	认知神经科学	必修	2	32	32	0	
专业课	表示学习与强化学习基础	必修	2	32	24	8	
专业课	计算机视觉基础	选修	2	32	24	8	
专业课	图像与视频处理	选修	2	32	24	8	4选1
专业课	Linux系统编程	选修	2	32	24	8	
专业课	知识工程	选修	2	32	24	8	
专业课	人工智能专业基础实践	必修	3	48	16	32	短学期

图7-1-5 北京理工大学人工智能专业课程体系

表7-1-2 某重点大学的人工智能专业课程群

课程群名称	开课信息
通识教育	必修12门、选修3门
数学与统计	必修5门、选修1门
科学与工程	必修4门
计算机科学核心	必修3门
人工智能核心	必修4门

续表

课程群名称	开课信息
认知与神经科学	必修2门、选修1门
先进机器人学	必修1门、选修2门
人工智能伦理	必修2门
人工智能平台与工具	必修3门、选修3门
专业综合性实验	选修2门
集中实践（含毕业设计）	必修5门

7.1.3 人工智能专业简介

1. 专业概述

人工智能专业是我国高校人才计划设立的专业，旨在培养我国人工智能产业的应用型人才，推动人工智能一级学科建设。它是研究、开发用于模拟、延伸和扩展人的智能的理论、方法、技术及应用系统的一门新的技术科学。

2. 培养目标

人工智能是计算机科学的一个分支，它企图了解智能的实质，并生产出一种新的能以与人类智能相似的方式做出反应的智能机器。该领域的研究包括机器人、语言识别、图像识别、自然语言处理和专家系统等。该专业旨在探索实践适合我国高等人工智能人才培养的教学内容和教学方法，培养我国人工智能产业的应用型人才。

3. 培养要求

人工智能是研究使计算机模拟人的某些思维过程和智能行为（如学习、推理、思考、规划等）的学科，主要包括计算机实现智能的原理、制造类似人脑智能的计算机，使计算机实现更高层次的应用，涉及计算机科学、心理学、哲学和语言学等学科。

4. 学科要求

人工智能专业对心理学，数学、计算机科目要求较高。该专业适合对电子信息技术及信息系统感兴趣的学生就读。

5. 知识能力

（1）掌握数学、物理、计算机等方面的基本理论和基本知识。

（2）掌握计算机科学与技术等方面的基本理论、基本知识和基本技能与方法。

（3）了解相近专业的一般原理和知识。

（4）掌握查询资料、检索文献及运用现代信息技术获取相关信息的基本方法。

（5）具有一定的技术设计，归纳、整理、分析实验结果，撰写论文，参与学术交流的能力。

阅读资料

教育部关于印发《高等学校人工智能创新行动计划》的通知（节选）

人工智能的迅速发展将深刻改变人类社会生活、改变世界。为贯彻落实《国务院关于印发新一代人工智能发展规划的通知》（国发〔2017〕35号）和2017年全国高校科技工作会议精神，引导高校瞄准世界科技前沿，强化基础研究，实现前瞻性基础研究和引领性原创成果的重大突破，进一步提升高校人工智能领域科技创新、人才培养和服务国家需求的能力，特制定本行动计划。

重点任务

（一）优化高校人工智能领域科技创新体系

1. 加强新一代人工智能基础理论研究。聚焦人工智能重大科学前沿问题，促进人工智能、脑科学、认知科学和心理学等领域深度交叉融合，重点推进大数据智能、跨媒体感知计算、混合增强智能、群体智能、自主协同控制与优化决策、高级机器学习、类脑智能计算和量子智能计算等基础理论研究，为人工智能范式变革提供理论支撑，为新一代人工智能重大理论创新打下坚实基础。

2. 推动新一代人工智能核心关键技术创新。围绕新一代人工智能关键算法、硬件和系统等，加快机器学习、计算机视觉、知识计算、深度推理、群智计算、混合智能、无人系统、虚拟现实、自然语言理解、智能芯片等核心关键技术研究，在类脑智能、自主智能、混合智能和群体智能等领域取得重大突破，形成新一代人工智能技术体系；在核心算法和数据、硬件基础上，以提升跨媒体推理能力、群体智能能力、混合智能增强能力、自主运动体执行能力、人机交互能力为重点，构建算法和芯片协同、软件和硬件协同、终端和云端协同的人工智能标准化、开源化和成熟化的服务支撑能力。

专栏1：前沿创新

1. 强化人工智能基础理论研究。在自主学习、直觉认知和综合推理等方面取得重要进展，突破逻辑推导、知识驱动和从经验中学习等人工智能方法的难点问题，建立解释性强、数据依赖灵活、泛化迁移能力强的人工智能理论新模型和方法，形成从数据到知识、从知识到决策的能力。

2. 加强人工智能核心关键技术研究。围绕知识计算、跨媒体分析推理、群体智能、混合增强智能、自主无人系统等核心技术攻关，推进人工智能专用芯片、软件和硬件之间的协同，形成终端和云端之间协同的人工智能服务能力。

3. 促进人工智能的技术体系构建。在类脑智能、自主智能、混合智能和群体智能等核心技术取得突破的基础上，重点提升跨媒体推理能力、群体智能分析能力、混合智能增强能力、自主运动体执行能力、人机交互能力，促进以算法为核心、以数据和硬件为基础的稳定成熟的人工智能技术体系的构建。

7.2 国外重点大学人工智能专业课程设置情况

7.2.1 美国大学人工智能专业设置与研究方向

编程语言（Programming Languages）、自然语言处理（Natural Language Processing）、计算几何（Computational Geometry）、可视化与图形（Visualization and Graphics）、操作系统与分布式系统（Operating Systemsand Distributed Systems）、理论与算法（Theory and Algorithms）、计算机辅助协同工作（Computer-Supported Cooperative Work）、数据分析（Data Analytics）、编程语言与实现（Programming Languages and Implementation）、安全与密码（Security and Cryptography）、计算机系统研究（Computer Systems Research Group）、信息管理（Information Management）、信息科学与软件工程（Information Science and Software Engineering）、信号网络计算建模（Computational Modeling of Signaling Networks）、容错计算（Fault-Tolerant Computing）、硬件设计与计算机架构（Hardware Design and Computer Architecture）、软件系统（Software Systems）、成像（Imaging）、计算机工程与大规模集成电路（Computer Engineering and VLSI）、计算机网络（Networking）。

从整体来看，有4所CS强校在人工智能领域比较著名，分别是：卡耐基梅隆大学、麻省理工学院、斯坦福大学、加州大学伯克利分校;有 6 所常春藤联盟学校在人工智能领域排进前 20 名,分别是:康奈尔大学、普林斯顿大学、宾夕法尼亚大学、哥伦比亚大学、哈佛大学、布朗大学。

7.2.2 国外大学人工智能专业课程开设情况

1. 麻省理工学院

麻省理工学院的人工智能实验室全称为 Computer Science and Artificial Intelligence Laboratory(CSAIL)。最初,它是两个实验室——计算机实验室(创办于 1963 年)、人工智能实验室(创办于 1959 年),两个实验室在 2003 年正式合并。

CSAIL 是麻省理工学院最大的实验室,也是世界上最重要的信息技术研发中心。CSAIL 的成员创立了多于 100 家知名公司,包括"机器人之父"科林·安格尔、iRobot 公司创始人之一海伦·格雷纳、波士顿动力公司创始人马克·雷伯特,还有卡内基·梅隆大学机器人研究所的负责人马特·梅森。

麻省理工学院让学生学习基础的编程技能以及人工智能的基本数学原理,上手编程实现人工智能程序,以便对人工智能产生基本了解;通过对人工智能在语音语言处理、计算机视觉、医疗健康的应用进行讲解展示,使学生了解人工智能这一计算机重大分支学科对当代人类社会所产生的巨大影响;通过对计算机产业前瞻性的分析让学生了解这一产业的发展趋势。

麻省理工学院人工智能专业课程非常丰富,部分课程见表 7-2-1。

表 7-2-1 麻省理工学院人工智能专业部分课程

序号	类别	课程名称
1	机器学习和深度学习	机器学习(Machine Learning) 深度学习(Deep Learning) 大规模机器学习(Large-Scale Machine Learning) 机器学习与计算机视觉(Machine Learning and Computer Vision) 机器学习系统设计(Machine Learning for Systems)
2	自然语言处理	自然语言处理(Natural Language Processing) 人工智能与语音处理(Artificial Intelligence and Speech Processing)
3	计算机视觉	机器视觉(Machine Vision) 高级计算机视觉(Advanced Computer Vision)

续表

序号	类别	课程名称
4	强化学习	高级强化学习（Advanced Reinforcement Learning）
5	人工智能伦理和社会影响	伦理问题与人工智能（Ethics of Artificial Intelligence）
6	机器人学	机器人学：科学与系统（Robotics：Science and Systems）
7	数据科学和统计学	统计推断（Inference）
8	其他	应用数据科学方案（利用人工智能促进有效决策）、人工智能战略和路线图（系统工程开发和部署人工智能的方法）、大数据和文本处理的机器学习（基础）、大数据和文本处理的机器学习（高级）、智能制造和智能制造高级数据分析、设计高效的深层次学习系统（实时虚拟）、高级强化学习（现场虚拟）、深入学习人工智能及电脑视觉

2. 斯坦福大学

斯坦福大学的人工智能实验室成立于1962年，60多年来一直致力于推动机器人教育。由于斯坦福大学与硅谷的特殊联系，斯坦福大学的学生有更多机会将他们的发明商业化。斯坦福大学在2014年年底宣布了一个长达100年的人工智能研究计划，可见其在人工智能研究方面的投入和决心。

另外，斯坦福大学在网上公开了许多有关机器人和深度学习的课程。在斯坦福大学人工智能实验室的教授团队中，最为华人熟悉的是Andrew Ng（吴恩达），他是世界上机器学习领域的大师，他在斯坦福大学教授的机器学习课程十分受欢迎。同时，他还曾在谷歌公司的"谷歌大脑"项目中担当要职，帮助谷歌公司建立全球最大的人工神经网络，这个人工神经网络能以与人类大脑学习新事物相同的方式学习和现实生活。

最受学生欢迎的是CS229"机器学习"课程，以及进阶的CS230"深度学习"课程。CS221人工智能导论涵盖了不同的人工智能领域的广泛概述，如搜索、游戏、逻辑、图形模型、机器学习和这些算法的应用，该课程为从符号逻辑到统计技术等方法的思想演变提供历史背景。该课程从2011年开始至今已有10多年的历史，仍然是人工智能学习的经典课程之一。CN224N课程介绍如何让机器理解文本数据背后的理论和实践，并介绍诸如解析、命名实体识别之类的传统自然语言处理中的任务，以及如何使用诸如深度学习之类的技术来解决这些任务。CN231N课程包含了现代深度学习体系结构背后的理论，尤其是与构建计算机视觉模型有关的理论。在当今的人工智能领域中，想要获得成功，拥有扎实的人工神经网络基础至关重要。

斯坦福大学人工智能专业课程有88门之多，部分课程见表7-2-2。

表7-2-2　斯坦福大学人工智能专业部分课程

序号	门类	课程名称
1	机器学习和深度学习	CS229 机器学习（Machine Learning） CS230 深度学习（Deep Learning） CS231N 卷积神经网络（Convolutional Neural Networks） CS224N 自然语言处理与深度学习（Natural Language Processing with Deep Learning）
2	强化学习	CS234 强化学习（Reinforcement Learning） CS238 深度强化学习（Deep Reinforcement Learning）
3	人工智能伦理和社会影响	CS182 伦理和社会影响的人工智能（Ethics and Social Implications of Artificial Intelligence）
4	机器人学	CS223A 介绍机器人学（Introduction to Robotics）
5	计算机视觉	CS231A 计算机视觉（Computer Vision）
6	其他	CS329 深度学习专业项目（Deep Learning Specialization Project） CS330 深度强化学习专业项目（Deep Reinforcement Learning Specialization Project）

3. 卡内基梅隆大学

卡内基梅隆大学在1979年成立了机器人学院（Robotics Institute），专门在机器人科技领域进行实践和研究，该学院是全世界第一个推出机器人PHD项目的机构。在该学院下还设有National Robotics Engineering Centre（NREC），与政府及商业机构合作，进行高端项目研究。

同时，卡内基梅隆大学还是NASA航空航天科研任务的主要承制单位之一，该校的机器人研究所从事过自动驾车、月球探测步行机器人、单轮陀螺式滚动探测机器人的研究。

卡内基梅隆大学人工智能本科项目的教授来自学校计算机科学系、人机交互研究所、软件研究所、语言技术研究所、机器学习部和机器人研究所。获得人工智能本科学位的学生将具备计算机科学的精湛技能和机器学习和自动推理方面的专业知识，从而构建人工智能的未来。

卡内基梅隆大学人工智能专业本科课程主要包括数学和统计学、计算机科学、人工智能、科学与工程、人文与艺术等，具体见表7-2-3。

表7-2-3 卡内基梅隆大学人工智能专业本科课程

序号	类别	课程名称
1	第一部分：数学与统计学核心课程（6门课程）	数学基础、微分和积分、微积分和逼近、矩阵和线性变换、计算机科学家的概率论、现代回归
2	第二部分：计算机科学核心课程（5门课程加新生入学课程）	命令式计算原理、函数式编程原理、并行和顺序数据结构和算法、计算机系统导论、计算机科学的伟大理论观点
3	第三部分：人工智能核心课程（3门课程和人工智能概念）	人工智能概念、人工智能表示和问题解决介绍、机器学习入门
4	第四部分：伦理选修课程（选修1门课程）	新生研讨会：人工智能与人性计算中的道德与政策问题，人工智能、社会与人类
5	第五部分：人工智能群选修课程（4门课程）	从以下四个领域分别选择一门课程。 **决策和机器人**：神经计算，真相、正义与算法，认知机器人，AI的战略推理，机器人技术规划技巧，移动机器人编程实验室，机器人运动学与动力学，规划、执行和学习 **机器学习**：深化强化学习与控制、用于文本挖掘的机器学习、高级数据分析、深度学习入门 **感知和语言**：搜索引擎、语音处理、计算感知、计算摄影、视觉传感器 **人与人之间的互动**：设计以人为中心的系统、人机交互、向人们学习、智能产品和服务设计工作室
6	第六部分：人文与艺术课程	认知心理学、人类信息处理和人工智能、感知、人类记忆、视觉认知、认知建模、语言与思想、人类和机器的学习
7	第七部分：科学和工程课程	作为计算机科学学院通识教育要求的一部分，人工智能专业的本科学生需要参加4门科学与工程课程。

4. 加州大学伯克利分校

加州大学伯克利分校是最负盛名的公立学校。该校的机器人和智能机器实验室致力于用机器人复制动物的行为。该校的自动化科学和工程实验室从事更广泛的机器人功能的研究，如机器人辅助外科手术和自动化制造。在计算机可视化小组，学生可以学到如何帮助机器人"看得见"。

加州大学伯克利分校人工智能专业课程主要有如下。

（1）基础课程。编程语言与程序（Programming Languages/Compilers）、数字发展（Digital Evolution）、自动推导（Automated Deduction）、算法工程（Algorithm Engineering）、数据压缩（Data Compression）、计算摄影（Computational Photography）、计算机科学算法与理论（Algorithms and Theoretical Computer Science）、大数据（Big Data）、操作系统（Operating Systems）、数据库管理（Database Management）、移动客户端开发（Mobile App Development）、普适计算（Pervasive Computing）、计算机系统（Systems）、计算语言学（Computational Linguistics）、实时系统（Real–Time Systems）、经济与计算（Economics and Computation）。

（2）专业课程。

①机器学习和深度学习：

CS189 机器学习（Machine Learning）；

CS294–112 深度强化学习（Deep Reinforcement Learning）；

CS294–158 深度学习（Deep Learning for Self–Driving Cars）。

②自然语言处理：

CS288 自然语言处理（Natural Language Processing）；

CS294–110 深度学习与自然语言处理（Deep Learning for NLP）。

③强化学习：

CS294–112 深度强化学习（Deep Reinforcement Learning）。

④人工智能伦理和社会影响：

CS294–130 伦理、公平性和透明度在人工智能中的应用（Ethics, Fairness, and Transparency in AI）。

⑤计算机视觉：

CS280 计算机视觉（Computer Vision）。

5. 布里斯托大学

布里斯托大学智能系统实验室（Intelligent Systems Laboratory，ISL）的研究领域涵盖了机器学习、数据分析和挖掘、图像识别等多个领域，除了专精计算机科学和工程学外，布里斯托大学还非常注重计算机科学在其他领域学科中的交叉应用。该实验室由人工智能教授尼洛·克里斯蒂亚尼（Nello Cristianni）所带领的团队在一项新的研究中首次使用算法分析了13万多篇网上有关2012年美国总统大选的媒体报道，总结出了大选年媒体的表达规律从而判断出他们对政党的态度。这是一项典型的大数据与社会学的综合研究。

布里斯托大学在人工智能专业提供了多个课程和研究项目。以下是一些布里斯托大学人工智能专业课程示例。

1）机器学习和深度学习

（1）MSc 机器学习（MSc Machine Learning）。

（2）MSc 计算机科学（人工智能）[MSc Computer Science（Artificial Intelligence）]。

（3）人工智能基础（Foundations of AI）。

2）自然语言处理

（1）自然语言处理（Natural Language Processing）。

（2）文本挖掘和信息检索（Text Mining and Information Retrieval）。

3）强化学习

强化学习（Reinforcement Learning）。

4）人工智能伦理和社会影响

（1）伦理和人工智能（Ethics and AI）。

（2）人工智能法律与政策（AI Law and Policy）。

5）机器人学

机器人学（Robotics）。

6）计算机视觉

计算机视觉（Computer Vision）。

7）数据科学和统计学

（1）数据科学（Data Science）。

（2）统计学（Statistics）。

6. 希伯来大学

以色列以科技创新闻名于世，希伯来大学虽然没有专门的人工智能实验室，但在人工智能领域取得的成就却丝毫不逊于很多专门成立了实验室的学校。希伯来大学还拥有世界上第一家技术转让公司 Yissum，它独家负责希伯来大学发明创造的商业化应用。希伯来大学最著名的发明是自动驾驶系统 Mobileye，它被特斯拉公司采用，视为在自动驾驶领域对抗谷歌公司的武器。

希伯来大学人工智能专业课程主要如下。

1）机器学习和深度学习

（1）机器学习和深度学习基础（Foundations of Machine Learning and Deep Learning）。

（2）高级机器学习（Advanced Machine Learning）。

（3）深度学习（Deep Learning）。

2）自然语言处理

（1）自然语言处理（Natural Language Processing）。

（2）文本挖掘（Text Mining）。

3）强化学习

强化学习（Reinforcement Learning）。

4）机器人学

机器人学（Robotics）。

5）计算机视觉

计算机视觉（Computer Vision）。

6）人工智能伦理和社会影响

（1）人工智能伦理（Ethics of Artificial Intelligence）。

（2）人工智能与社会（Artificial Intelligence and Society）。

7）数据科学和统计学

（1）数据科学（Data Science）。

（2）统计学（Statistics）。

7. 牛津大学

牛津大学没有专门的人工智能实验室，但其在深度学习方面的实力不容小觑。2014年，谷歌公司先是收购了人工智能公司DeepMind，然后在年底展开了与牛津大学的合作，雇用了7位深度学习领域的专家，其中3位仍然保留牛津大学教授的职称。正是这些人和DeepMind一起研制出了后来名扬天下的AlphaGo。

牛津大学在人工智能专业提供了多个课程和研究项目，包括本科、硕士和博士课程。

1）计算机科学本科（Bachelor of Computer Science）

计算机科学本科课程通常涵盖了人工智能的基础知识和技术。

2）人工智能硕士（MSc in Artificial Intelligence）

人工智能硕士课程通常涵盖了机器学习、深度学习、自然语言处理、计算机视觉等人工智能领域的核心概念和技术。

3）博士研究（Ph. D. Research）

牛津大学提供了博士研究项目，允许学生在人工智能领域进行深入研究，并完成博士学位。

4）伦理和法律问题（Ethical and Legal Issues in AI）

一些课程可能涵盖人工智能伦理、法律和社会影响等方面的内容。

8. Dalle Molle

瑞士意大利语区高等专业学院 Dalle Molle 人工智能研究所是一个非营利性的人工智能研究机构，隶属于卢加诺大学信息学院、瑞士意大利语区高等专业学院信息技术部以及瑞士南方的应用科学大学。

该研究所致力于机器学习，包括人工神经网络和强化学习。目前，该研究所正在研制一种用于无人机搜救的人工智能系统，该系统可以识别出复杂的丛林中需要救助的对象，如迷路的人或登山队员。

该研究所的人工智能专业课程教授各种各样的技术，包括智能机器人、人工深部神经网络、机器学习、元启发优化技术、数据挖掘、数据分析、模拟和分布式算法。主要课程与实验室工作相结合，学生有可能使用真实的机器人，并使用最先进的工具和方法进行实践。在基础机器学习课程的前几节课后，人工智能硕士的学生将会知道如何训练自我学习的人工神经网络，以便比任何其他已知的方法更好地识别正确的图像和书写。Dalle Molle 人工智能专业课程设置（2023—2025 年）见表 7-2-4。

表 7-2-4　Dalle Molle 人工智能专业课程设置（2023—2025 年）

序号	学期	课程名称
1	第一学期	算法和复杂性、深度学习实验室、机器学习、数值算法
2	第二学期	计算机视觉和模式识别、数据分析、机器人学
3	第三学期	人工智能、机器学习的高级课题，论文撰写
4	第四学期	深入学习，论文撰写
5	秋季学期选修课	生物信息学、计算生物学和药物设计、边缘计算、高性能计算、数据科学导论、普通微分方程导论、知识搜索和提取、移动和可穿戴计算、编程风格、用户体验设计、商业计划撰写
6	春季学期选修课	先进的网络、商业智能及应用，有效的高性能计算和数据分析，创业：理论与实践，几何算法，图形模型和网络科学，图像和视频处理，信息与物理学，信息建模和分析，偏微分方程导论，哲学和人工智能，量子计算，科学学习，机器学习的安全方面，先进的计算机架构

9. 华盛顿大学

1）华盛顿大学简介

华盛顿大学创建于 1861 年，坐落在美国西雅图，是一所世界顶尖的著名大学，其人工智能组活跃于各种各样的研究领域，包括机器学习、自然语言处理、概率推理、自动规划、机器阅读和智能用户界面。UWCSE 是全球领先的人工智能研究中心之一，它在该领域的顶级会议上取得的成绩、个别学生和教师的荣誉，以及它与艾伦人工智能研究所（Allen Institute for Artificial Intelligence，AI2）的合作等都证明了这一点。

2）人工智能专业的课程体系构成

（1）基础课程（部分）。

①CSE 100 信息技术的流利性。引入了有效利用信息技术所必需的技能、概念和能力，包括逻辑推理、管理复杂性、计算机和网络的操作以及当代应用，如有效的网络搜索和数据库操作、伦理方面以及信息技术的社会影响（与 INFO 100 联合提供）。

②CSE 131：数码摄影的科学与艺术。涵盖数码摄影的基础，包括计算影像、摄影构图和设计的要素以及互联网摄影的未来。

计算机编程为基本的编程能力和概念，包括程序编程（方法、参数、返回、值）、基本的控制结构（序列，if/else，for loop，while loop）、文件处理、数组和定义对象的介绍，适合没有编程经验的学生（AWSpS 提供）。

③CSE 143 计算机编程（IiCSE 142 的延续）。数据抽象和封装的概念，包括堆栈、队列、链表、二叉树、递归、复杂指令和预定义集合类的使用（先决条件：CSE 142；提供：AWSpS）。

④CSE 154 Web 编程。涵盖了开发交互式和动态 Web 页面的语言、工具和技术，主题包括页面样式、设计和布局，客户端和服务器端脚本，网络安全，以及与数据库等数据源的交互（先决条件：CSE 160、CSE 142 或 CSE 143；最低等级为 2.0）。

（2）理论课程（部分）

CSE 331 软件设计和实现。探索在现代高级语言中设计和构建可靠和可维护的软件系统的概念和技术、程序结构和设计、程序的正确性，包括测试以及事件驱动编程（例如图形用户界面），可积累丰富的项目和软件团队经验（先决条件：CSE 143）。

10. 苏黎世联邦理工学院

苏黎世联邦理工学院的人工智能实验室在机器视觉和深度学习、机械工程等方面有深厚的积累，培养出了无数人工智能领域的人才。国内外许多人工智能公司的 CTO 都毕业于该校的计算机视觉专业。

在其人工智能实验室成立 25 周年之际，苏黎世联邦理工学院展示了最新的一款人形机器人，其结构设计看起来同人类的肌肉 – 骨骼系统颇为相似。

苏黎联邦理工学院人工智能专业主干课程如下。

1）认知与神经科学课程群

具体课程：认知心理学、神经科学基础、人类的记忆与学习、语言与思维、计算神经工程。

2）人工智能伦理课程群

具体课程：人工智能、社会与人文，人工智能哲学基础与伦理。

3）科学和工程课程群

新一代人工智能的发展需要脑科学、神经科学、认知心理学、信息科学等相关学科的实验科学家和理论科学家的共同努力，寻找人工智能的突破点，同时必须以严谨的态度进行科学研究，让人工智能学科走在正确、健康的发展道路上。

4）先进机器人学课程群

具体课程：先进机器人控制、认知机器人、机器人规划与学习、仿生机器人。

5）人工智能平台与工具课程群

具体课程：群体智能与自主系统、无人驾驶技术与系统实现、游戏设计与开发、计算机图形学、虚拟现实与增强现实等。

阅读资料

国外大学人工智能课程概要

国外大学人工智能课程通常包括广泛的主题，涵盖了机器学习、深度学习、自然语言处理、计算机视觉、强化学习等领域。

1. 机器学习基础

介绍机器学习的基本概念和原理。

学习常见的机器学习算法，如线性回归、决策树、支持向量机等。

讨论模型评估和性能度量方法。

2. 深度学习和人工神经网络

探讨深度学习的核心理论和方法。

学习人工神经网络的结构和训练技巧。

研究深度学习在计算机视觉、自然语言处理等领域的应用。

3. 自然语言处理

研究自然语言处理的基础知识，包括文本处理、词嵌入和语言模型。

学习如何构建文本分类、命名实体识别、机器翻译等自然语言处理应用。

4. 计算机视觉

探索计算机视觉的基本概念，如图像处理、特征提取和对象检测。

研究 CNN 等深度学习模型在图像识别和分析中的应用。

5. 强化学习

学习强化学习的原理，包括马尔科夫决策过程和值函数。

探讨强化学习在自动驾驶、游戏和机器人控制等领域的应用。

6. 伦理和道德问题

讨论人工智能应用中的伦理和道德挑战，如隐私问题、算法偏见和自主系统的责任。

7. 大数据和分布式计算

研究如何处理大规模数据集，包括数据存储、数据清洗和分布式计算。

8. 项目和实践

参与机器学习和人工智能项目，应用课程所学的技能解决实际问题。

9. 选修课程

学生通常可以选择一些选修课程，以满足个人兴趣和职业目标，这些课程可能包括自动驾驶、机器人学、人工智能伦理、数据科学等。

不同大学和课程有不同的侧重点和特点。另外，一些课程可能包括实习机会或与工业界的合作项目，以帮助学生将所学知识应用到实际场景中。

7.3 中学知识与大学人工智能知识的衔接关系

人工智能从本质上说是"认识自己"的学问，以从这一根本认识出发形成的机器学习、人工神经网络、符号智能、进化计算、群智能、行为智能六大人工智能实现途径为基础，按照小学启蒙、初中萌芽、高中入门、本科专业、研究生精通的培养目标，确定合适的教学内容与方法（图 7-3-1）。

7.3.1 小学、中学、大学分段贯通的方法

1. 小学和初中的贯通

小学人工智能启蒙与中学人工智能贯通是一个重要的教育领域，可以帮

小学启蒙	初中萌芽	高中入门	本科专业	研究生精通
1. 初步了解人工智能与人类智能的关系； 2. 形成对机器学习、人工神经网络、符号智能、进化计算、群智能、行为智能的体验性认识； 3. 初步认知机器学习与人工神经网络技术的大体工作过程和应用方法； 4. 能以积木方式组建人工智能系统。	1. 初步认知人类智能以及人工智能； 2. 认知符号智能、人工神经网络、机器学习的基本思想和基本工作原理； 3. 了解人工智能应用系统开发的基本过程和方法； 4. 能应用模块化编程工具实现人工智能算法与应用系统； 5. 初步形成综合多种人工智能途径解决应用问题的思维方法； 6. 初步形成人工智能创新思维。	1. 清楚认知人类智能以及人工智能； 2. 认知六种人工智能实现途径的基本思想和基本工作原理； 3. 了解人工智能发展历程和人工智能技术创新的规律； 4. 认识人工智能与数学、物理、化学、生物等基础学科的内在联系； 5. 能在教师指导下独立开发简单的人工智能应用系统； 6. 培养批判性思维及对行业应用的认知与学习力。	1. 对人类智能以及人工智能形成自己的见解； 2. 精通六种人工智能实现途径； 3. 熟练掌握综合不同人工智能实现途径解决问题的思路和方法； 4. 熟悉人工智能技术创新规律； 5. 能独立开展基于人工智能的科技创新。	1. 深入认知人类智能以及人工智能； 2. 掌握六种人工智能实现途径的思想、技术原理和实现方法； 3. 深入了解人工智能发展历程和人工智能技术创新的规律； 4. 掌握利用人工智能技术解决实际问题的技能； 5. 能独立开发人工智能应用系统。

图7-3-1 小学、中学、大学人工智能融会贯通示意

助学生建立对人工智能的基本理解和形成基本技能，并将其深化和拓展到中学阶段。

1）融通目标

（1）初步了解人工智能与人类智能的关系。

（2）形成对机器学习、人工神经网络、符号智能、进化计算、群智能、行为智能的体验性认识。

（3）初步认知机器学习与人工神经网络技术的大体工作过程和应用方法。

（4）能应用模块化编程工具实现人工智能算法与应用系统。

（5）初步形成综合多种人工智能途径解决应用问题的思维方法。

（6）初步形成人工智能创新思维。

2）融通方法

（1）引入基本概念：在小学阶段，可以向学生介绍人工智能的基本概念，例如机器学习、数据分析、模式识别等。

（2）编程入门：引导学生学习基本的编程技能，例如使用简单的编程语言或可视化编程工具，了解算法的基本工作原理。

（3）实际应用：让学生了解人工智能在日常生活中的应用，例如语音助手、推荐系统和自动驾驶汽车。

小学人工智能启蒙与初中人工智能贯通可以为学生提供跨学科的技能和思维方式，使他们能够更好地理解和参与未来的人工智能技术和创新。同时，这也有助于塑造他们的人工智能伦理观念，使他们能够更负责任地应用和发展人工智能技术。

2. 初中和高中的贯通

1）融通目标

（1）清楚认知人类智能以及人工智能。

（2）认知六种人工智能实现途径的基本思想和基本工作原理。

（3）了解人工智能发展历程和人工智能技术创新的规律。

（4）认识人工智能与数学、物理、化学、生物等基础学科的内在联系。

（5）能在教师指导下独立开发简单的人工智能应用系统。

（6）培养批判性思维及对行业应用的认知与学习力。

2）融通方法

（1）深入学习编程知识：在中学阶段，可以引导学生深入学习编程知识，包括 Python 等主要编程语言，以便能够实现更复杂的人工智能项目。

（2）数据科学与机器学习：介绍学生数据科学和机器学习的概念，让他们了解如何使用数据来训练和优化机器学习模型。

（3）项目和挑战：鼓励学生参与人工智能项目和挑战，如构建自己的机器学习模型、开发人工智能应用程序或参加竞赛。

（4）伦理和社会影响：教育学生了解人工智能的伦理和社会影响，培养他们负责任地使用和发展人工智能技术的意识。

3）融通路径

（1）建立课程桥梁：确保小学与中学的教育课程之间有连续性，帮助学生逐渐深入了解人工智能的复杂性。

（2）学科整合：将人工智能教育融入数学、科学、计算机科学和伦理等学科，以便学生能够将不同领域的知识联系起来。

（3）导师和资源：提供导师和在线资源，以帮助学生在人工智能领域取得进展并回答他们的问题。

3. 初中和高中的贯通

1）融通目标

（1）认识人工智能与数学、物理、化学、生物等基础学科的内在联系。

（2）能在教师指导下独立开发简单的人工智能应用系统。

（3）培养批判性思维及对行业应用的认知与学习力。

（4）对人类智能以及人工智能形成自己的见解。

（5）精通六种人工智能实现途径。

（6）熟练掌握综合不同人工智能实现途径解决问题的思路和方法。

2）融通方法

（1）深入学习编程知识：引导学生深入学习编程知识，包括 Python 和其他流行的人工智能编程语言。他们应该能够编写、调试和优化复杂的人工智能算法和模型。

（2）机器学习基础：引导学生学习机器学习的基本概念，如监督学习、无监督学习和强化学习。让他们理解不同类型的机器学习问题和算法。

（3）数据处理和分析：培养学生的数据处理和分析技能，包括数据的收集、清理、可视化和统计分析。

（4）数学基础：建立数学基础，包括代数、几何和统计学。这些知识对于理解人工智能中的算法和模型非常重要。

（5）人工智能伦理：教育学生了解人工智能伦理和社会影响，让他们了解使用人工智能时的责任和潜在问题。

（6）项目经验：鼓励学生参与实际的人工智能项目，例如构建自己的机器学习模型、解决现实世界的问题或参加人工智能竞赛。

3）融通路径

（1）课程对接：确保高中和大学之间的人工智能教育课程相互对接，以便学生能够顺利过渡并不会感到重复或间断。

（2）学科整合：将人工智能教育融入不同学科，如计算机科学、工程、数学、生物学等，以激发多学科的思维。

（3）持续学习：鼓励学生在大学期间继续学习和发展人工智能技能，参与课外项目和社群，与其他人工智能爱好者交流经验。

通过高中人工智能课程和大学人工智能课程内容的衔接，学生可以在高中建立坚实的人工智能基础，并在大学深入学习，为未来的人工智能职业和研究做好准备。这种贯通还需要中学和大学之间的紧密协作，以确保人工智能课程体系的连续性和衔接。

7.3.2 人工智能普及教育与拔尖创新人才培养的结合方法

以项目式学习为核心开展普及教育与拔尖创新人才培养的结合。在普及教育中，通过统一的项目式学习使学生更好地掌握基础知识与动手技能。在此基础上，引导学生通过统一项目的启发进行应用创新（基础教育、本科教育）和理论创新（本科生教育、研究生教育），形成具有创造性的作品，在此过程中培养学生的知识运用能力、沟通能力、团队协作能力、表述能力、创新思维等综合素养，促进拔尖创新人才的发现和持续性、系统性成长（图 7-3-2）。

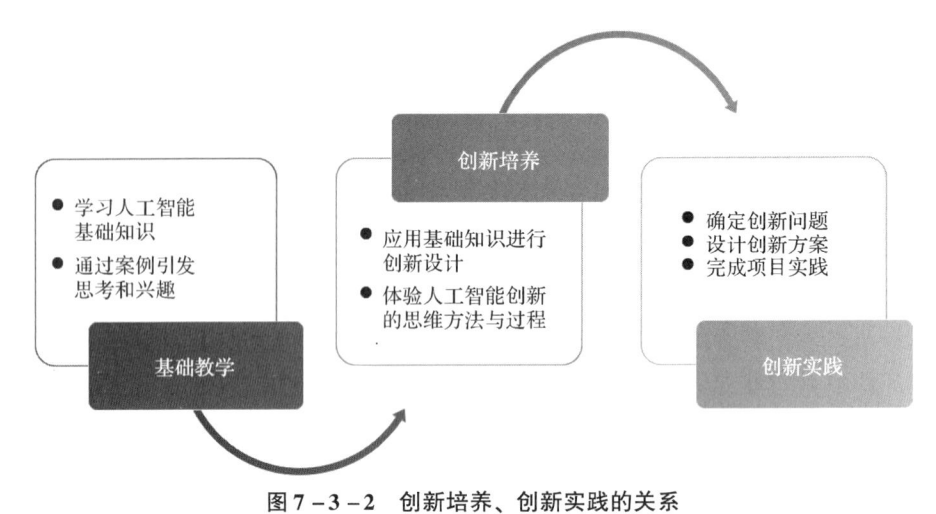

图 7-3-2　创新培养、创新实践的关系

将人工智能普及教育与拔尖创新人才培养结合是非常重要的，因为这可以确保广大学生都有机会了解和掌握人工智能的基本知识，同时也可以培养具有深度专业知识的拔尖人才。结合方法主要有以下几个方面。

1. 设计分层人工智能课程

按照课程的难度分为人工智能普及课程和人工智能高级课程。开设人工智能普及课程，供所有学生学习，以普及人工智能的基本概念和应用。提供高级人工智能课程，为有兴趣和潜力的学生提供更深入的学习机会。通过设计分层人工智能课程，满足不同学生的需要。

2. 提供人工智能实践项目

人工智能实践能力是人工智能核心素养非常重要的方面，因此需要创设情境，为学生提供丰富的人工智能实践项目，以促进学生人工智能实践能力快速提升。在人工智能普及课程中引入小型实践项目，例如语音识别、人脸识别项目等，让所有学生亲身体验人工智能的应用。在人工智能高级课程中，鼓励学生参与更复杂的人工智能项目，涵盖深度学习、自然语言处理、计算机视觉等领域。

3. 鼓励学生参加人工智能竞赛和挑战

往往在竞赛的准备过程中会产生创新的火花，让学生体验整个项目的准备过程，尤其要不断优化竞赛作品，提高编程技能，为拔尖学生提供解决复杂问题的机会。同时在备赛过程中，导师大力支持，为有兴趣深入研究人工智能的学生提供指导，帮助他们开展独立研究项目。此外，为所有学生提供问题解答和项目引导，协助他们选择适合自己兴趣和目标的人工智能课程和项目。

4. 跨学科整合

鼓励学生完成跨学科合作，例如将人工智能与其他学科（如数学、生物学、医学等）结合，以促进创新。同时，设计跨学科课程，将人工智能与伦理、法律和社会科学等主题结合，培养学生的全面素养。

通过这些方法，高中和大学可以平衡人工智能普及教育与拔尖创新人才培养，确保所有学生都有机会接触人工智能，并为有兴趣深入研究的学生提供足够的资源和支持，以适应未来的学习需求，同时培养人工智能拔尖创新人才，为祖国建设发挥人工智能主力军作用。

7.3.3 利于贯通培养的人工智能素养分级评测体系

参照基础教育与高等教育人工智能课程标准，将人工智能学科素养确定为五个要素：智算思维、智通思维、智能意识、智社责任和智数学习（图7-3-3）。智算思维是指利用人工智能知识体系，进行问题求解、系统设计以及人类行为理解等涵盖人工智能科学广度的一系列思维活动。智通思维是指学生具备

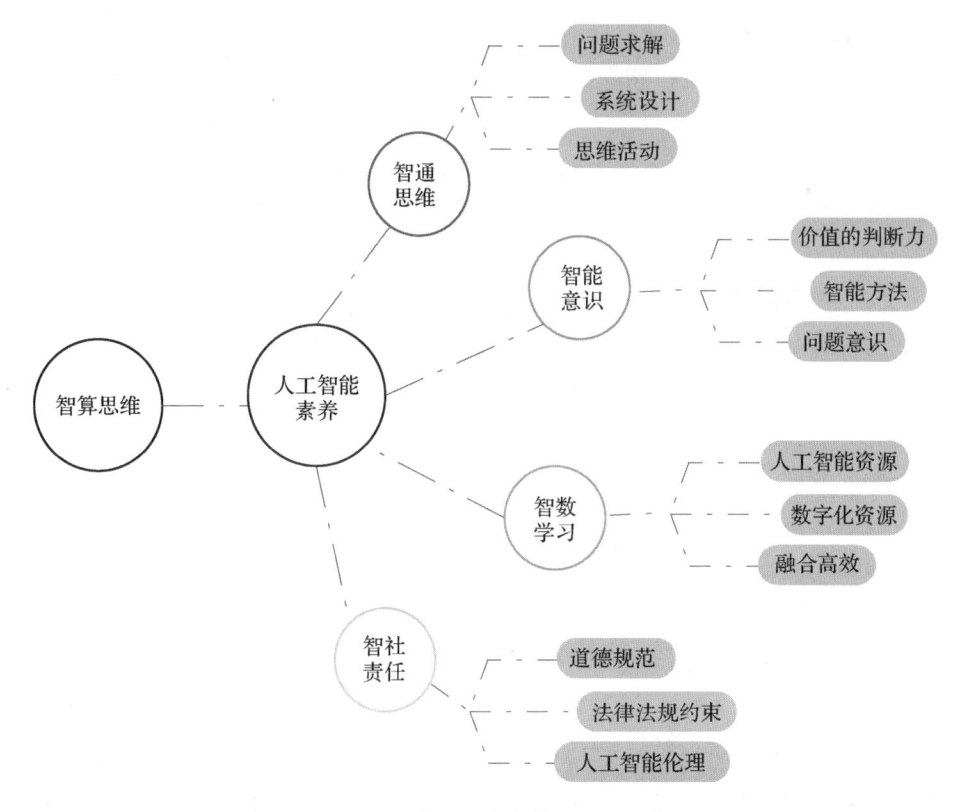

图7-3-3 人工智能素养分级评测体系

将所学人工智能知识融会贯通的能力，形成利用人工智能思维解决问题的方式和方法。智能意识是指具备对人工智能信息和人工智能价值的判断力，存在主动考虑用人工智能方法解决现实问题的意识。智社责任是指明确人工智能是用来服务于人类的，因此研究和应用人工智能需要符合道德规范和法律法规的约束。智数学习是指利用人工智能与数字化资源融合的方法完成学习和探究，实现更高效的学习。基于上述测评要素和形式，全面考虑表现性评价、过程性评价和发展性评价三种评价形式，综合评定学生的得分情况，判断其所处的学科素养等级。

人工智能素养分级评测体系旨在评估学生在人工智能领域的知识、技能和理解水平。这个体系可以根据学生对人工智能的了解程度，评估其所在的级别。评测总共分为十级，难度随着级别提升。每个级别涵盖不同的层次，例如智通思维又可以细分为问题求解、系统设计、思维活动等不同的层次。

人工智能素养分级评测标准部分内容示例如下。

（1）了解什么是人工智能以及它在日常生活中的应用。

（2）能够解释机器学习和数据科学的基本原理。

（3）具备编程基础，可以使用简单的编程语言（如Python）或图形化语言解决一些基本问题。

（4）能够使用现有的人工智能工具和应用，例如虚拟助手、智能搜索引擎和推荐系统。

（5）深入理解机器学习。

（6）理解监督学习、无监督学习和强化学习等机器学习概念。

（7）能够解释常见的机器学习算法，如决策树、人工神经网络和支持向量机。

（8）具备较高的编程能力，可以独立开发简单的机器学习模型。

（9）完成一些中等难度的人工智能项目，如图像分类、文本分析或简单的自然语言处理任务。

（10）理解深度学习的基本原理，包括人工神经网络结构和训练方法。

（11）能够编写复杂的人工智能算法，实现自定义的深度学习模型。

（12）能够独立进行人工智能研究项目，发表论文或取得实质性的创新成果。

该人工智能素养分级评测体系可以按照需求定制并用于评估学生在人工智能领域的素养水平。评估的结果可以帮助制定个性化的学习计划和培训要求，以提高学生的人工智能素养水平。

阅读资料

教育部关于印发《高等学校人工智能创新行动计划》的通知（节选）

……

（二）完善人工智能领域人才培养体系

1. 加快人工智能领域学科建设。支持高校在计算机科学与技术学科设置人工智能学科方向，深入论证并确定人工智能学科内涵，完善人工智能的学科体系，推动人工智能领域一级学科建设。

2. 加强人工智能领域专业建设。推进"新工科"建设，形成"人工智能+X"复合专业培养新模式，到2020年建设100个"人工智能+X"复合特色专业；推动重要方向的教材和在线开放课程建设，到2020年编写50本具有国际一流水平的本科生和研究生教材、建设50门人工智能领域国家级精品在线开放课程；在职业院校大数据、信息管理相关专业中增加人工智能相关内容，培养人工智能应用领域技术技能人才。

3. 加强人工智能领域人才培养。加强人才培养与创新研究基地的融合，完善人工智能领域多主体协同育人机制，以多种形式培养多层次的人工智能领域人才；到2020年建立50家人工智能学院、研究院或交叉研究中心，并引导高校通过增量支持和存量调整，加大人工智能领域人才培养力度。

4. 构建人工智能多层次教育体系。在中小学阶段引入人工智能普及教育；不断优化完善专业学科建设，构建人工智能专业教育、职业教育和大学基础教育于一体的高校教育体系；鼓励、支持高校相关教学、科研资源对外开放，建立面向青少年和社会公众的人工智能科普公共服务平台，积极参与科普工作。

附录　北京市第二中学科技创新案例

附录1　第37届全国青少年科技创新大赛科技辅导员科技教育创新成果一等奖

一种新型人工智能机械手教具的研发

高山　北京市第二中学

摘要

2020年修订版信息技术课程标准中提出"要通过典型的应用实例，了解数据采集、分析和可视化表达的基本方法"。基于新课程标准，我以开源硬件树莓派作为控制系统，研发出了一套基于人工智能技术的机械手教具。同时，利用Arduino开源硬件控制舵机的工作，从而控制机械手的动作。使用Python语言编程可以实现机械手手指以及手臂的转动，通过图像或语音识别技术可以实现对机械手的控制。本教具以机械手为平台让学生在解决问题的过程中，将所思、所想、在机械手的平台上进行操作，通过提出问题、分析问题，最终实现智能机械手的控制，提高学生人工智能学习的质量，培养学生的创新思维能力，提升学生利用数字技术解决实际问题的能力。

主题词：人工智能　机械手教具　Python

引言

教育部在2017年将"人工智能初步"纳入高中信息技术选修课，但人工智能教学在我国还处于初步阶段，大部分学校需要与社会资源合作建设开发人工智能实验室和课程。其实在2003年人工智能课程作为选修课已经进入普通高中信息技术课程，但教学效果不明显，大部分学校没有开设，而且高中的人工智能课程普遍在计算机房授课，学生时常感到枯燥和乏味。为了提升学生学习人工智能课程的兴趣，我研发了一种人工智能机械手教具。这一教具具有良好的操作性，可以激发学生的学习兴趣，推动人工智能教育的普及。

一、问题的提出

人工智能教育对中小学教师和学生都是一项挑战。在课堂中，教师需要以生动、形象、有趣的方式向学生讲解人工智能知识，但目前教学平台的局限性仍然存在，这使中小学的人工智能课程仍然主要以计算机编程为基础，缺乏生动有趣的情境和项目，教学容易脱离生活，导致学生逐渐失去兴趣。同时，中小学目前还没有系统的、专业的人工智能机器人教学平台。虽然一些学校尝试使用智能硬件进行教学，但整体上还无法满足学生的需求。

因此，本项目从学生学习特点和教师教学特点出发，开发适合中小学人工智能教育教学的技术平台。这一平台将利用人工智能机械手培养学生对于人工智能技术的兴趣，协助他们掌握人工智能知识。通过这种教学方式，学生们能够更容易地掌握人工智能技术，激发学习兴趣。

二、人工智能机械手教具的研究

本项目的开发过程包括机械手的建模和打印、控制器和电路系统的设计、软件系统的设计。

（1）机械手的建模和打印。通过三维设计软件进行手掌和手指的零件设计，进行零件模型的装配并进行 3D 打印，验证手部结构的合理性。

（2）控制系统采用树莓派 4B，它是一款功能强大、成本低的控制器，驱动部分选用 Arduino 开源硬件控制舵机的运动。

（3）使用开源的 Linux 图形化系统，并采用 Python 语言进行程序设计。最终完成系统与百度智能云平台资源的对接，实现智能化手势识别和语音识别。经过反复调试与验证，实现了所有设计构思。

通过以上项目开发（表1），我实现了一种新型的人工智能机械手。

表1 人工智能机械手项目开发

项目	特点	难点	典型范例
机械手本体结构	使用 3D 打印手掌、手指	6 自由度连杆结构	
嵌入式硬件	基于开源硬件 Arduino 和树莓派 4B 设计，功能强大	采用多电路的供电设计进行上位机和下位机的控制	

续表

项目	特点	难点	典型范例
系统软件	使用 Linux 图形化系统和 Python 语言编程，易上手，语法简易	摄像头、串口控制，人工智能云端识别等设计	

1. 手指的结构设计方案选型

1）方案一：线控机械手

手指的运动依靠电动机控制丝线完成，如图 1 和图 2 所示。

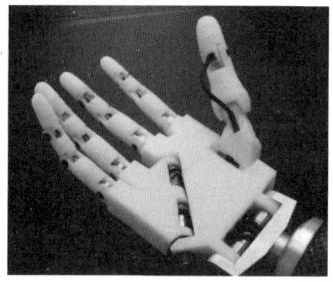

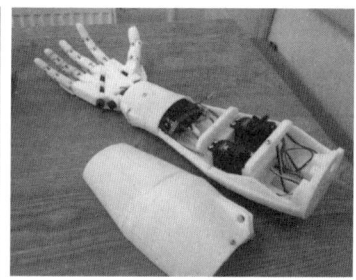

图 1　线控机械手

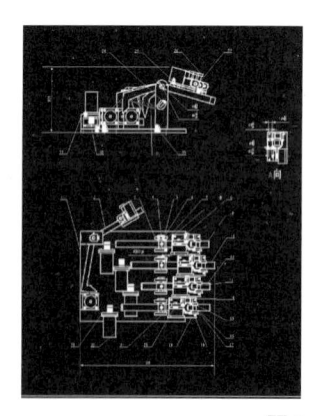

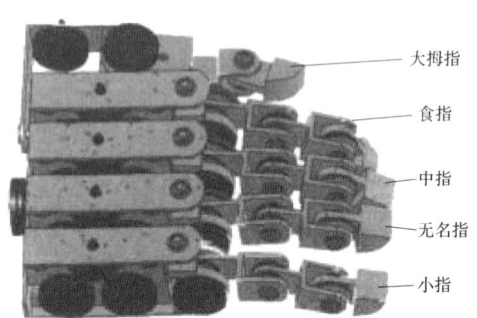

图 2　线控机械手结构设计

线控机械手结构简单，易控制，但是在使用中容易脱线松动，在长时间使用时容易损坏，因此没有选用此种方案。

2）方案二：舵机连杆直驱结构

通过连杆结构控制手指的伸直与弯曲，通过舵机的控制可以实现手指的不同弯曲角度，从而高质量地模仿人手的动作，而且实现简单、耐用，可以使用3D打印技术打印结构件。

平面连杆机构机器人的动力主要来自电动机或舵机，电动机或舵机的运动是圆周运动，很多时候机器人要做上下或左右的往复运动，这时就要利用平面连杆机构，它可以把圆周运动转变为上下或左右的往复运动，如图3所示。

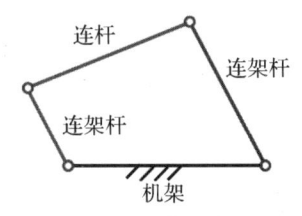

图3　平面连杆机构原理

通过3D打印，安装机械手进行测试，最终选择以平面连杆机构制作机械手的手指，其简单、耐用，可以达到反复、长时间教学的目的，如图4和图5所示。

图4　平面连杆机构的末端执行器

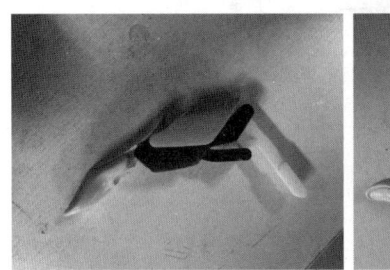

图5　平面连杆机构抓握式人工智能机械手

2. 手部转台的结构设计方案

第一代手部旋转结构使用的是齿轮传动结构如图6（a）所示。舵机驱动小齿轮带动大齿轮，这样可以有效地进行减速，减速齿轮比为24：40。大齿轮转动带动手部的整体转动。第二代手部旋转结构利用舵机直接控制云台转轴转动，结构简单，转动平稳，如图6（b）所示。

（a） （b）

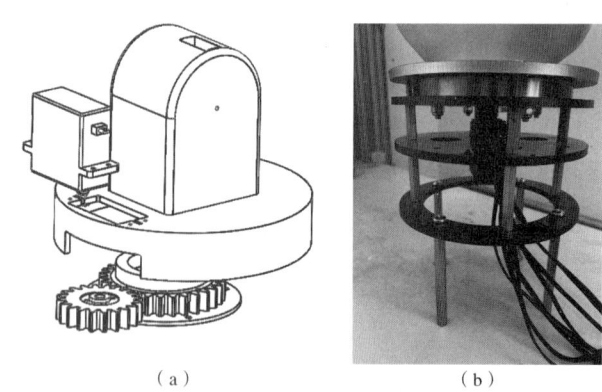

图 6　第一、二代手部旋转结构

（a）第一代；（b）第二代

通过实践可以看出，第二代手部旋转结构可以利用舵机很好地进行正转和反转，转动距离精确，可以平稳运行，结实耐用。

3. 机械手关键部位设计

1）手指模型

使用 SolidWorks 软件，进行手指的三维设计，模拟人手的特点，完成手指的设计和装配，如图 7 所示。

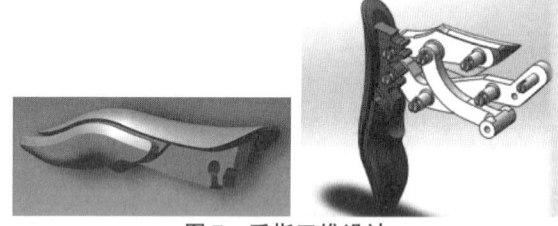

图 7　手指三维设计

2）机械手的主要组成部件

机械手的手掌、手指共有 6 个自由度，如图 8 所示。

图 8　机械手结构

3）控制器与动力部件

机械手采用树莓派 4B 作为主控制系统，它的优点是速度快、成本低；使用 Linux 图形化操作系统；使用 Arduino 开源硬件作为下位机控制舵机的运行，配备显示器和 USB 接口等外部设备，可以方便地连接鼠标和键盘，如图 9、图 10 所示。

图 9　机械手控制系统　　　　图 10　人工智能机械手教具效果

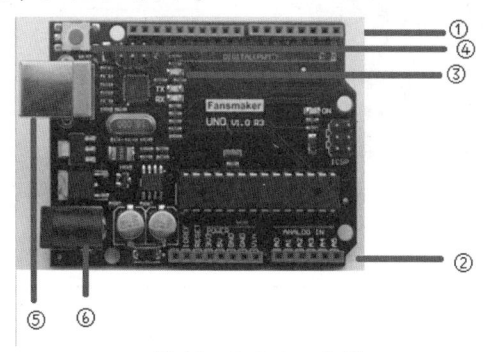

（1）Arduino 控制器。

Arduino 主板是一种开源硬件，可以很方便地使用它，如果有足够的技术，还可以改造它。Arduino 主板就像人的大脑一样可以对输入信息进行处理和控制并输出信息，如图 11 所示。

图 11　Arduino 主板

① 数字口 D0～D13，共 14 个；

② 模拟口 A0～A5，共 6 个；

③ 板载 LED 灯，即 TX 和 RX 指示灯；

④ 1 个复位键；

⑤ 下载接口；

⑥ 外接电源接口。

Arduino 主板体积小，质量小，它使用的是 ATMEGA328P 单片机，这款单片机是 8 位处理器，拥有 32 KB 闪存、2 KB 内存。

基于树莓派 4B 和 Arduino 控制器（图 12），完成控制系统搭建，电源系统通过 22V 转 5V 的电源，实现整体系统的供电，其他步骤还包括摄像头、电子屏幕的安装与调试等。

（a） （b）

图 12 树莓派 4B 和 Arduino 控制器

（a）树莓派 4B；（b）Arduino 控制器

（2）云台舵机——高扭力金属齿舵机（图 13、表 2）。

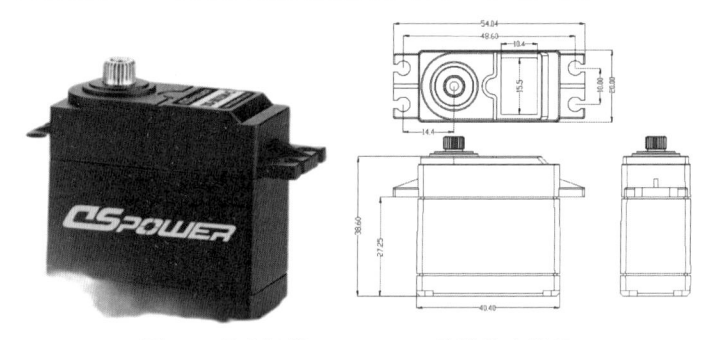

图 13 云台舵机——S015M 单轴数字舵机

表 2 云台舵机参数

工作电压/V	6.0~7.4（直流）
空载速度/ $[s \cdot (60°)^{-1}]$	≤0.18（6.0 V）
	≤0.15（7.4 V）
堵转电流/A	≤4.5（6.0 V）
	≤5.2（7.4 V）
最大扭矩[①]/(kgf·cm)	≥20.0（6.0 V）
	≥25（7.4 V）

---

① 千克力为非标准单位，现已不使用。1 kgf≈9.8 N。

续表

脉冲宽度范围/μs	500～2 500
操作角度/(°)	180±10
机械极限角度/(°)	210
质量/g	58
外壳材质	PA66＋30％纤
齿轮材质	金属齿轮
电动机类型	铁芯电动机

（3）关键驱动部件——手指连杆驱动舵机（图14、表3）。

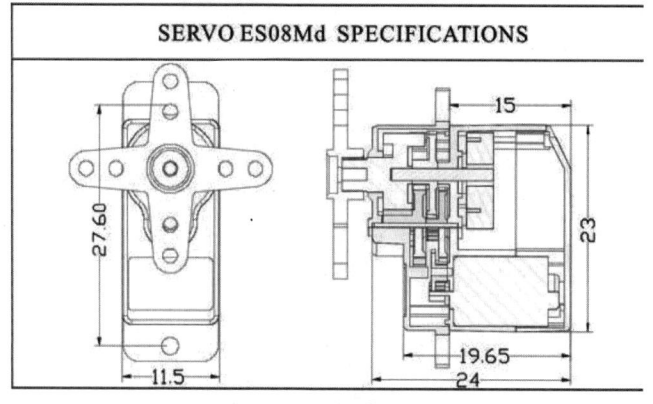

图14　9 g 铜齿舵机

表3 手指控制舵机参数

操作角度/(°)	180 + 10（500 ~ 2 500 μs）
最大可操作角度/(°)	180 + 10（500 ~ 2 500 μs）
机械极限角度/(°)	210
左、右角度差/(°)	≤7
回中差/(°)	≤1
虚位/(°)	≤1
死区宽度/μs	≤4
工作温度/℃	−10 ~ +50
储存温度/℃	−20 ~ +60
工作湿度（RH）/%	≤90
储存湿度（RH）/%	≤90
质量/g	13.5 ± 0.5
外壳材质	ABS
齿轮材质	金属齿轮
减速比	1/324

舵机与 Arduino 主板连接示意如图 15 所示。

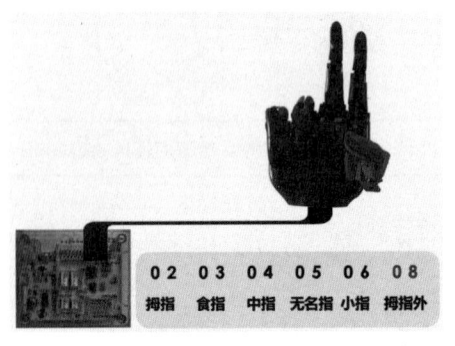

图 15 舵机与 Arduino 主板连接示意

4）小结

在控制系统上，采用先进的树莓派 4B 作为上位机，Arduino 控制器作为下位机，功能强大，成本较低，舵机采用金属齿轮，高扭力的数学舵机控制机械手指和云台，可重复使用，持久力长。总之，对整体系统从电源、控制系统、输入/输出等设备都进行了充分的调试和验证，效果很好，可以很好地适应人工智能教学活动。

4. 机械手的软件实现

1）基于 Python 语言的上位机手势识别设计与实现

我校使用人教地质版信息技术教材，为了更好与国家教材结合，我使用 Python 语言进行程序设计。Python 语言是一种跨平台的编程语言，它简单，上手快，特别适合初学者使用，同时它可以使用大量的第三方函数库进行程序设计和开发。手势识别的程序如下。

（1）引用手势识别模块。

利用 AipBodyAnalysis 手势识别模块与云端百度大脑进行连接，手势识别利用云端算法进行处理，将处理结果返回本地。

```
from aip import AipBodyAnalysis    #加入手势分析模块
```

（2）连接百度大脑，输入 ID 号和密码。

```
app_id = 'ID号'
api_key = 'apikey'
secret_key = 'secret_key'
gesture_client = AipBodyAnalysis(app_id,api_key,secret_key)    #连接云端服务器
```

（3）编写摄像头采集图片程序。

```
Serial()    #串口初始化
Camera()    #摄像头初始化
Window("cap",320,240)    #打开桌面视频窗口
threading.Thread(target = Dynamic_Show).start()    #采集视频
```

（4）主程序代码。

下面是一段简短的程序，实现 4 种手势的识别，机械手模拟相应的手势动作。本教具可以识别 15 种常见手势，如表 4 所示。

表 4　15 种常见手势

手势	数字 1~9	单手比心	OK
classname	OneTwoThree FourFiveSixSeven EightNine	Heart_single	OK
点赞	我爱你	Rock	拳头
Thumb_up	ILY	Rock	Fist

利用分支语句编写主代码如下。

```
while True:
    result_1 = Pic_Analysis()
    if not 'error_code' in result_1.keys() and result_1['result_num'] != 0:
        for j in result_1['result']:
            if j['classname'] != 'Face':
                result_2 = j['classname']
                print(result_2)
                ########### choose and code your gesture ############
                if result_2 == 'One':
                    Fingers_Degree_Set(0, 99, 0,0, 0, 50)
                if result_2 == 'Two':
                    Fingers_Degree_Set(0, 99, 99,0, 0, 50)
                if result_2 == 'Three':
                    Fingers_Degree_Set(0, 99, 99,99, 0, 50)
                if result_2 == 'Four':
                    Fingers_Degree_Set(0, 99, 99,99, 99, 50)
                if result_2 == 'Five':
                    Fingers_Degree_Set(99, 99, 99,99, 99, 50)
                if result_2 == 'Fist':
                    Fingers_Degree_Set(0, 0, 0,0, 0, 50)
```

（5）程序运行结果。

当程序运行后，屏幕上弹出图像采集窗口，学生可以进行手势识别，如图 16 所示。学生做出手势动作后，机械手会模拟学生的手势，控制舵机摆出相同的手势，如图 17 所示。

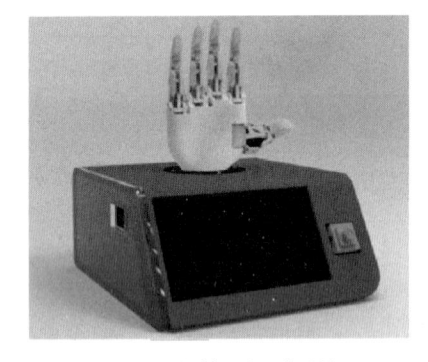

图 16　图像采集窗口　　　　图 17　机械手识别手势

2）手势识别技术原理

手势识别技术利用机器学习的原理，通过对于手势的大量采集，将样本数据在机器学习算法模型中训练，得到训练后的手势识别模型，模型经过验证后就可以进行应用，如图 18 所示。

3）语音识别技术原理

计算机的语音识别就是把人说话的语音转化为文字，这一过程包含语音输入、预处理、特征提取、声音匹配、文字匹配、文本输出 6 个环节，如图 19 所示。

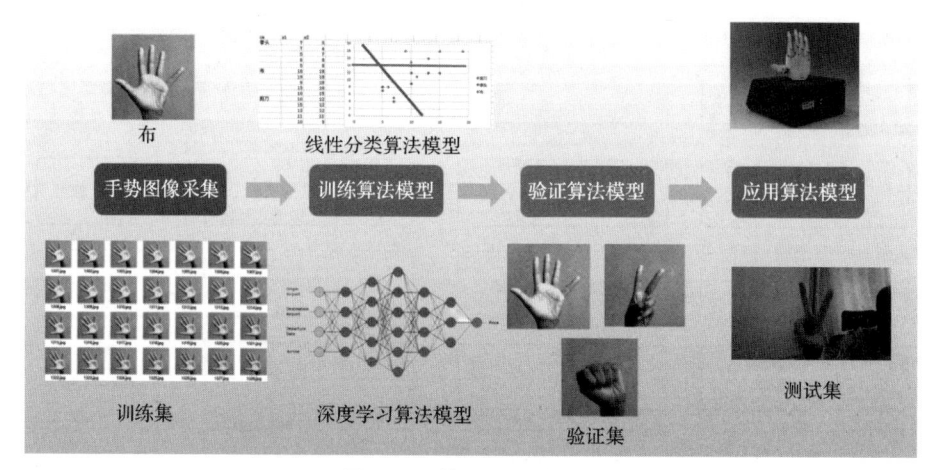

图 18　手势识别技术原理

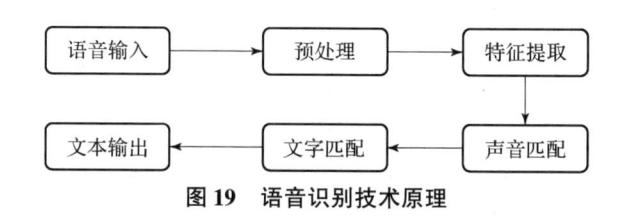

图 19　语音识别技术原理

4）手势识别和语音识别技术在本项目中的应用

在本项目中，我利用百度大脑已经训练好的手势和语音识别模型，可以高质量地对手势和语音进行识别。教师可以提前为学生注册账号，在课上学生直接编写程序实现人工智能机械手的任务。人工智能机械手编程的一般过程如图20所示。

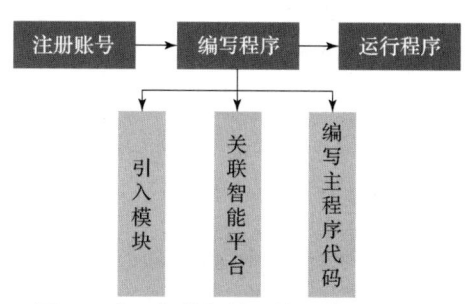

图 20　人工智能机械手编程的一般过程

三、人工智能机械手配套课程

配合人工智能机械手教具，我设计了"让机械手具备智能"单元课程（图21、表5），学生由浅入深，逐步学习人工智能知识，学生在人工智能机械手教具上编程、实验，从而激发学生对人工智能的学习兴趣，学生的学习热情很高（图22）。

图21 "让机械手具备智能"单元课程

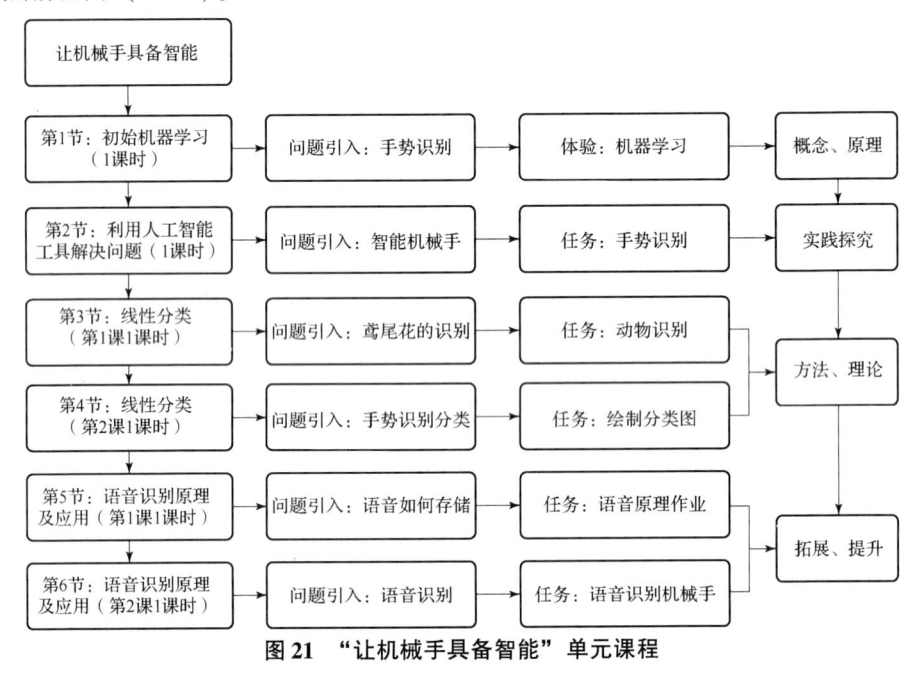

表5 "让机械手具备智能"单元课程内容和目标

课时	教学目标	联系
第1节：初识机器学习	（1）感受机器学习的过程，了解图像识别实现的一般流程，利用数据思维来解决问题（信息意识）。 （2）学会使用编程工具实现人工智能机器人的图像识别典型应用（计算思维）。 （3）借助人工智能平台，感受图像识别技术的广泛应用（数字化学习与创新、信息化社会责任）	机器学习原理知识，为一下节课做好理论准备。
第2节：利用人工智能工具解决问题	（1）了解人工智能系统工作的一般过程。 （2）理解人工智能平台中的手势识别智能工具的使用方法，能够使用分支语句进行编程。 （3）掌握使用人工智能工具解决问题的技术过程	学习利用人工智能工具，让学生通过程序编写感受机器学习
第3节：线性分类（第1课）	（1）了解图像存储的基本原理。 （2）理解图像识别技术的基本原理及简单应用	通过上一节课的实践操作，进一步理解机器学习的原理
第4节：线性分类（第2课）	（1）理解特征的提取和分类。 （2）掌握使用线性分类对3种手势分类的方法	实践操作，探索新知

课时	教学目标	联系
第5节：语音识别原理及应用（第1课）	（1）了解语音存储的基本原理。 （2）理解语音识别的基本技术和应用	在前面学习的基础上，学习语音识别技术的原理
第6节：语音识别原理及应用（第2课）	（1）熟练使用语音识别API。 （2）掌握语音识别控制机械手程序的编写	语音识别实践创新

图22 "让机械手具备智能"单元课程

四、教学反思

1. 真实情境，激发兴趣

本单元课程以机械手为教学平台，激发学生的学习兴趣，让学生真实实践，真实体验，从真实的知识建构中学习人工智能知识。

2. 突出学生的主体地位

本单元课程以任务驱动的方式，如绘制特征向量图、手势识别、语音识别等，突出学生的主体地位，让学生在课堂中充分思考，分析问题，解决问题，强化学生利用技术解决真实问题。

3. 采用多元性的评价方式

本单元课程采用表现性评价的方式，在课堂中采用提问、实践任务评价、作业等方式综合考评学生在课堂中的学习情况，既重视学生学习的过程评价，又重视学生对知识的掌握情况。在教学过程中，教师对评价及时反馈，助推单元教学顺利开展。

4. 重点培养学生的信息技术核心素养

本单元课程以机械手为教学平台，培养学生利用计算机解决问题的计算思维能力，让学生从算法思维向数据思维转变，利用人工智能中的数据和算法共同解决问题,从而强化信息意识、信息责任、数字化创新与实践和计算思维的信息技术核心素养的形成。

5. 反思问题,不断精进

在本单元课程的手势识别和语音识别部分,由于机械手数量有限,学生多以小组式活动探究、解决问题。在学生自评表中发现,有部分学生在通过编写程序解决问题方面还是比较欠缺,这是由于在小组式学习中,多是由1~2个学生动手实践,其他学生只能观察,帮助查错,缺少实践操作的机会。在今后的教学中,我将记录实践操作的学生名单,在每节课的小组实践中将学生互换,让每一名学生都有机会进行实践操作,在实践操作中不断解决问题,从而使学生在实践操作中建构知识。

五、结论

本人创新性地研发了一种适合中小学人工智能教学的人工智能机械手教具,它在本校的教学实践中得到了很好的教学效果,激发了学生学习人工智能的兴趣,可以为全国其他学校人工智能教学提供借鉴和参考,有一定普及价值。

参考文献

[1] 朱微霞.基于Python深度学习的目标检测案例探究——高中信息技术校本课程人工智能案例开发[J].现代信息科技,2020,4(14):70-72.

[2] 张俊花,贾丙辉.借助机器人巡线引领探究性学习——"基于机器人教育的程序设计"教学案例及分析[J].中国教育技术装备,2019(15):68-70.

[3] 高山.用Python语言开发"手势识别"机械手教学案例研究[J].中国信息技术教育,2021,375(S2):38-41.

附录2 第十二届"明天小小科学家"奖励活动二等奖、北京市市长奖

微型可抛掷变形侦察球

北京市第二中学 高三年级 李博文

【前言】近年来,机器人已经广泛应用于服务、军事、星际探测等多个领域,其中反恐机器人在911恐怖袭击事件以后得到各国高度重视。

作为反恐侦察机器人的一个分支，抛掷侦察机器人是一种通过使用人员投掷进入作业场地侦察的特种机器人，特别对于曲折的通风管道、下水道以及情况不明的室内空间等特殊环境，这种微小型机器人可以发挥比一般机器人更巨大的作用。它体积小、质量小、结构坚固，具有携带方便、部署快速、行动灵活等许多优点。目前国内外已经有多个型号的抛掷侦察机器人投入使用。这些机器人以球形、两轮和四轮形式居多。虽然其中一些型号的性能已经达到实用水平，但也在不同程度上具有防护不全面，运动控制不方便以及体积和质量过大、不便于投掷等缺点。

针对这些问题，设想研制一种微型可抛掷变形侦察球，用于反恐侦察和环境探测等领域。它采用变形设计，结合了球形机器人防护全面和两轮机器人运动平稳灵活的优点，从而兼顾了抛掷和运动两方面的性能要求。该机器人为遥控控制，携带一个微型无线摄像头，可以获取并发回侦察区域的现场视频。为了扩大侦察范围，摄像头的仰俯角度还能通过专门机构进行调节。

本论文首先对国内外抛掷侦察机器人领域的研究现状进行调研，并提出机器人设计的初步设想方案，然后给出了机器人的结构、传动、控制等详细设计细节。机器人已经加工、装配完成，并进行了试验。试验结果证明机器人基本达到了设计目标，同时根据存在的问题提出了针对性的改进，并设计了机器人的中期改进型号加以验证。根据这些试验取得的结果，正在设计新一代体积更小、质量更小、结构更优化的机器人。

【关键词】抛掷侦察机器人　微型　变形设计　遥控控制　摄像头仰俯调节

一、研究背景与研究目的
1.1 研究背景

自2001年"9·11"恐怖袭击事件以来，"反恐"成为各国面临的重要任务。恐怖组织为制造影响，将袭击目标主要锁定在城市区域，常常造成严重的人员伤亡及恶劣的社会影响，因此，如何加强城市区域的反恐工作，是迫切需要解决的问题。与野外环境相比，城市道路四通八达、相对平坦，另外，城市空间楼宇林立、房屋内部空间复杂，而人员的视线范围则相对有限，导致执行搜索任务时死角多、盲区多，因此，对于面临险情的高层位置、曲折的通风管道、下水道和某些复杂设备等特殊环境，使用微小型机器人将更容易、更及时地获取信息并减少人员伤亡，它可以发挥比一般机器人更巨大的作用。

近年来技术的发展已使不同种类的机器人在军事及安全领域的应用越来

越广泛，其中担负城市及室内环境侦察任务的可抛掷侦察机器人正在得到各国的重视。与一般的野外机器人相比，抛掷侦察机器人适合在城市及室内等地形比较平坦的区域使用，其体积微小、便于携带、易于操作、构造坚固，能够以人工抛掷的方式快速进入侦察区域。此外，抛掷侦察机器人的体积远比一般机器人小，可以进入行动人员及一般机器人难以进入的空间进行侦察，因此能够扩大搜索空间、消除搜索死角、减少人员伤亡。总之，抛掷侦察机器人非常适合执行城市及室内区域的反恐任务。

1.2　国内外研究现状

目前西方发达国家已有几种抛掷侦察机器人进入实用状态，有的已经进入军队服役，下面介绍几种国外比较典型的抛掷侦察机器人。

以色列 ODF 公司研制的 ALEB 眼球式侦察系统是一种球形抛掷侦察机器人［图 1.1（a）］。该系统主要包括两个侦察球、一个训练球和一套控制器。眼球式侦察系统直径为 85 mm，质量为 580 g，图像与遥控距离为 30～150 m。其重心很低，利用"不倒翁"原理在落地以后保持稳定。上部安装有侦察用的摄像头，并可在底座上进行 360°旋转，从而扩大了侦察范围。

英国奎奈蒂克公司北美分部开发的"龙信使"小型无人地面车是一种四轮式抛掷侦察机器人［图 1.1（b）］，其质量为 7.3 kg，可装入一个背囊由一名士兵携带。在执行侦察任务时，由操作者将机器人从窗户丢入室内空间，从而避免了爬坡、越障等问题。该机器人可靠性强，其无故障跌落高度可达 4 m 以上。

美国研制的"侦察者"机器人是一种两轮式微型抛掷侦察机器人［图 1.1（c）］，长度为 187 mm，中柱直径为 38 mm，轮胎直径为 76 mm，质量为 544 g，行走速度为 0.3 m/s，控制距离为室内 30～90 m，机器人垂直安全跌落高度为 9 m，水平安全抛掷距离达 32 m。

（a）　　　　　　　（b）　　　　　　　（c）

图 1.1

国内目前比较典型的抛掷侦察机器人如下。

图 1.2（a）所示是北京京广坤科贸有限公司研制的一种能移动的球形侦察

机器人，有直径12 cm和直径30 cm两种型号，质量分别为1.2 kg和2.5 kg，最大速度为0.6 m/s，无线传输范围为100～300米，最大无损跌落高度为3 m。

北京航天科工集团第九研究院探测与控制技术研究所研制的一种微型抛射式侦察机器人是具有一定智能的两轮移动机器人，如图1.2（b）所示。该机器人尺寸为60 mm×60 mm×180 mm，质量为510 g，具有一定的抗跌落冲击能力。该机器人着陆后由操作人员利用遥控器对它进行控制；在遥控距离之外，该机器人还可以自动切换到自主智能侦察状态，包括自主避障和自行潜伏，潜伏后可以对人体进行自动监测，并实时反馈其动态图像。

常州常探电子科技公司研制的一种小型抛掷机器人［图1.2（c）］，其外形类似美国的"侦察者"机器人，除长度（205 mm）和质量（950 g）明显超过外，其他性能与"侦察者"机器人接近或相当。

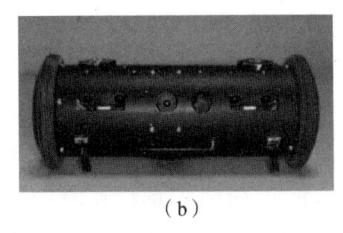

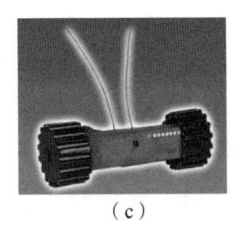

（a） （b） （c）

图1.2

1.3 研究目的

鉴于其他国家的教训，我国加强城市及室内区域反恐装备建设刻不容缓。因此，本论文致力于研制一种体积微小、结构坚固、侦察范围大的微型抛掷侦察机器人，用以探索抛掷侦察机器人的研制规律。

二、机器人的总体设计

2.1 变形原理

机器人的结构设计受其体积的限制，难以实现复杂的变形，而从实用角度分析，机器人若能完成一次变形，从而在投掷—跌落—变形过程中对机器人实现保护即满足要求。此外，在零件设计方面还要努力实现"一件多用"，即某些零件既充当主要结构部件，又充当变形零件，争取在不增加额外零件的前提下实现变形。机器人的基本设计思路如下。

（1）将机器人的保护壳与轮子结合：当机器人球壳闭合时，球壳应该能够将机器人的内部结构包裹起来，免受外部冲击；当机器人球壳打开以后，保护壳充当可以转动的轮子，使机器人具有行动能力。

（2）机器人变形时以人力实现闭合，并以一定方式保持锁定。

（3）机器人以电动机动力实现解锁，以弹簧弹力实现变形。

基于以上思路，绘制基本设计草图，如图 2.1 所示。

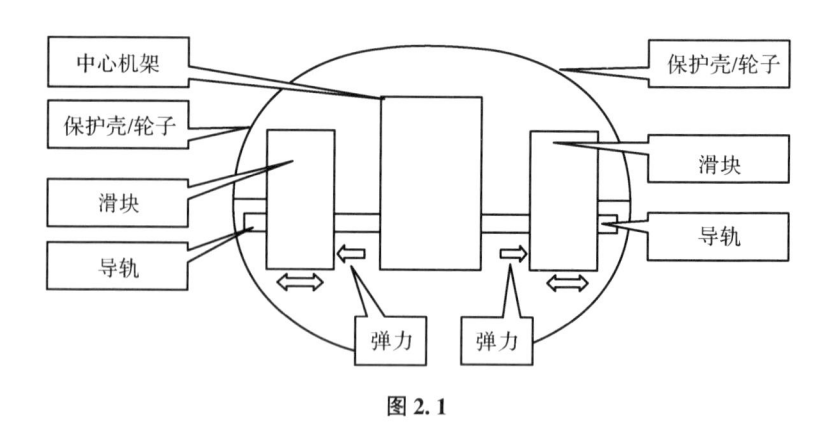

图 2.1

2.2 机器人的闭锁—解锁设计

机器人在以人力闭合球壳以后，需要设计一定措施使球壳闭锁，并能利用电动机使球壳解锁。这种闭锁—解锁结构占用的体积必须尽可能小。根据这条原则设计了图 2.2 所示的闭锁—解锁结构，即在轴上设置卡扣，当机器人闭锁时，操作者以相反方向转动两根轴，在这种情况下，位于中间位置的机架部分在理论上可基本保持不动，两根轴上的卡扣会钩住中心机架从而完成闭锁。在解锁过程中，电动机驱动两根轴旋转，当卡扣从中心机架脱离后，弹簧即推动滑块沿导轨移动完成变形。

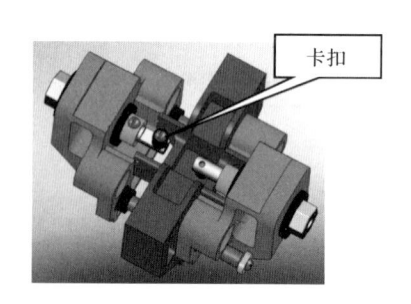

图 2.2

三、机器人的结构、动力与传动系统设计

3.1 动力、电池与传动选型

为了适应机器人相对微小的体积，在设计阶段必须对各种适合机器人使用的动力装置进行深入调研并做出合理的选择。

目前比较常用的机器人动力装置见表 3.1，其中微型内燃机受体积、质量因素限制多用于航模、船模，在陆地微型机器人领域应用不多；步进电动机和舵机则受限于有限的输出扭矩和角度,作为机器人的行动动力装置不合适。合理搭配减速器的直流电动机在体积、质量、扭矩、转速以及噪声方面的性能非常均衡,且目前市场上有大量适用的二手电动机可用,不仅选购方便而且价格低廉,因此选择直流电动机为机器人的动力装置。

表 3.1

种类	优点	缺点	主要应用场合
直流电动机	体积小、质量小输出转速高、控制比较方便	需要搭配合适的减速器	广泛应用于社会生活的各个领域
步进电动机	速度、角度的输出精度高	质量和体积大、转速慢、输出扭矩不大,需要专门的控制器	数控机床等电动机输出速度、角度精度有较高要求的领域
舵机	体积与质量一般较小、控制方便	输出扭矩一般、形状特殊、体积较大、一般有角度输出限制	航模尾舵、机械臂关节、足式机器人等不要求连续旋转的场合
微型内燃机	功率较大	质量大、噪声大、启动比较麻烦、燃料储存及供应复杂	一般作为航模、船模的动力装置

电池要为电动机及控制电路等系统供电,因此是机器人的重要组成部分,如选择不当将严重限制机器人性能。常用的电池种类及各自特点见表 3.2,结合具体设计情况,确定机器人使用 4 块锂离子聚合物电池(图 3.1),该电池长 4 cm、宽 2 cm、厚 4 mm、电压为 3.7 V,容量为 400 mA·H。

表 3.2

种类	优点	缺点
铅酸电池	寿命长、质量稳定、可靠性高	体积、质量大
镍镉电池	充电快、放电能力强	容量小、寿命短、有污染
镍氢电池	比镍镉电池轻、无污染	比锂电池性能差
锂离子电池	能量密度大、输出电压高	过渡充电易爆炸
锂离子聚合物电池	兼具锂离子电池的优点，性能稳定	价格相对较高

图 3.1

要将电动机动力最终用于驱动机器人行进，还需仔细选择传动装置，这不仅要考虑机器人的体积、质量等因素，还要顾及传动装置是否满足机器人在抗冲击方面的要求。表 3.3 列举了几种在机器人领域比较常用的传动形式。根据这些传动形式的特点，最终选择同步带传动为机器人的传动形式。

表 3.3

种类	优点	缺点	主要应用场合
齿轮传动	结构紧凑、传动平稳、效率较高、寿命较长	传动过程中的振动与噪声较大	应用较广
蜗轮蜗杆传动	能自锁、传动平稳、传动比较大	效率低、发热高	两轴交错、连续工作时间较短的场合

续表

种类	优点	缺点	主要应用场合
链传动	传动比准确、效率较高	成本高、易磨损、运转时有振动和噪声	要求工作可靠且两轴距离较远的场合
平带传动	结构简单，能隔振、缓冲	长时间使用后易磨损打滑	一般作为动力输出的第一级
同步带传动	兼有平带传动的优点，传动比恒定	对传动中心距及尺寸稳定性要求较高	应用较广

3.2 机器人的结构设计

根据机器人的总体设计规划以及动力、传动装置的选择结果，利用SolidWorks三维设计软件对机器人的滑块和机架部分进行设计。

机器人的核心零件是由质轻坚韧的硬铝材料制作的中心机架（图3.2），其作用是将其他零件联系成为一个整体。如图3.2所示，在中心机架上面固定有两根供机器人变形用的导轨（用螺丝固定），导轨下方有两根提供变形动力的弹簧。采用两根钢质导轨可以满足变形的需要，使后面介绍的滑块只能沿滑轨做直线移动，而不能绕导轨转动。中心机架上面还有几个电池固定孔，用于为固定足够的电池留出必要的空间。

图3.2

轮轴（图3.3）是机器人驱动轮子转动的驱动轴，是机器人在跌落过程中的主要受力部件之一，因此采用钢材料制作。轮轴的一端需要与球壳连接，为了将驱动力矩可靠地传递给球壳，故将其形状设计为六角形；轮轴的另一端则用于固定卡扣。卡扣为圆柱形，通过螺钉固定在轮轴上，本身能够以螺钉为轴转动。因此，在机器人解锁的过程中，其转动可以起减小阻力的作用。

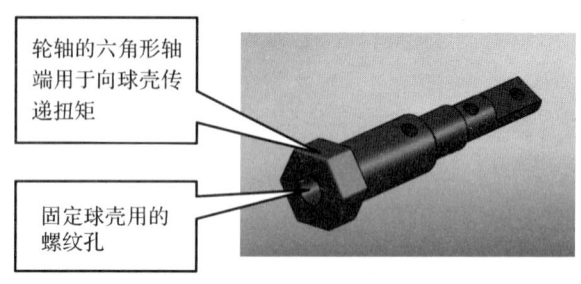

轮轴的六角形轴端用于向球壳传递扭矩

固定球壳用的螺纹孔

图 3.3

滑块（图 3.4）用于固定轮轴和电动机，其材料是硬铝。其中滑块上的弹簧固定孔用于固定变形用的弹簧，即中心机架上的弹簧两端顶在左、右滑块的弹簧固定孔里。弹簧平时保持一定程度的压缩状态，因此滑块始终受到弹簧的弹力，若无外力作用机器人将一直保持展开状态。为了防止滑块从导轨两端滑出，在滑块与导轨装配完成后在导轨两端固定限位装置对滑块进行限位。

轴承　　　　　　　　　　滑块
电动机固定孔　　　　　　卡扣
滑动轴承　　　　　　　　滑动轴承
弹簧固定孔　　　　　　　弹簧固定孔

图 3.4

机器人采用的电动机、轮轴和同步带轮等零件如图 3.5（a）所示，滑块和机器人整体装配如图 3.5（b）和图 3.6 所示。

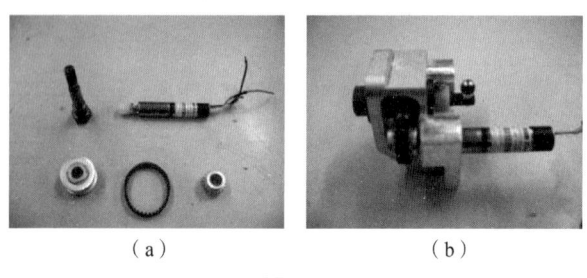

（a）　　　　　　　　（b）

图 3.5

(a)   (b)

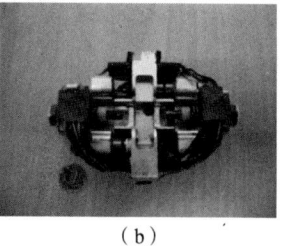

图 3.6

3.3 摄像头及其伺服系统

针对机器人的微小体积，选择一种直径为 7mm、长 22mm 的微型摄像头 [图 3.7（a）] 为主要传感器，并利用直线舵机 [图 3.7（b）] 为伺服装置调整摄像头的俯仰角度。

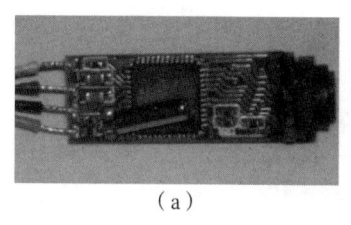

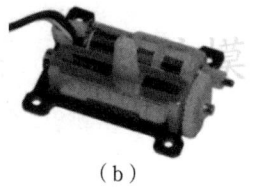

(a)   (b)

图 3.7

由于摄像头本身没有安装孔等可以用于固定的结构，所以首先根据摄像头的外形以及俯仰调节的需要，设计了用于承载摄像头的摄像头框（图 3.8）。该结构两侧有耳轴，并可绕其旋转。

图 3.8

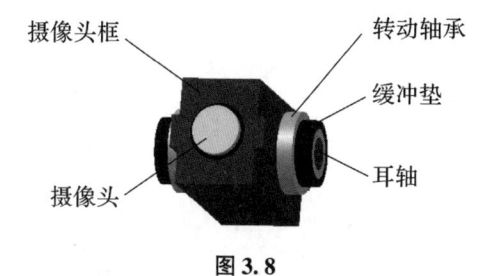

图 3.9 所示为摄像头系统的装配示意，其中直线舵机与摄像头框构成曲柄—滑块机构，利用直线舵机的滑块和连杆将直线运动变为绕耳轴的有限旋转运动，从而达到调节摄像头俯仰角度的目的。

(a) 摄像头／舵机支架／电路安装空间

(b) 连杆／直线舵机

图 3.9

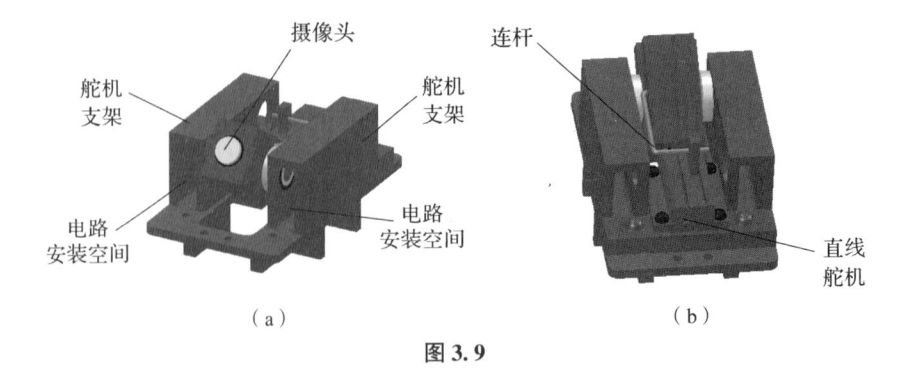

根据设计最终加工并完成组装的机器人内部结构如图 3.10 所示。

图 3.10

3.4 球壳

机器人的外壳分为球壳 [图 3.11（a）] 与缓冲壳两部分 [图 3.11（b）]，其中球壳采用尼龙制成，内直径为 8 cm，外直径为 8.6 cm，质地相对坚硬，在机器人的行走与抛掷过程中起到支撑与保护作用。球壳的安装孔为六角形，与轮轴的六角形轴端匹配，用于可靠传递扭矩。在球壳外面固定有橡胶制成的缓冲壳。缓冲壳材质柔软（外直径为 11 cm），在机器人落地时可以延长接触时间，从而减小落地时的受力，起到缓冲和保护的作用。两者用坚固的环氧树脂胶粘接在一起，如图 3.11（c）所示。

图 3.11

由于实现闭锁的卡扣位于机器人内部，无法直接观察其方位，所以在缓冲壳外表面贴有指示标志，用于指示卡扣的方向以方便闭锁。为了清晰直观，图 3.12 略去了其他所有无关零件，只保留轮轴、卡扣、球壳和橡胶壳。可见在球壳与机器人轮轴装配到一起时，需要注意让指示标志与卡扣的方向保持一致。

图 3.12

根据经验，纯粹的两轮式机器人在运动时容易前后摇摆，影响操作人员通过摄像头进行观察。因此，两轮式机器人平稳运动的关键是增加第三点支撑。因此结合微型侦察机器人的变形情况，使用扭簧制作了弹性尾撑。机器人在球形状态时，扭簧折叠在球壳内部，受球壳保护 [图 3.13（a）]；在机器人变形过程中，随着球壳的移动，扭簧弹出，其末端撑在地面上，从而提供额外的支撑 [图 3.13（b）]。

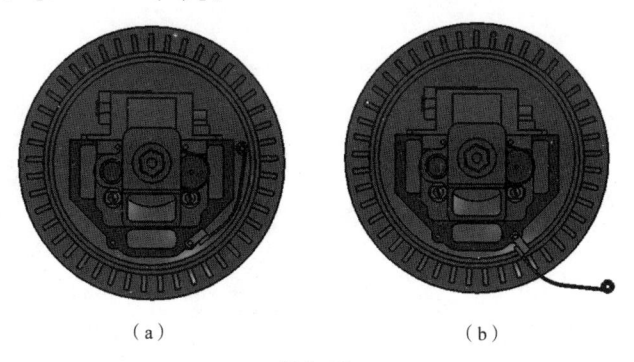

（a）　　　　　（b）

图 3.13

四、控制系统设计

4.1 遥控器、接收机与电子调速器

机器人的控制使用航模遥控器发射控制信号完成。根据实际需要，选择国产 FT06A 六通道遥控器 [图 4.1（a）]，其工作频率为 72.870 MHz，控制距离为 200～300 m。

由于需要对机器人内部的两个驱动电动机和一个直线舵机进行控制，故使用遥控器的3个通道，其中遥控器第2和第4通道［图4.2（a）］用于对机器人的运动速度和运动方向进行控制，第3通道［图4.2（b）］通过控制直线舵机的前后动作调节摄像头的仰俯角度。

遥控器发出的控制信号由机器人的微型接收机接收［图4.1（b）］，该接收机体积小、质量小，工作电压为3.7 V，与机器人运动部分的电池组匹配（3.7 V、800 mA·h），接收距离理论可达200 m，实测距离则在60 m左右，这与微型机器人体积有限、接收机天线不能充分展开有一定关系。

接收机的控制信号还需经过电子调速器转换才能实现对电动机的控制。电子调速器需要与电池、电动机和接收机相连，因此需要综合考虑这三者电压、电流的匹配。机器人使用的微型电子调速器［图4.1（c）］工作电压3.7 V左右，最大电流可达2 A，能与机器人的电池、电动机和微型接收机良好匹配。

（a）　　　　　（b）　　　　　（c）

图 4.1

（a）　　　　　　　　（b）

图 4.2

4.2　控制流程

如图4.3所示，电子调速器分别与电池、电动机和接收机相连。电池向电子调速器供电，进而给接收机和电动机供电，使这两者能够工作；接收机接收到的控制信号则通过蓝色的信号线传到电子调速器上，并由电子调速器调节电动机的工作电流，控制电动机的旋转方向和转速。

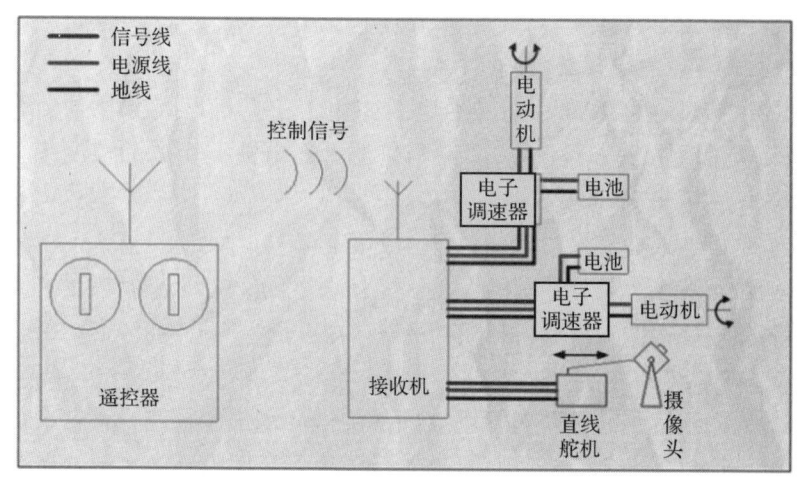

图 4.3（附彩插）

由于直线舵机的功率很小，所以微型接收机可以直接为直线舵机供电，并通过信号线传递控制信号控制直线舵机滑块的前后移动，进而由曲柄—滑块机构调整摄像头的仰俯角度。

4.3 视频接收系统

操作人员使用便携式的 2.4 GHz 无线接收模块［图 4.4（a）］接收摄像头发送的视频。该模块适用 3.3~5 V 电压，使用锂电池即可供电；其输出信号为模拟视频信号，可以直接在电视上输出画面，也可以利用 USB 视频转接卡［图 4.4（b）］将信号输入计算机，利用会声会影等软件在计算机屏幕上播放。

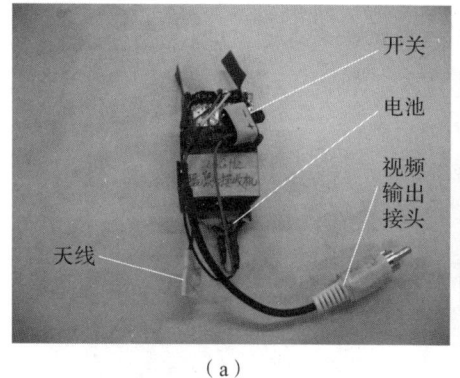

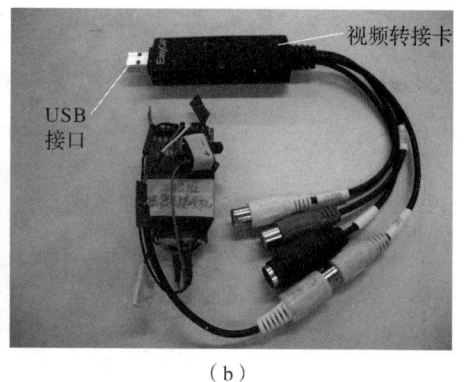

（a）　　　　　　　　　　　（b）

图 4.4

五、机器人的测试

5.1 速度与爬坡性能测试

机器人测试速度的方法是在给定时间内，记录机器人行驶过的方砖数量（经测量其边长为 60 cm）。实测当机器人在电池充满电的情况下，速度可达 0.3 m/s（18 m/min）。

坡道是机器人在侦察过程中可能遇到的障碍，因此对机器人的爬坡性能进行了测试，图 6.2 展示了机器人在盲道（坡度约为 7°）上行驶的能力。由于机器人弹性尾撑的支撑能力有限，所以机器人最大爬坡角度约为 10°。

5.2 跌落测试

机器人的跌落测试主要包括垂直跌落测试和水平抛掷测试两部分。垂直跌落测试是把机器人从高处垂直扔下，检测从大高度跌落产生的冲击是否会损坏机器人。经测试，机器人可以承受 3.5 m 高度的跌落冲击（图 5.1）。

(a) (b) (c)

图 5.1

水平抛掷测试不仅测试机器人的抗冲击性能，也测试它是否便于操作人员抛掷。经测试，机器人的外形尺寸适合人手抓握，可以比较容易地丢到远处（图 5.2）。

抛掷过程中的机器人

(a) (b)

图 5.2

5.3 工作时间测试

机器人的工作时间测试包括摄像头使用时间测试和行走时间测试两个环节。

理论上,在电池充满电的情况下(400 mA·h),摄像头使用时间应为电池电量(400mA·h)/工作电流(80 mA)= 5 h。但测试时发现实际测得摄像头工作电流为 95 mA,且电池并不能把自身电量全部放出(否则将因过度放电而损坏),因此实际测得的使用时间为 1.5 h。

如果进行完全的机器人行走时间实际测试,在时间消耗和场地方面都有困难,因此采取测试验与理论计算结合的办法。通过电动机电流与转速的关系,根据机器人的最大速度反推出电动机工作电流为 98 mA,与摄像头工作电流相当。虽然机器人有两个电动机需要供电,但摄像头的并联电池组容量为 800 mA 时,因此可推知机器人的行走时间也应在 1.5 h 左右。

5.4 遥控距离与视频传输测试

经过实际测试,机器人的遥控距离为 50~60 m(图 5.3),小于接收机 200~300 m 的理论接收距离。造成该问题的主要原因是天线受限于机器人的体积而不能完全展开,而且微型接收机本身易受干扰。此外,遥控器本身功率有限也是一个影响因素,其控制信号容易被使用环境中一些无关但更强大的信号淹没。

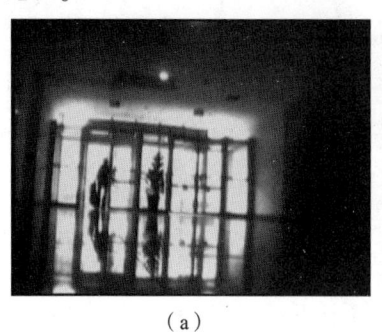

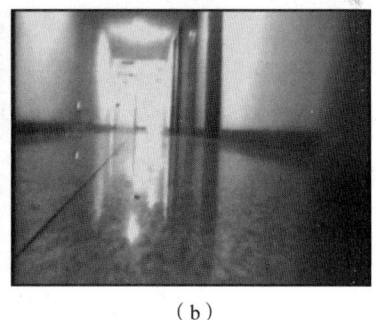

(a) (b)

图 5.3

六、问题讨论与针对性改进

6.1 现有机器人的问题

经测试发现,目前机器人的主要问题是球壳闭锁不够直观:虽然在球壳上设有指示卡扣方位的标志供球壳闭锁时使用,但在实际使用时仍然感到不够可靠,因此需要继续探索新的闭锁方式——既清晰直观,又简单易用,同时不影响其他零件。为此设计了机器人的中期改进型号对此进行探索。

6.2 机器人的中期改进型号

如图6.1所示，中期改进型机器人的主要特点是将卡扣设计在球壳之上，因此通过转动左、右球壳即可使左、右球壳上的卡头互相卡住实现闭锁（图6.1、图6.2）。采用这种闭锁方式的机器人的直观性和可靠性较初代机器人均有一定提高。

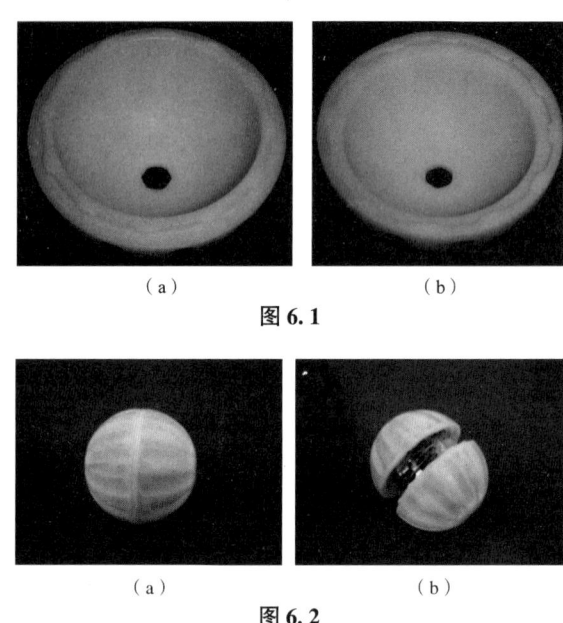

（a） （b）

图6.1

（a） （b）

图6.2

为了对这种设计进行验证，利用已有机器人的内部结构搭配经过改进的球壳进行测试，发现其闭锁与解锁都能正常实现，这样即验证了设计的合理性，从而为新一代机器人的设计打下了良好的基础。

6.3 设计中的新型机器人

中期改进型机器人的卡头在塑料球壳之上，为了保证强度，球壳厚度设计得较大（10 mm），在未加保护层的情况下球的外直径已达10 cm。由于11 cm作为总的尺寸不能突破（否则机器人将难以用手抓握），所以留给缓冲层的厚度只有5 mm（初代机器人为10 mm），这导致中期改进型机器人的缓冲性能有一定下降。因此，在采用新型变形原理的情况下，必须进一步对机器人结构进行改进，具体如下。

（1）如图6.3所示，将卡头改为金属材料并用销钉将其固定在塑料球壳上。由于金属材料远比塑料坚固，所以卡头部分的结构尺寸可以大大减小，而球壳部分的厚度也可以减小，从而给缓冲层留出更大空间。

(a) (b)

图 6.3

(2) 针对导轨—滑块结构进行改进,在新设计中将滑块与机架改为一体,利用滑动轴结构实现变形,从而大大提高了空间效率。

设计中的新型机器人内部结构如图 6.4(a)所示,其完整装配示意如图 6.4(b)所示,在缓冲层保持 10 mm 厚度的情况下,预计机器人的整体尺寸可保持在 10 cm 左右。

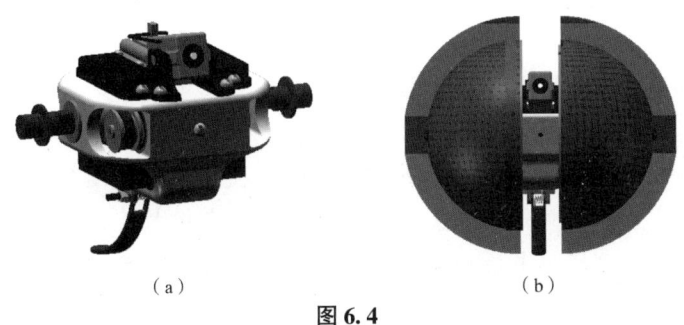

(a) (b)

图 6.4

参考文献

[1] Petch Jearanaisilawong, Sathaporn Laksanacharoen, Veeradate Piriyawong, Design of A Three - Legged Reconfigurable Spherical Shape Robot, 2009 IEEE/ASME International Conference on Advanced Intelligent Mechatronics, Singapore, July 14 - 17, 2009.

[2] 罗自荣,尚建忠,丛楠,等. 可抛掷多运动态球形机器人运动机构[J]. 机械设计,2009,26(9).

附录3　第十八届"明天小小科学家"奖励活动三等奖

基于图像识别定位和室内自行导航系统的智能取物机器人项目研究报告（2017年12月10日）

北京市第二中学　张彦钧

项目摘要

随着现代科技的飞速发展，生产力的提高极大地丰富了人们的物质生活。与此同时，社会老龄化的问题日益显著。老年人意外伤害使老年人的居家安全成为当下人们关注的焦点，而老年人室内意外伤害则多是由于在室内走动时行动不便而跌倒，进而导致更大的伤害。因此，我决定设计一个基于图像识别定位和室内自行导航系统的智能取物机器人，帮助行动不便的老人实现室内远程取物，降低其意外伤害的风险。

经过对一些搬运机器人资料的调查，结合项目本身的创新特点，我首先对项目的研究进行了整体规划：项目总体分识别图像及传输坐标信息、设计制作机械臂、实现滑轨平台一维移动并改进为机器人四轮底盘在室内地面上的二维移动。

首先我查阅资料，深入研究了图像识别技术的原理，利用安装在全景识别端和用户操作端的视觉摄像头 OpenMV 进行颜色边框的图像识别，并分别生成实时平面位置坐标参数和深度参数，形成空间坐标传送给机械臂，用户在画面中点击确认目标后由程序生成机械臂的动作参数并执行。

在初期方案中，我设计了带有两个自由度光轴导轨的演示平台，用于模拟室内地面或桌面的环境。在机械臂的设计制作中，我采用工业机械臂的总体方案，利用舵机带动连杆机构，采用伺服电动机，利用闭环程序编译各个舵机的角度，使系统可以精确控制机械臂的运动。在初期实现了桌面范围内的物体获取。

在改进方案中，我将机械臂改为机械夹与四轮底盘装配，形成完整的机器人，在室内地面通过图像识别生成的物体位置坐标生成机器人行走路线的自动化程序。最终我完成了在室内通过点击屏幕上的物品坐标，远程抓取物品的创新作品。

关键词

图像识别　触摸屏选取　室内导航　视觉摄像头　助老助残　远程取物　空间坐标获取

项目选题的确定

作为我们学校机器人社团的一员，我十分喜爱科学研究和发明创造。通过在社团中对机器人机械结构和人工智能实际应用的深入了解，我感受到在当今智能化时代机器人对生活的巨大影响。

在机器人社团中，我曾担任队长，带领队伍参加由亚洲机器人联盟举办的高中生 VEXEDR2018 赛季的机器人锦标赛。比赛的规则是将大大小小的标志物搬运到指定的得分区内，如图 1 所示。

图 1　VEXEDR2018 赛季主题 Inthezone

看到一个个机器人搬运着物品飞驰在赛场上，我联想到：能否将这种智能化取放物品的功能应用于实际，做一个灵巧敏捷的搬运机器人呢？

经过资料查阅，我发现搬运机器人大规模用于工业化的生产流水线（图

2）和物流行业（图3），但它们都是按照固定的程序运行，缺乏智能，并且用于搬运固定的物品、运行固定的线路，功能十分单一。

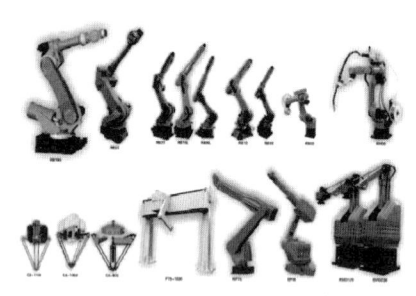

图 2　流水线工业机器人

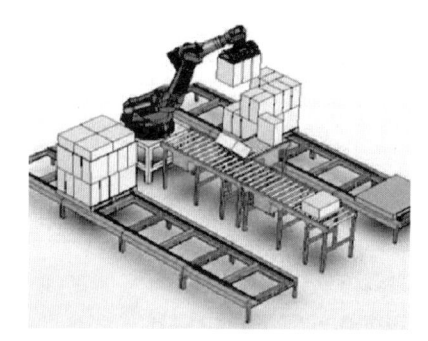

图 3　物流搬运机器人

同时我了解到，我国和世界许多国家都正在面临老龄化问题，行动不便造成的意外伤害和二次伤害使老年人安全成为老龄化问题的焦点。我于是决定将搬运机器人项目的应用领域创新性地指向民用化、家庭化的助老型智能取放物品机器人。让老年人在操作界面上点击物品，机器人便可走到相应位置给老人取来物品。这样便使庞大笨重的物流搬运机器人走下流水线，使灵敏快速的竞技搬运机器人走下赛场，都应用于实际生活，服务于老年人、残疾人等需要照顾的特殊群体。由此我确定了这一选题。

项目的意义及创新点

（1）利用触摸式平板电脑作为操作平台，通过触摸屏点击确认物品，操作简单快捷。

（2）用户可移动用户端摄像头，获取更大视野以锁定更大范围内的目标物品。

（3）室内任何物品只要进入摄像头的视野范围，都会被立即锁定为目标物品，供用户在摄像头拍摄到的画面内选择，直观高效。

（4）两个全景纵深摄像头交互，实时确定多个物品三维坐标变化，即便物体发生移动，机械臂仍可跟随抓取。

（5）机器人将物品相对位置坐标并转换成机器人轨迹，随即生成电动机控制程序，机器人行走至坐标(x, y)，夹起目标物品后按原轨迹返回。程序控制精准，技术含量较高。

（6）服务于老年人、残疾人等特殊群体。

（7）目前无同类机器人，创新性较强。

项目效果图

初期方案一：基于光轴滑轨的桌面取物平台（图4）

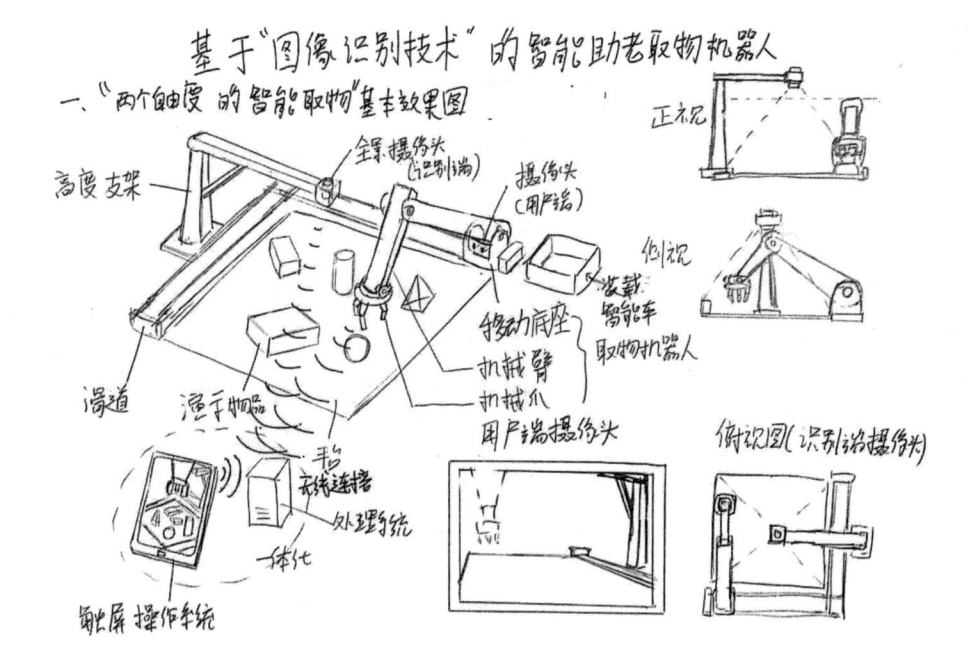

图4

后期方案二：基于室内自动导航程序的四轮移动机器人（图5）

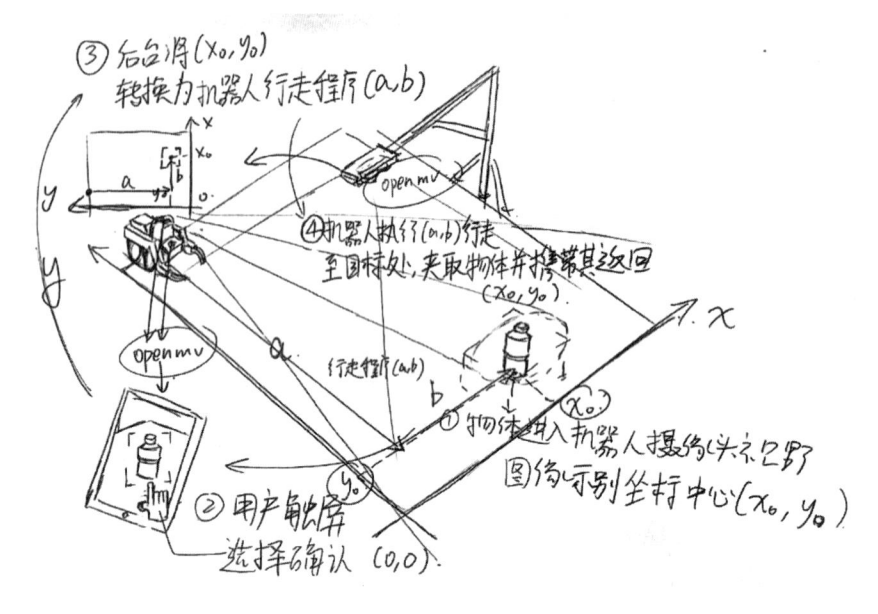

图 5

同类项目的调查

（1）智能机器人自动购物取物系统及方法——广西南宁推特信息技术有限公司发明专利。

【专利摘要】本发明提供一种智能机器人自动前往物流服务终端购物及取物方案，包括智能服务机器人、物流服务终端，所述智能服务机器人由控制系统、定位巡航系统、无线通信系统、支付系统、动力系统、取物系统、储物系统组成，所述物流服务终端由包括控制系统、无线通信系统、物品管理系统、物品取出机械装置、支付系统组成。智能服务机器人与物流服务终端通过无线通信系统进行通信互动，智能机器人根据用户需要，自动定位巡航前往物流服务终端，可进行支付，取回指定物品后返回。

【专利说明】智能机器人自动购物取物系统及方法。

【技术领域】本发明技术方案属于智能电子产品领域，是一种智能机器人装置，提供一种智能机器人自动前往物流服务终端购物及取物方案。

【背景技术】当前国内出现的智能机器人产品主要完成单一的任务，例如打扫、洗碗、导购、游戏等，不能代替用户外出执行任务。本发明提供一种智能机器人自动前往物流服务终端购物及取物方案，智能机器人根据用户需要，自动定位巡航前往物流服务终端，可进行支付，取回指定物品后返回。

（2）基于单片机智能取物机器人的设计——《计算机光盘软件与应用》2015年第2期（周浩、沙志豪、王陈晨、张洪、蒲秋梅，中央民族大学）。

【项目摘要】项目采用STC89C52单片机作为控制核心，同时搭载了机械手臂、超声波和四驱车等模块。本项目主要利用超声波测量机器人与物体的实际距离，经过单片机计算和控制由5个舵机搭建的机械手臂，灵活判断物体位置，实现自主取物的功能。

图像识别技术的研究

一、定义与概述

图像识别技术（Image Recognition Technology）是人工智能的一个重要领域。它是指对图像进行识别，进而识别各种不同模式的目标和对象的技术。

图像识别技术是以图像的主要特征为基础的。每个图像都有它的特征，如字母A有个尖，字母P有个圈，而字母Y的中心有个锐角等。对图像识别时眼动的研究表明，视线总是集中在图像的主要特征上，也就是集中在图像轮廓曲度最大或轮廓方向突然改变的地方，这些地方的信息量最大。眼睛的扫描路线也总是依次从一个特征转到另一个特征。由此可见，在图像识别过程中，知觉机制必须排除输入的多余信息，抽取关键的信息。同时，在大脑里必定有一个负责整合信息的机制，它能把分阶段获得的信息整理成一个完整的知觉映象。图像识别分类和识别方式分类如图6所示。

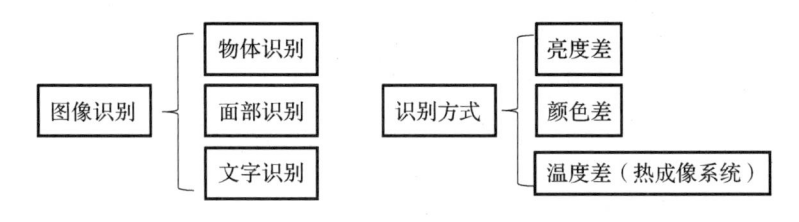

图6

在图像识别系统中，对复杂图像的识别往往要通过不同层次的信息加工才能实现。对于熟悉的图形，由于掌握了它的主要特征，人们就会把它当作一个单元来识别，而不再注意它的细节。这种由孤立的单元材料组成的整体单位叫作组块，每一个组块都是同时被感知的。在文字材料的识别中，人们不仅可以把一个汉字的笔画或偏旁等单元组成一个组块，而且能把经常一起出现的字或词组成组块加以识别。指纹识别示意如图7所示。

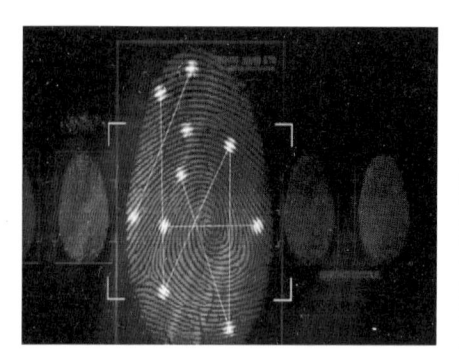

图7

图像识别流程如图8所示。

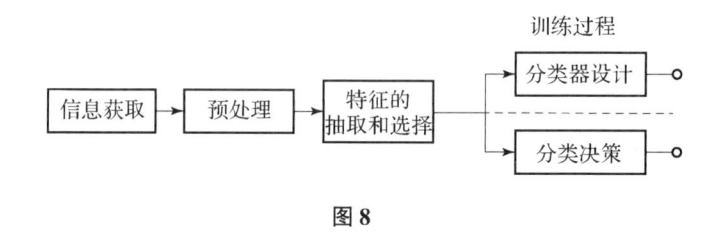

图8

二、图像识别的基本流程

（1）信息的获取：通过传感器，将光或声音等信息转化为电信息。信息可以是二维的图像如文字，图像等；可以是一维的波形如声波、心电图、脑电图；也可以是物理量与逻辑值。

（2）预处理：包括模数转换，二值化，图像的平滑、变换、增强、恢复，滤波等，主要指图像处理。

（3）特征抽取和选择：在模式识别中，需要进行特征的抽取和选择，例如，从一幅64像素×64像素的图像可以得到4 096个数据，通过这种测量空间的原始数据变换获得特征空间最能反映分类本质的特征。这就是特征的提取和选择过程。

（4）分类器设计：分类器设计的主要作用是通过训练确定判决规则，使按此类判决规则分类时错误率最低。

（5）分类决策：在特征空间中对被识别对象进行分类。

三、图像识别技术的实际应用

图像识别技术是立体视觉、运动分析、数据融合等实用技术的基础，在导航、地图与地形配准、自然资源分析、天气预报、环境监测、生理病变研究等许多领域具有重要的应用价值。

（1）遥感图像领域的应用：航空遥感和卫星遥感通常用图像识别技术对图像进行加工以便提取有用的信息。该技术目前主要用于地形地质探查，森林、水利、海洋、农业等资源调查，灾害预测，环境污染监测，气象卫星云图处理以及地面军事目标识别等。

（2）通信领域的应用：包括图像传输、电视电话、电视会议等。

（3）军事、公安刑侦等领域的应用：图像识别技术在军事、公安刑侦等领域的应用很广泛，例如军事目标侦察、制导和警戒系统；自动灭火器的控制及反伪装；公安部门的现场照片、指纹、手迹、印章、人像等的处理和辨识；历史文字和图片档案的修复和管理等（图9、图10）。

图 9

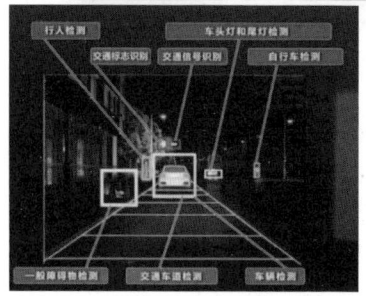

图 10

（4）生物医学领域的应用：图像识别技术在生物医学领域的应用非常广泛，它具有直观、无创伤、安全方便等特点。在临床诊断和病理研究中广泛借助图像识别技术，例如 CT（Computed Tomography）技术等。

（5）机器视觉领域的应用：作为智能机器人的重要感觉器官，机器视觉主要进行 3D 图像的理解和识别，该技术也是目前研究的热门课题之一。图像识别技术在机器视觉的应用领域也十分广泛，例如用于军事侦察机器人、危险环境的自主机器人，邮政、医院和家庭服务的智能机器人。此外机器视觉还可用于工业生产中的工件识别和定位、太空机器人的自动操作等。

项目设计制作：硬件部分

前期方案一：基于光轴滑轨的桌面取物平台

（机械臂的结构及原理）

一、控制主板：工业主板

工业主板是应用于工业场合的控制主板，被工业计算机所采用，它根据需求可以适应宽温环境，可以适应恶劣环境，可以长时间高负荷工作等。

接口设计：工业主板由于使用场合特殊，所以设计接口会根据使用场合定制或堆砌大量标准接口以适应各种使用场合。常见接口有串口、USB、LAN、LPT 等。为了适应环境，工业主板一般都带有防浪涌冲击、防静电等设计。扩展接口有 PC104 家族、PCI-E 家族、PCI 家族等，配合工业母板，底板支持多个扩展，同时带多种显示功能如 VGA、LVDS、HDMI、DVI 接口等。

工业主板调用接口 1~10 的定义程序示例如下。

```
#define PORT_1  (0x01)
#define PORT_2  (0x02)
#define PORT_3  (0x03)
#define PORT_4  (0x04)
#define PORT_5  (0x05)
#define PORT_6  (0x06)
#define PORT_7  (0x07)
#define PORT_8  (0x08)
#define PORT_9  (0x09)
#define PORT_10 (0x0a)
```

工业主板如图 11 所示。

各个部件用到的相关控制面板如图 12 所示。

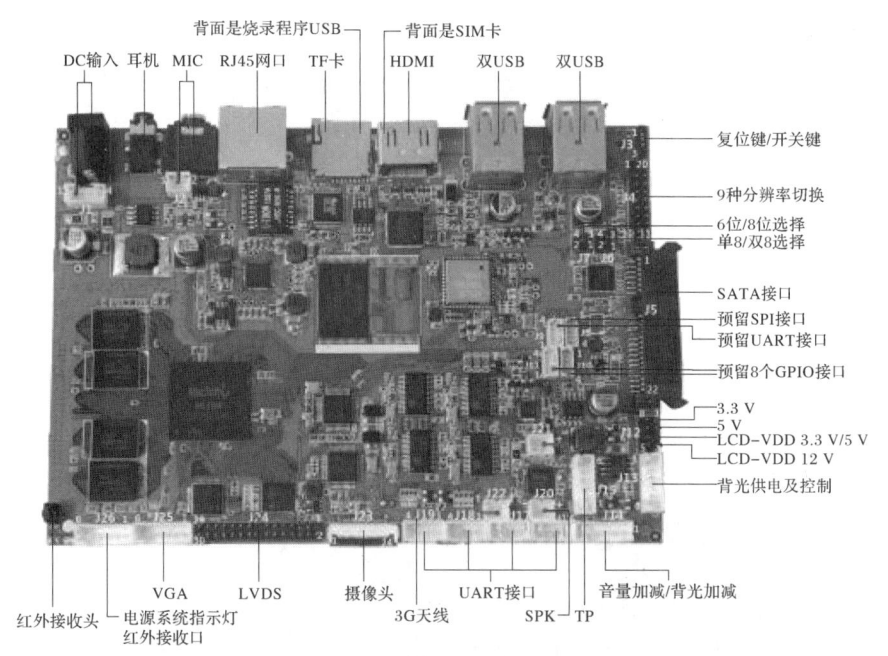

附录 北京市第二中学科技创新案例 | 249

图 11

机械臂的控制单元模块　　　　Arduino 工业主板

OpenMV 摄像头控制模块　　　　电源模块

图 12

二、3自由度舵机连杆机械臂

我选择了一种3自由度舵机连杆机械臂作为取物机器人的主体结构。采用伺服舵机驱动，由工业主板控制。如图13所示，机器人的4个连杆活动关节中，每个关节由一组轴承和一个伺服舵机组成，为机器人提供3个自由度的运动。

图13

串口接收来自工业主板的运动指令，并将其转换成伺服舵机的运动控制脉冲，输出并驱动伺服舵机，实现了机械臂各关节的运动控制。3自由度舵机连杆机械臂3D模型及零件缩略图如图14所示，相关草图如图15所示。

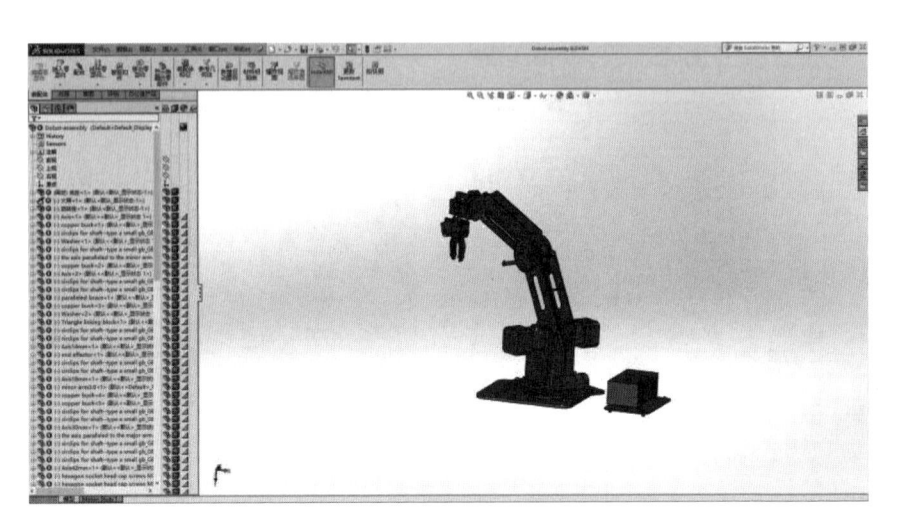

图14

图 14（续）

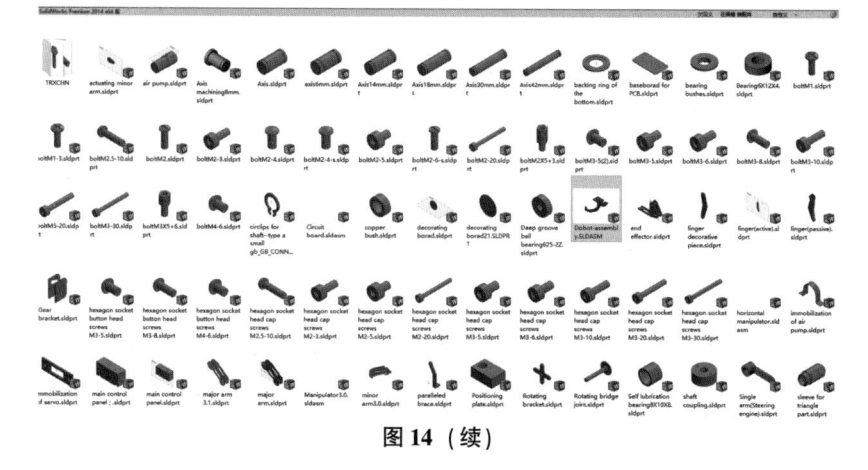

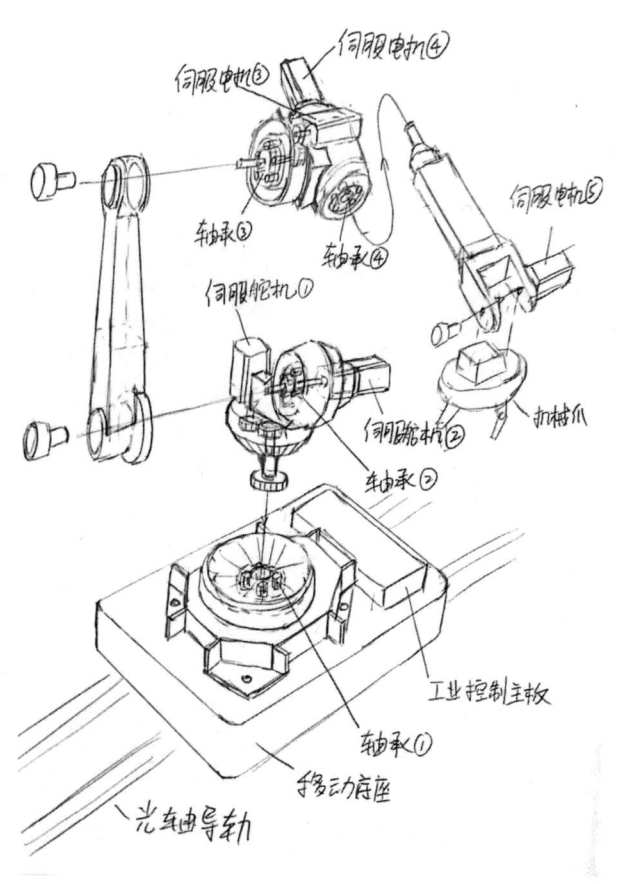

图 15

三、机械爪的结构及控制

在设计机械爪的过程中，由于夹取对象的形状特点各异，所以我选择了传统的工业机械爪。我借鉴了以前在机器人社团学习的经验，同样利用伺服舵机设定两个限位，驱动齿轮使其带动机械连杆运动，实现了机械爪的开合（图16）。

图 16

另外我还在机械爪连杆的末尾触点处添加了弹簧垫，起到缓冲作用，为后期软件程序对开合角度的限定编译提供了便利。

我在机器人社团中制作的可夹拾小球的机器人如图 17 所示。本项目的机械爪如图 18 所示。

图 17

图 18

四、伺服电动机实现闭环程序控制

1. 闭环控制

闭环控制系统结构如图 19 所示。

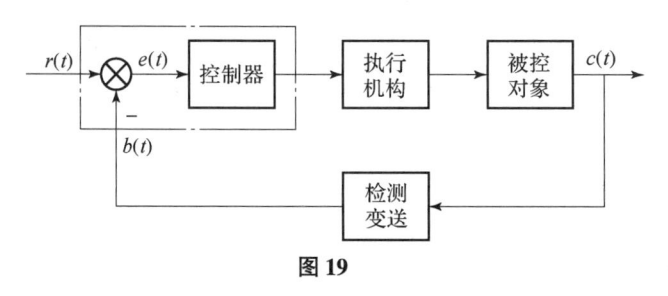

图 19

闭环控制系统也叫作反馈控制系统，它将输出量的测量值与所期望的给定值比较，由此产生一个偏差信号，利用此偏差信号进行调节控制，使输出值尽量接近期望值（图 20）。

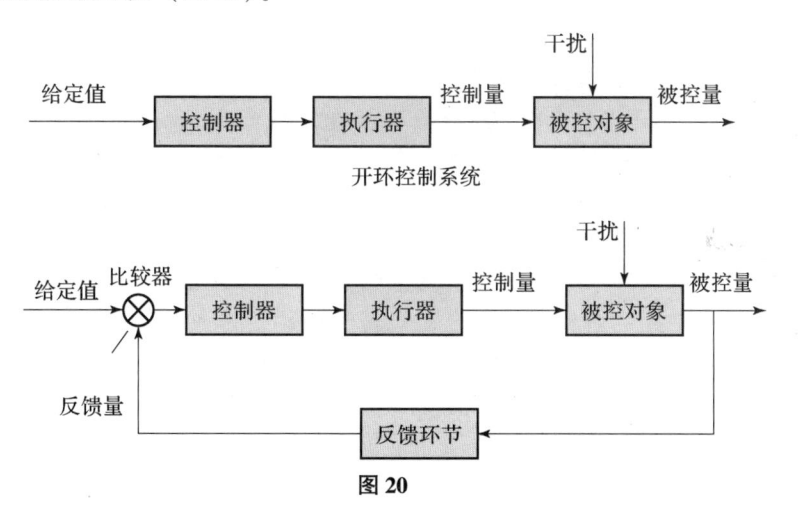

图 20

闭环控制的反馈环节，通过反馈系统使系统的精确度提高、响应时间缩短，适用于对系统的响应时间、稳定性要求较高的系统。

在闭环控制系统中，不论是输入信号的变化还是干扰的影响，或者系统内部参数的改变，只要被控量偏离了规定值，都会产生相应的作用去消除偏差。因此，闭环控制系统抑制干扰能力强。与开环控制系统相比，闭环控制系统对参数变化不敏感，可以选用不太精密的元件进行较为精密的控制，获得满意的动态特性和控制精度。

2. 伺服系统

伺服系统是使物体的位置、方向、状态等输出被控量能够跟随输入目标

（或给定值）任意变化的自动控制系统。

伺服系统主要靠脉冲定位，基本上可以这样理解：伺服电动机接收到1个脉冲，就会旋转1个脉冲对应的角度，从而实现位移，因为伺服电动机本身具备发出脉冲的功能，所以伺服电动机每旋转一个角度，都会发出对应数量的脉冲，这与伺服电动机接受的脉冲形成了呼应（或者叫作闭环），系统就会知道发了多少脉冲给伺服电动机，同时又收回了多少脉冲，这样就能够很精确地控制电动机的转动，从而实现精确的定位，定位精度可以达到0.001 mm。

3. 伺服电机

伺服电机是指在伺服系统中控制机械元件运转的发动机，是一种间接变速装置（图21）。

图21

伺服电动机可使控制速度，位置精度非常高，可以将电压信号转化为转矩和转速以驱动控制对象。伺服电动机转子转速受输入信号控制，并能快速反应，在自动控制系统中用作执行元件，且具有机电时间常数小、线性度高、始动电压等特性，可把所收到的电信号转换成电动机轴上的角位移或角速度输出。伺服电动机分为直流和交流两大类，其主要特点是，当信号电压为零时无自转现象，转速随着转矩的增加而匀速减小。

4. 步进电动机及直线光轴轨道

1）步进电动机的使用

步进电动机（图22）是将电脉冲信号转变为角位移或线位移的开环控制电动机，是现代数字程序控制系统中的主要执行元件，应用极为广泛。在非超载的情况下，步进电动机的转速、停止的位置只取决于脉冲信号的频率和脉冲数，而不受负载变化的影响。当步进驱动器接收到一个脉冲信号时，它就驱动步进

图22

电动机按设定的方向转动一个固定的角度，称为"步距角"，它的旋转是以固定的角度逐步进行的。可以通过控制脉冲个数控制角位移量，从而达到准确定位的目的；同时，可以通过控制脉冲频率来控制步进电动机转动的速度和加速度，从而达到调速的目的。

2）直线光轴导轨

直线光轴导轨是1932年法国专利局公布的一项专利。经过几十年的发展，直线光轴导轨已经成为国际通用的一种支承及传动装置，越来越多地被数控机床、数控加工中心、精密电子机械、自动化设备所采用，在工业生产中得到广泛的应用（图23）。

图23

直线光轴导轨一般由导轨、滑块、反向器、滚动体和保持器等组成（图24），它是一种新型的作相对往复直线运动的滚动支承，能以滑块和导轨间的钢球滚动来代替直接的滑动接触，并且滚动体可以借助反向器在滚道和滑块内实现无限循环，具有结构简单、动/静摩擦系数小、定位精度高、精度保持性好等优点。直线光轴导轨又称为精密滚动直线导轨副、滑轨、线性导轨、线性滑轨、滚动导轨，用于需要精确控制工作台行走平行度的直线往复运动场合，拥有比直线轴承更大的额定负载，同时可以承担一定的扭矩，可在高负载的情况下实现高精度的直线运动。按照摩擦性质，直线光轴导轨可以分为滑动摩擦导轨、滚动摩擦导轨、弹性摩擦导轨、流体摩擦导轨等。

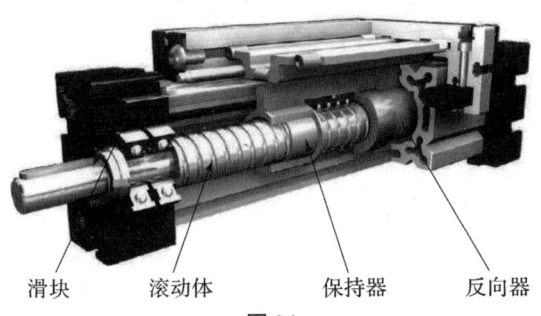

滑块　滚动体　保持器　反向器

图24

本项目采用的伺服电动机如图 25 所示。伺服电动机归位传感器如图 26 所示。

图 25

图 26

五、前期方案一存在的问题和局限性

在前期方案一实现后，结合专家提出的改进建议，我与老师就前期方案一的问题与局限性展开了讨论。主要问题和局限性如下。

1. 结构力矩不足

在前期机械臂的设计中，为了使机械臂自由度更多、运动更灵活，我采用了多个舵机直接连接的机械结构。将每个舵机的旋转轴后置于底座一侧安装，并且与底座转轴直接连接，导致每个舵机带动的机械关节均为费力杠杆，严重影响了夹取质量。

在后期方案二的改进中我将尝试利用传动结构将舵机与连杆间接连接，并增大驱动端的扭矩。

2. 取物范围较小

前期方案一将机械臂的移动限定在一维的光轴导轨上，在一定程度上缩小了夹取范围，使其仅限于桌面上的物品。然而，行动不便的老年人在室内可能需要各种各样的物品，因此用导轨和机械臂伸长的范围去覆盖室内面积很不现实，并且成本过高。我考虑将导轨和机械臂的两段位移均用机器人的底盘移动取代，使其在程序控制的条件下轻松到达室内的各个角落，夹取范围也就扩大至整个视觉摄像头的视野范围内。由此确立了后期方案二：基于室内自动导航程序的四轮移动机器人。

后期方案二：基于室内自动导航程序的四轮移动机器人

一、陀螺仪保持精确恒定方向

在一定的初始条件和一定的外在力矩作用下，陀螺会在不停自转的同时，环绕着另一个固定的转轴不停地旋转，这就是陀螺的旋进（precession），又称为回转效应（gyroscopic effect）（图27）。

当陀螺仪通过程序控制驱动电动机时，如果外界因素造成电动机差速使底盘偏离直线轨道，陀螺仪就会检测出偏移并驱动该侧的电动机进行变速（加速），从而使机器人保持笔直的行进路线。

二、电动机编码器和角度编码器精准控制

编码器（encoder）是将信号或数据进行编制、转换为可用以通信、传输和存储的信号形式的设备（图28）。编码器把角位移或直线位移转换成电信号，再把这个电信号转变成计数脉冲，用脉冲的个数表示位移的大小。

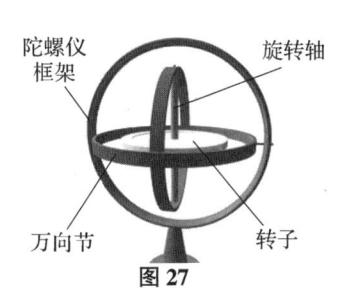

图27

图28

利用编码器的该特性控制电动机，使它的行进量和转向角度都极为可控，从而使机器人可以极其准确地到达物品坐标处并获取物品。

三、机械夹的改进与底盘整体装配

针对前期方案一出现的结构问题，由于机器人底盘可以借助陀螺仪和编码器移动至物品坐标最近处，并且基于运动参数程序的控制，可以保证每次机器人正面的朝向与物品相对位置和方向固定，所以没有必要再使机器人伸出机械臂进行夹取。因此，我在机器人底盘装配中用机械夹替换了机械臂，如图29所示。

五、机械爪的设计：强化了软件程序力度判断

在机械爪的设计组装中，程序是依据物品坐标矩形大小判定物品大小，从而计算出舵机夹持角度的。考虑到夹取物品的形状和硬度多样性对夹持平稳度造成的干扰，我在机械夹弧形末端添加了一组由弹簧和橡胶片组成的

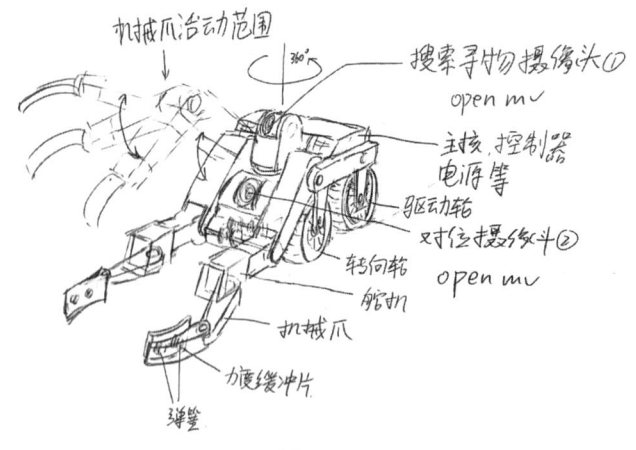

图 29

"缓冲板",使得在程序输入的夹持角度不变时,硬件(也就是机械爪缓冲板)能对各种条件下夹取物品的不稳定因素进行自主更正,弥补了软件程序力度判断失误的不足。

最后,我将机械爪与舵机通过一组大带小齿轮组间接连接,弥补了前期方案一中扭矩不够的问题。最终再将此机构与视觉摄像头、主板、陀螺仪、编码器电动机组和电源模块装配在底盘上,完成了后期方案二硬件部分的装配。

已装配驱动模块的底盘侧视图如图 30 所示,其正视图如图 31 所示。

图 30 　　　　　　　　　　图 31

软件部分

一、OpenMV 机器视觉摄像头及图像识别程序

1. OpenMV 视觉摄像头

OpenMV 是一个开源、低成本、功能强大的机器视觉模块。它以 STM32F427 CPU 为核心,集成了 OV7725 摄像头芯片,在小巧的硬件模块上,用 C 语言高效地实现了核心机器视觉算法,提供 Python 编程接口(图 32)。用户可以通过

Python 语言使用 OpenMV 提供的机器视觉功能，为自己的产品和发明增加有特色的竞争力。

图 32

2. Python 语言

Python 语言是一种面向对象的解释型计算机程序设计语言，由荷兰人 Guido van Rossum 于 1989 年发明，是纯粹的自由软件，语法简洁清晰，特色之一是强制用空白符（whitespace）作为语句缩进。

Python 具有丰富和强大的库。它常被昵称为"胶水语言"，因为能够把用其他语言（尤其是 C/C++）制作的各种模块很轻松地连接在一起。

3. OpenMV 利用 Python 语言进行图像颜色识别的操作界面

操作界面如图 33～图 35 所示。

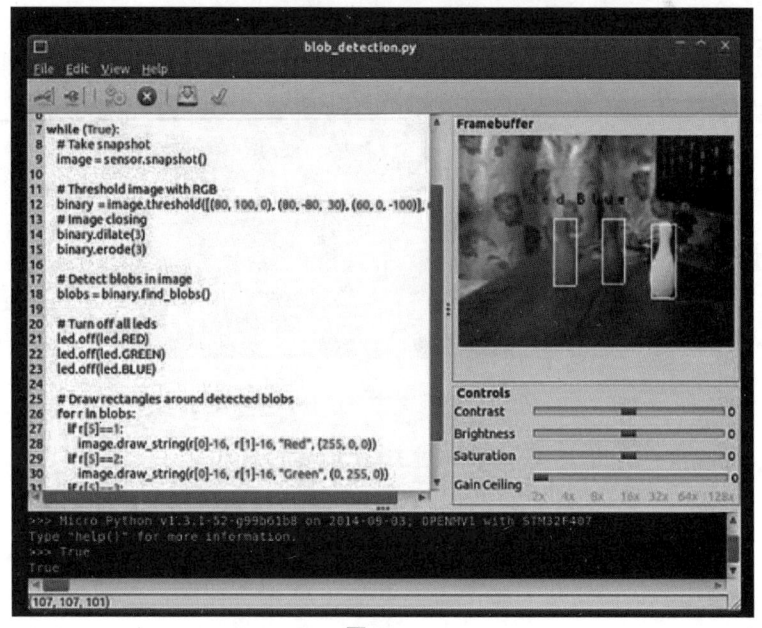

图 33

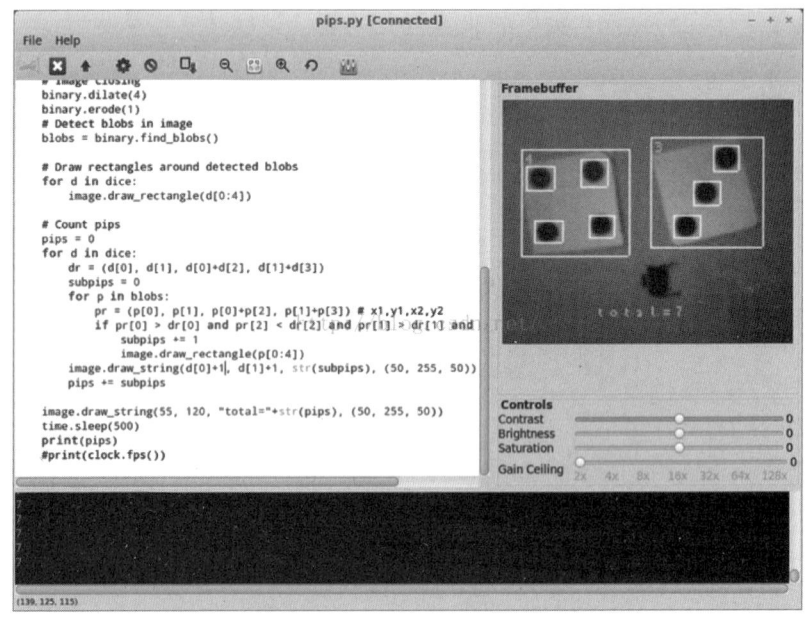

图 34

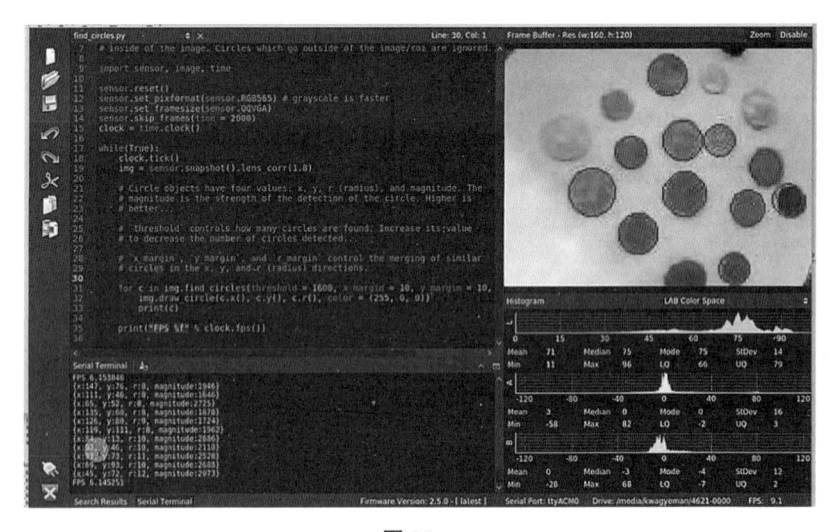

图 35

4. OpenMV 利用 Python 语言进行图像颜色识别

OpenMV 上的机器视觉算法包括寻找色块、人脸检测、眼球跟踪、边缘检测、标志跟踪等,可以用来实现非法入侵检测、残次品筛选、固定的标记物跟踪等。使用者仅需要写一些简单的 Python 代码,即可轻松地完成各种机器视觉相关的任务。小巧的设计使 OpenMV 可以用在很多创意产品上。例如,可以给机器人提供周边环境感知能力；给智能车增加视觉巡线功能；给智能玩具增加人脸识别功能，提高产品趣味性等；甚至，可以给工厂产品线增加残次品筛选功能等。

OpenMV 采用的 STM32F427 CPU 拥有丰富的硬件资源，引出 UART、I2C、SPI、PWM、ADC、DAC 以及 GPIO 等接口以方便扩展外围功能。

我在学习利用 OpenMV 通过 Python 语言进行图像颜色识别的程序原理照片如图 36 所示。

图 36

5. 利用 OpenMV 通过 Python 语言进行图像颜色识别的底层程序代码如下。

```
# -*- coding:utf-8 -*-

import colorsys

def get_dominant_color(image):

    #颜色模式转换,以便输出 RGB 颜色值
    image = image.convert('RGBA')

    #生成缩略图,减小计算量,减小 CPU 压力
    image.thumbnail((200,200))

    max_score = None
    dominant_color = None

    for count,(r,g,b,a) in image.getcolors(image.size[0] * image.size[1]):
        #跳过纯黑色
        if a == 0:
            continue
```

```
saturation = colorsys.rgb_to_hsv(r/255.0,g/255.0,b/255.0)[1]

y = min(abs(r*2104 + g*4130 + b*802 + 4096 + 131072) >> 13,235)

y = (y - 16.0)/(235 - 16)

#忽略高亮色
if y > 0.9:
    continue

#Calculate the score,preferring highly saturated colors.
#Add 0.1 to the saturation so we don't completely ignore grayscale
#colors by multiplying the count by zero,but still give them a low
#weight.
score = (saturation + 0.1) * count

if score > max_score:
    max_score = score
    dominant_color = (r,g,b)

    return dominant_color

if __name__ == "__main__":
    from PIL import Image
    importos

    path = r'.\\pics\\'
    fp = open('file_color.txt','w')
    for filename in os.listdir(path):
        print path + filename
        try:
            color = get_dominant_color(Image.open(path + filename))
            fp.write('The color of' + filename + 'is' + str(color) + '\n')
        except:
            print "This file format is not support"
    fp.close()
```

6. 利用 LAB（颜色模型）机械颜色视觉测定和编译颜色程序

LAB 基于人对颜色的感觉。LAB 中的数值描述正常视力的人能够看到的所有颜色（图37）。因为 LAB 描述的是颜色的显示方式，而不是设备（如显示器、桌面打印机或数码相机）生成颜色所需的特定色料的数量，所

图37

以 LAB 被视为与设备无关的颜色模型。颜色色彩管理系统使用 LAB 作为色标,以将颜色从一个色彩空间转换到另一个色彩空间。

LAB 由亮度 L 和有关色彩的 A,B 三个要素组成。L 表示亮度(Luminosity),A 表示从洋红色至绿色的范围,B 表示从黄色至蓝色的范围。

以下程序中(Lmax, Lmin, Amax, Amin, Bmax, Bmin)就是 LAB 对于一种颜色的区间定义程序。括号里面的数值分别是 LAB 的最大值和最小值,LAB 的值可以在画面图像中测定(图 38)。

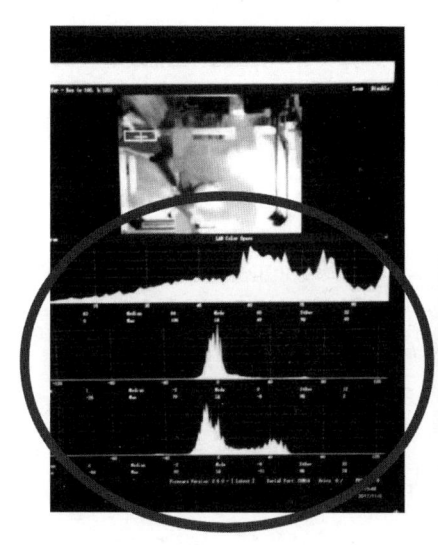

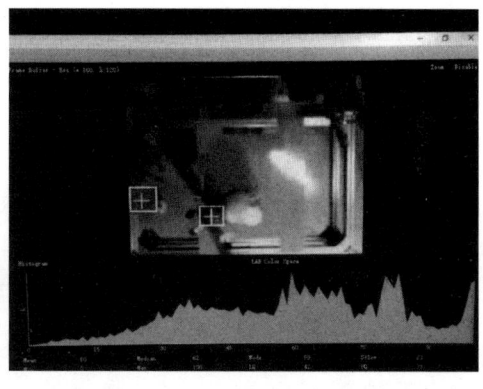

图 38

图 38 中左侧图像下方 3 个坐标为实时监测范围内的 LAB 数值,当监测范围选中某种颜色时,颜色区间的 6 个坐标就会显示出来。将该区间坐标编入程序库,在类似颜色进入时,便可以与底层程序联动,完成对该颜色的识别。

颜色识别坐标程序库以及调节程序如下。

```
#色块监测例子
#
#这个例子展示了如何通过find_blobs()函数来查找图像中的色块
#这个例子查找的颜色是深绿色

import sensor,image,time

#颜色追踪的例子,一定要控制环境的光,保持光线是稳定的
green_threshold   =(   0,   80,  -70,  -10,   -0,   30)
如果是灰度图,则只需
#设置(min,max)两个数字即可
```

```
sensor.reset()#初始化摄像头
sensor.set_pixformat(sensor.RGB565)#格式为RGB565
sensor.set_framesize(sensor.QQVGA)#使用QQVGA 速度快一些
sensor.skip_frames(10)#跳过10帧,使新设置生效
sensor.set_auto_whitebal(False)
#关闭白平衡。白平衡是默认开启的,在颜色识别中,一定要关闭白平衡
clock = time.clock()#追踪帧率

while(True):
    clock.tick()# Track elapsed milliseconds between snapshots().
    img = sensor.snapshot()#从感光芯片获得一张图像

    blobs = img.find_blobs([green_threshold])
    #find_blobs(thresholds,invert = False,roi = Auto),thresholds 为颜色阈值,
    #是一个元组,需要用括号[ ]括起来。invert = 1,反转颜色阈值,invert = False 默认
    #不反转。roi 设置颜色识别的视野区域,roi 是一个元组,roi = (x,y,w,h),代表
    #从左上顶点(x,y)开始的宽为w,高为h 的矩形区域,若不设置roi 则默认为整个图像视野。
    #这个函数返回一个列表,[0]代表识别到的目标颜色区域左上顶点的x 坐标,[1]代表
    #左上顶点y 坐标,[2]代表目标区域的宽,[3]代表目标区域的高,[4]代表目标
    #区域像素点的个数,[5]代表目标区域的中心点x 坐标,[6]代表目标区域中心点y 坐标,
    #[7]代表目标颜色区域的旋转角度(是弧度值,浮点型,列表中其他元素是整型),
    #[8]代表与此目标区域交叉的目标个数,[9]代表颜色的编号(它可以用来分辨这个
    #区域是用哪个颜色阈值threshold 识别出来的)
    if blobs:
    #如果找到了目标颜色
        for b in blobs:
        #迭代找到的目标颜色区域
            #Draw a rect around the blob.
            img.draw_rectangle(b[0:4])# rect
            #用矩形标记出目标颜色区域
            img.draw_cross(b[5],b[6])# cx,cy
            #在目标颜色区域的中心画十字形标记

    print(clock.fps())#注意:OpenMV 连到计算机后帧率大概为原来的一半
```

二、物品坐标与机器人运动参数的转化程序

Arduino 是一款便捷灵活、方便上手的开源电子原型平台。它能通过各种

各样的传感器来感知环境，通过控制灯光、电动机和其他装置来反馈、影响环境。板子上的微控制器可以通过 Arduino 的编程语言来编写程序，编译成二进制文件，烧录进微控制器（图 39）。

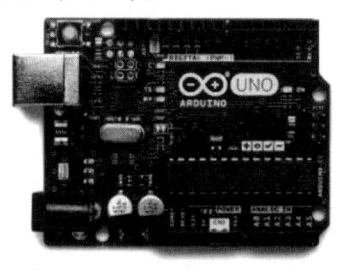

图 39

下面介绍将物品位置坐标转化为机器人底盘运动参数（a，b）的控制程序代码。

机器人在 X 方向上不断以 Motor Control（qian，120，qian，120）的功率行进，并用 S 接口数值与物品 Y 方向的坐标进行比对，直到 Y 方向的坐标与目标物品坐标相同后停止。随后以 Motor Control（qian，120，qian，200）功率转向，再以 Motor Control（qian，120，qian，120）功率前进至坐标 Y 处。具体如图 40 所示。

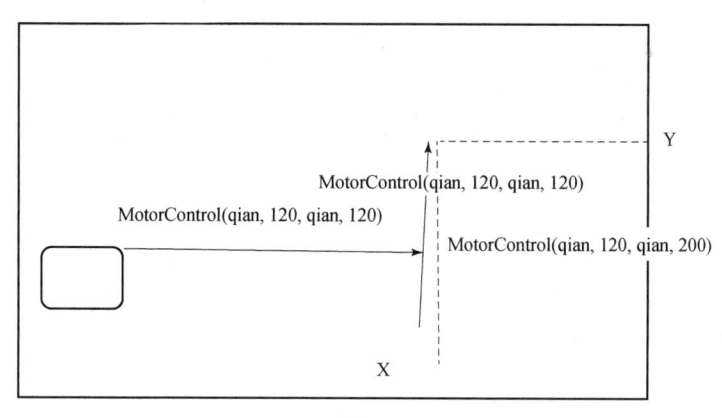

图 40

具体代码如下。

```
#include <PS2X_TRX.h>
/*
#define PS2_DAT 14
#define PS2_CMD 15
#define PS2_SEL 16
#define PS2_CLK 17
```

```c
#define pressures   false
#define rumble    false
PS2X ps2x;
*/
int error = 0;
byte type = 0;
byte vibrate = 0;
//int lcount = 0;
//int rcount = 0;
#define S0PIN 0
#define S1PIN 1
#define S2PIN 2
#define S3PIN 3
#define S4PIN 4
#define S5PIN 5
#define S6PIN 6
#define S7PIN 7
#define S8PIN 8
#define S9PIN 9
#define S10PIN 14
#define S11PIN 15
#define S12PIN 16
#define S13PIN 17
#define S14PIN 18
#define S15PIN 19

#define S0 digitalRead(S0PIN)
#define S1 digitalRead(S1PIN)
#define S2 digitalRead(S2PIN)
#define S3 digitalRead(S3PIN)
#define S4 digitalRead(S4PIN)
#define S5 digitalRead(S5PIN)
#define S6 digitalRead(S6PIN)
#define S7 digitalRead(S7PIN)
#define S8 digitalRead(S8PIN)
#define S9 digitalRead(S9PIN)
#define S10 digitalRead(S10PIN)
#define S11 digitalRead(S11PIN)
#define S12 digitalRead(S12PIN)
#define S13 digitalRead(S13PIN)
#define S14 digitalRead(S14PIN)
#define S15 digitalRead(S15PIN)
void MotorControl(unsigned char leftdir,unsigned char leftspeed,
unsigned char rightdir,unsigned char rightspeed);

unsigned char rStatus,lStatus;
void setup() //函数初始化
{
```

```
    // delay(100);
    // error = ps2x.config_gamepad(PS2_CLK, PS2_CMD, PS2_SEL, PS2_DAT,
pressures, rumble);
    // type = ps2x.readType();

       pinMode( 13 , OUTPUT);
       pinMode( 11 , OUTPUT);

       pinMode( 12 , OUTPUT);
       pinMode( 10 , OUTPUT);

    Serial.begin(115200);
    pinMode( S0PIN , INPUT_PULLUP); //接口配置
    pinMode( S1PIN , INPUT_PULLUP); //接口配置
    pinMode( S2PIN , INPUT_PULLUP); //接口配置
    pinMode( S3PIN , INPUT_PULLUP); //接口配置
    pinMode( S4PIN , INPUT_PULLUP); //接口配置
    pinMode( S5PIN , INPUT_PULLUP); //接口配置
    pinMode( S6PIN , INPUT_PULLUP); //接口配置
    pinMode( S7PIN , INPUT_PULLUP); //接口配置
    pinMode( S8PIN , INPUT_PULLUP); //接口配置
    pinMode( S9PIN , INPUT_PULLUP); //接口配置
    pinMode( S10PIN , INPUT_PULLUP); //接口配置
    pinMode( S11PIN , INPUT_PULLUP); //接口配置
    pinMode( S12PIN , INPUT_PULLUP); //接口配置
    pinMode( S13PIN , INPUT_PULLUP); //接口配置
    pinMode( S14PIN , INPUT_PULLUP); //接口配置
    pinMode( S15PIN , INPUT_PULLUP); //接口配置

    MotorControl( qian, 100, qian, 100);
    delay(50);

    rStatus = 0;
    lStatus = 0;
}

void loop()
{
#if 0
    if( S5 == 1 )
    {
        Serial.println(0);
        //Serial.print(1);
    }
    else
    {
        Serial.println(1);
    }
```

```
#endif
//-------------------------------------------------------------  //前进
//   if( ( S0 == 1 && S1 == 1 && S2 == 1 && S3 == 1 && S4 == 1 && S11 ==
1 && S12 == 1 && S13 == 1 && S14 == 1 && S15 == 1 && S7 == 0 && S8 == 0 ) &&
( ( ( S5 == 0 && S9 == 0) && ( S6 == 1 || S10 == 1 ) ) || ( S6 == 0 && S9 == 1 &&
S10 == 1 ) ) )   //前进
       if( ( S0 == 1 && S1 == 1 && S2 == 1 && S3 == 1 && S4 == 1 && S5 == 1 &&
S10 == 1 && S11 == 1 && S12 == 1 && S13 == 1 && S14 == 1 && S15 == 1 && S7 ==
0 && S8 == 0 ) && ( S6 == 0 || S9 == 0 ) )   //前进
       {
             MotorControl( qian, 120, qian, 120);
       }
//-------------------------------------------------------------
//   else if(( S0 == 1 && S1 == 1 && S2 == 1 && S8 == 1 && S9 == 1 &&
S5 == 0 && S6 == 0 ) &&(( S3 == 1 && S7 == 0 ) || ( S4 == 0 && S7 == 1 )) ||
( S0 == 1 && S6 == 1 && S7 == 1 && S8 == 1 && S9 == 1 && S3 == 0 && S4 == 0 )
&&(( S1 == 1 && S5 == 0 ) || ( S2 == 0 && S5 == 1 )))   //小右转
       else if(( S0 == 1 && S1 == 1 && S2 == 1 && S8 == 1 && S9 == 1 &&
S5 == 0 && S6 == 0 ) &&(( S3 == 1 && S7 == 0 ) || ( S4 == 0 && S7 == 1 )) || ( S0 =
= 1 && S6 == 1 && S7 == 1 && S8 == 1 && S9 == 1 && S3 == 0 && S4 == 0 ) &&(( S1
== 1 && S5 == 0 ) || ( S2 == 0 && S5 == 1 )))\
             || ( S0 == 1 && S1 == 1 && S2 == 1 && S3 == 1 && S4 == 1 && S9 ==
1 && S10 == 1 && S5 == 0 && S6 == 0 && S7 == 0 && S8 == 0 ) )   //小右转
       {
             MotorControl( qian, 200, qian, 120);
//        while(( S0 == 1 && S1 == 1 && S2 == 1 && S8 == 1 && S9 == 1 &&
S5 == 0 && S6 == 0 ) &&(( S3 == 1 && S7 == 0 ) || ( S4 == 0 && S7 == 1 )))
             {
             }
       }
/*
       else if(( S0 == 1 && S6 == 1 && S7 == 1 && S8 == 1 && S9 == 1 && S3
== 0 && S4 == 0 ) &&(( S1 == 1 && S5 == 0 ) || ( S2 == 0 && S5 == 1 )))     //中
右转
       {
             MotorControl( qian, 200, qian, 100);
//        while(( S0 == 1 && S6 == 1 && S7 == 1 && S8 == 1 && S9 == 1 &&
S3 == 0 && S4 == 0 ) &&(( S1 == 1 && S5 == 0 ) || ( S2 == 0 && S5 == 1 )))
             {
             }
       }
*/
//-------------------------------------------------------------
//else if( ( S6 == 1 && S7 == 1 && S13 == 1 && S14 == 1 && S15 == 1 && S9
== 0 && S10 == 0 ) && ( ( S8 == 0 && S12 == 1 ) || ( S8 == 1 && S11 == 0 ) ) || ( S6
== 1 && S7 == 1 && S8 == 1 && S9 == 1 && S15 == 1 && S11 == 0 && S12 == 0 ) &&
( ( S10 == 0 && S14 == 1 ) || ( S10 == 1 && S13 == 0 ) ) )   //小左转
```

```c
        else if( ( S6 == 1 && S7 == 1 && S13 == 1 && S14 == 1 && S15 == 1 &&
S9 == 0 && S10 == 0 ) && ( ( S8 == 0 && S12 == 1 )||( S8 == 1 && S11 == 0 ) )
||( S6 == 1 && S7 == 1 && S8 == 1 && S9 == 1 && S15 == 1 && S11 == 0 && S12 =
= 0 ) && ( ( S10 == 0 && S14 == 1 )||( S10 == 1 && S13 == 0 ) )\
                    ||( S11 == 1 && S12 == 1 && S13 == 1 && S14 == 1 && S15
== 1 && S5 == 1 && S6 == 1 && S7 == 0 && S8 == 0 && S9 == 0 && S10 == 0 ) )
        //小左转
        {
            MotorControl( qian, 120, qian, 200);
//          while( ( S6 == 1 && S7 == 1 && S13 == 1 && S14 == 1 && S15 == 1 &&
S9 == 0 && S10 == 0 ) && ( ( S8 == 0 && S12 == 1 )||( S8 == 1 && S11 == 0 ) ) )
            {
            }
        }
/*
        else if( ( S6 == 1 && S7 == 1 && S8 == 1 && S9 == 1 && S15 == 1 &&
S11 == 0 && S12 == 0 ) && ( ( S10 == 0 && S14 == 1 )||( S10 == 1 && S13 ==
0 ) ) )    //中左转
        {
            MotorControl( qian, 100, qian, 200);
//          while( ( S6 == 1 && S7 == 1 && S8 == 1 && S9 == 1 && S15 == 1 &&
S11 == 0 && S12 == 0 ) && ( ( S10 == 0 && S14 == 1 )||( S10 == 1 && S13 ==
0 ) ) )
            {
            }
        }
    */
//-----------------------------------------------------------------
        //右转 大
        else if( ( S4 == 1 && S5 == 1 && S6 == 1 && S7 == 1 && S8 == 1 && S9 =
= 1) && (( S1 == 0 && S2 == 0 && S3 == 0 )||( ( S0 == 0 && S3 == 1 ) &&((S1
== 0 && S2 == 0 )||(S1 == 0 && S2 == 1 )||( S1 == 1 && S2 == 1 ))))
        {
        x4: ;
            MotorControl( qian, 240, hou, 120);
            while( ( S4 == 1 && S5 == 1 && S6 == 1 && S7 == 1 && S8 == 1 && S9
== 1) &&( S1 == 0 && S2 == 0 && S3 == 0 )||(( S0 == 0 && S3 == 1 ) &&((S1 =
= 0 && S2 == 0 )||(S1 == 0 && S2 == 1 )||( S1 == 1 && S2 == 1 ))) )
            {
            }
//          MotorControl( hou, 0, qian, 0);

//          if(S1 == 0 && S2 == 0 && S3 == 0 && S4 == 0)//&& S5 == 1 )
            {
//              goto x4;
//              rStatus = 1;
//              lStatus = 0;
            }
```

```
            }
        //左转  大
            else if( ( S6 == 1 && S7 == 1 && S8 == 1 && S9 == 1 && S10 == 1 && S11
== 1) && ( ( S12 == 0 && S13 == 0 && S14 == 0 )||( ( S12 == 1 && S15 == 0)
&&( ( S13 == 0 && S14 == 0)|| ( S13 == 1 && S14 == 0)|| ( S13 == 1 && S14 =
= 1 ) ) ) ) )
            {
        zhd: ;
            //    MotorControl( hou, 100, qian, 240);
                MotorControl( hou, 120, qian, 240);
                while( ( S6 == 1 && S7 == 1 && S8 == 1 && S9 == 1 && S10 == 0 &&
S11 == 0) && ( ( S12 == 0 && S13 == 0 && S14 == 0 )||( ( S12 == 1 && S15 =
= 0) &&( ( S13 == 0 && S14 == 0)|| ( S13 == 1 && S14 == 0)|| ( S13 == 1 &&
S14 == 1 ) ) ) ) )
                {


                }
        //         MotorControl( hou, 0, qian, 0);

        //      if(S15 == 0 && S14 == 0 && S13 == 0 && S12 == 0)//&& S4 == 1)
                {
        //            goto zhd;
                rStatus = 0;
                lStatus = 1;
                }
            }
#if 1
//------------------------------------------------------    //直角右转
#if 0
            else if ( ( ( S0 == 0 && S1 == 0 && S2 == 0 && S3 == 0 && S4 == 0 ) &&
( ( ( S5 == 0 && S6 == 0 && S7 == 0 ) && ( ( S8 == 0 && S9 == 0 )||( S8 == 0 &&
S9 == 1 )|| ( S8 == 1 && S9 == 1 ) ) )||( ( S7 == 1 && S8 == 1 && S9 == 1 ) &&
( ( S5 == 0 && S6 == 0 )|| ( S5 == 0 && S6 == 1 )|| ( S5 == 1 && S6 == 1 ) ) ) ) )\
            ||( S0 == 0 && S1 == 0 && S2 == 0 && S3 == 0 && S4 == 0 && S5 == 0 && S6
== 0 && S7 == 0 && S8 == 0 && S9 == 0 && ( S10 == 0 && S11 == 1 && S12 =
= 1 && S13 == 1 && S14 == 1)||( S10 == 0 && S11 == 0 && S12 == 1 && S13 ==
1 && S14 == 1)|| ( S10 == 0 && S11 == 0 && S12 == 0 && S13 == 1 && S14 == 1)
|| ( S10 == 0 && S11 == 0 && S12 == 0 && S13 == 0&& S14 == 1) ) ) //||
rStatus == 1 )
#endif
            else if ( S1 == 0 && S2 == 0 )
            {
                MotorControl( qian, 100, qian, 100 );
                while( S0 != 1|| S1 != 1|| S2 != 1|| S3 != 1|| S4 != 1|| S5 != 1|| S6 !=
1|| S7 != 1|| S8 != 1|| S9 != 1|| S10 != 1|| S11 != 1|| S12 != 1|| S13 != 1|| S14 !=
1|| S15 != 1 )
                {
//                if(S1 == 1 && (S3 == 0|| S4 == 0))
```

```
//                  }
//                          goto x1;
//                  }
            }
    //      MotorControl( qian, 240, hou, 200);
            MotorControl( qian, 240, hou, 200);
    //      while( S11 == 1 );  //wp
            while( S9 == 1 );  //wp
  x1: ;
                rStatus = 0;
            lStatus = 0;
            }
  #endif

  #if 1
  //-------------------------------------------------- //直角左转
  #if 0
    else if( ( ( S11 == 0 && S12 == 0 && S13 == 0 && S14 == 0 && S15 == 0 )
&& ( ( ( S8 == 0 && S9 == 0 && S10 == 0 ) && ( ( S6 == 0 && S7 == 0 )|| ( S6 =
= 1 && S7 == 0 )|| ( S6 == 1 && S7 == 1 ) ) )|| ( ( S6 == 1 && S7 == 1 && S8 =
= 1 ) && ( ( S9 == 0 && S10 == 0 ) )|| ( S9 == 1 && S10 == 0 ) )|| ( S9 == 1 && S10
== 1 ) ) ) ) ) \
      || ( S15 == 0 && S14 == 0 && S13 == 0 && S12 == 0 && S11 == 0 && S10 ==
0 && S9 == 0 && S8 == 0 && S7 == 0 && S6 == 0 && ( ( S5 == 0 && S4 == 1 && S3
== 1 && S2 == 1 && S1 == 1)|| ( S5 == 0 && S4 == 0 && S3 == 1 && S2 == 1 &&
S1 == 1)|| ( S5 == 0 && S4 == 0 && S3 == 0 && S2 == 1 && S1 == 1)|| ( S5 == 0
&& S4 == 0 && S3 == 0 && S2 == 0&& S1 == 1)) ) ) //|| rStatus == 1 )
  #endif
        else if ( S14 == 0 && S13 == 0 )
        {
            MotorControl( qian, 100, qian, 100);
            while( S0 != 1 || S1 != 1 || S2 != 1 || S3 != 1 || S4 != 1 || S5 != 1 || S6 !=
1 || S7 != 1 || S8 != 1 || S9 != 1 || S10 != 1 || S11 != 1 || S12 != 1 || S13 != 1 || S14 !=
1 || S15 != 1 )
            {
                if((S5 == 0 || S6 == 0) && S8 == 1 )
                {
                    goto x2;
                }
            }
            MotorControl( hou, 200, qian, 240);
    //      while( S3 == 1 );  //wp
    //      while( S4 == 1 );  //wp
            while( S6 == 1 );  //wp
  x2: ;
                rStatus = 0;
            lStatus = 0;
```

```
        }
    #endif
    //-------------------------------------------------- //停止
        else if( ( S0 == 1 && S1 == 1 && S2 == 1 && S3 == 1 && S4 == 1 && S5
== 1 && S6 == 1 && S7 == 1 && S8 == 1 && S9 == 1 && S10 == 1 && S11 == 1 &&
S12 == 1 && S13 == 1 && S14 == 1 && S15 == 1 ))
        {
            MotorControl( qian, 0, qian, 0);

void MotorControl (unsigned char leftdir, unsigned char leftspeed,
unsigned char rightdir,unsigned char rightspeed)
{
    digitalWrite( leftMotorDir , leftdir ); //控制左侧电机    qian
    analogWrite(leftMotor , leftspeed);    //0 ~254

    digitalWrite( rightMotorDir , rightdir ); //控制右电机
    analogWrite(rightMotor ,rightspeed);    //0 ~254
}
```

测试部分：演示操作流程

初期方案一：基于光轴滑轨的桌面取物平台

操作流程如图41所示。

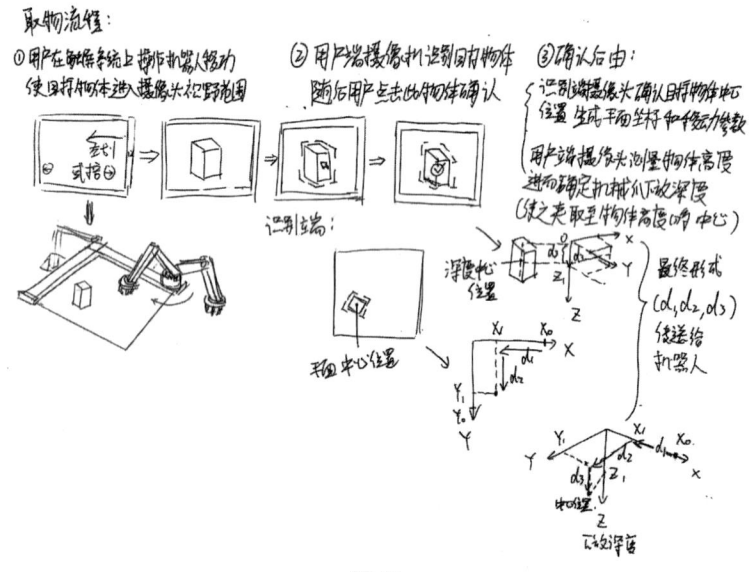

图41

图 41（续）

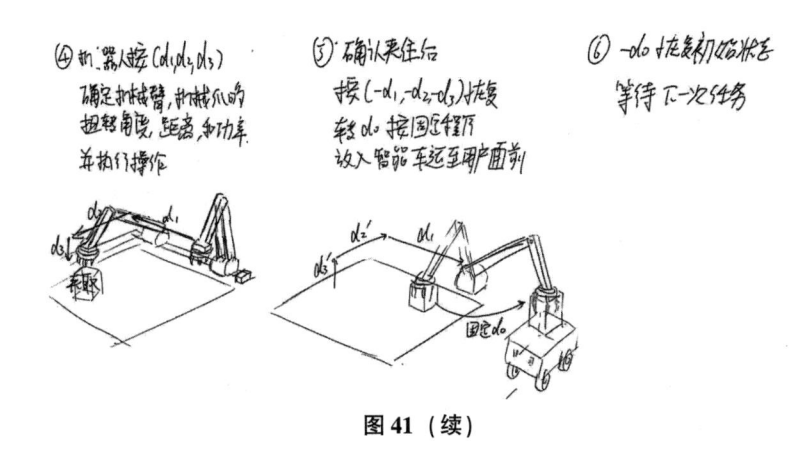

后期方案二：基于室内自动导航程序的四轮移动机器人操作流程如图 42 所示。

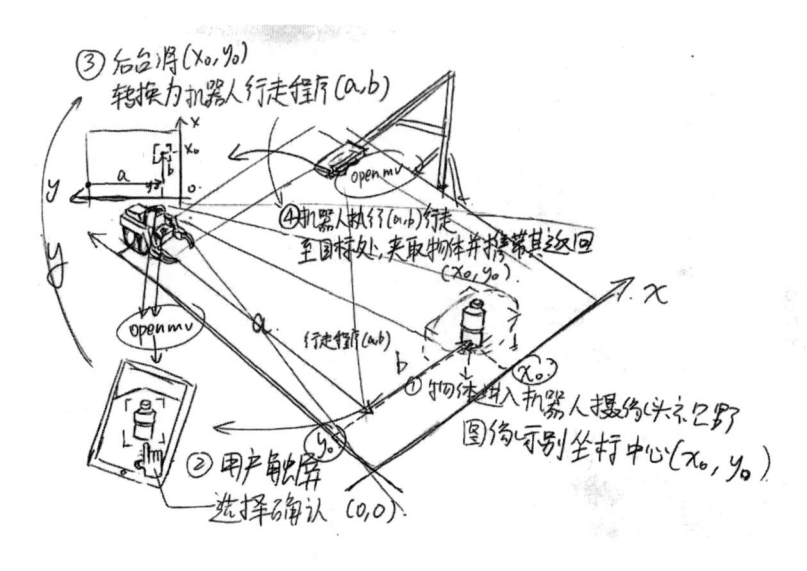

图 42

项目总结与未来展望

经过努力，我最终完成了在室内通过点击屏幕上的物品坐标，远程抓取桌面上物品的创新作品。回首项目研究的过程，一个个困难与问题的出现和解决给了我研究项目的经验，提高了我发现与解决问题的探究能力，更使我在以后的学习生活中拥有不畏艰险、永不言败的科研信念，使我受益匪浅。

针对本项目，以后我仍将在原有功能的基础上不断努力。以下是我对本项目的两点展望。

一、活动范围增大至整个室内各个房间

为了项目便于演示，经过与老师的讨论，我决定缩小活动范围，但毕竟桌面相对于整个室内面积较小，因此将机器人活动范围扩大更有利于展现项目的实际应用效果。

机器人的活动范围扩大后，需要进行如下改动。

（1）室内每个房间（独立空间）内天花板的中心点均需要设置一个"全景识别端"的 OpenMV 视觉纵深摄像头，多个"识别端"摄像头联动，实时确定各个房间内物品的三维坐标位置。在用户确认物品后，多个"识别端"摄像头再次联动，形成室内导航系统，指引机器人移动至相应房间的相应位置夹取物品，再返回用户位置处递交物品。

（2）机器人应具备更大的高度抬升范围和更长的机械行程（即更大的空间伸展面积），来应对高处、狭窄处物品的抓取。

（3）机器人的行走程序必须实时与摄像头室内导航系统进行交互，并具有越障和绕障的程序，并且在意外偏离导航设定的路线后能够自动回到原路线上继续执行取物任务，如图 43 所示。

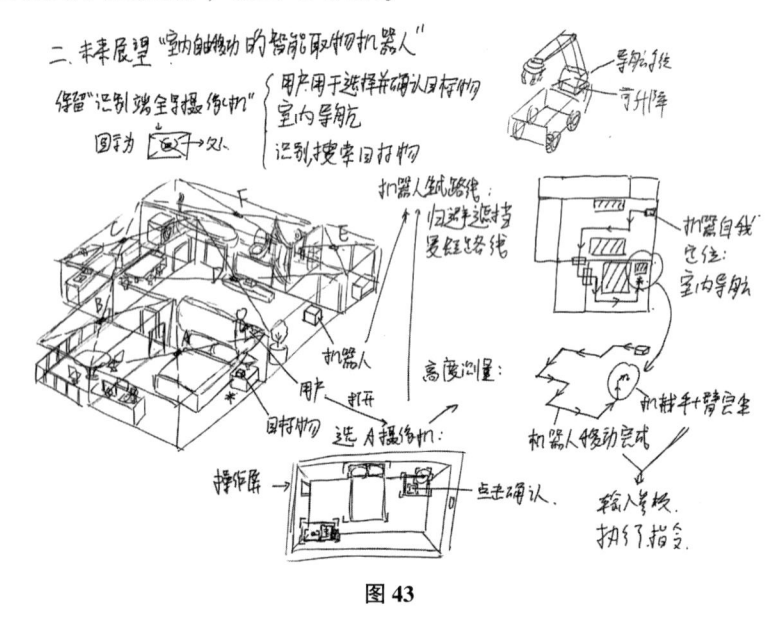

图 43

二、用眼球识别技术替代触摸屏选择

由于部分残疾人和老年人可能存在上肢活动不便的问题，所以我想让操作系统具备识别人眼虹膜的功能，用户通过移动眼球来实现对屏幕上光标移动的控制，用户将视线对准屏幕上的目标物品，光标随即跟随至目标物品。用户眨眼即表示确认信号，虹膜传感器捕捉到虹膜短暂的消失后传送确认信息给主控板，主控板再命令机械臂执行任务，如图44所示。

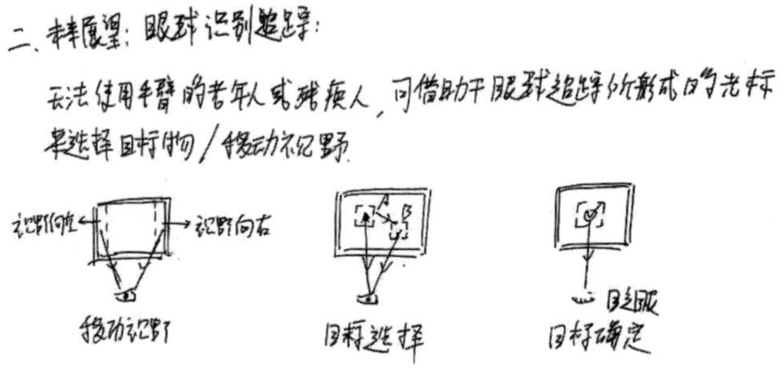

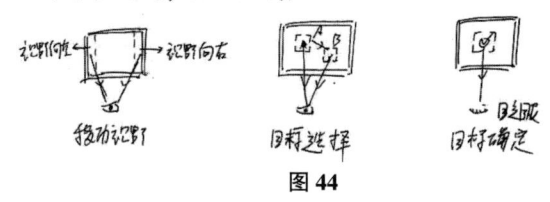

图 44

致谢

感谢北京市第二中学高山老师和清华大学物理系李俊林教授的指导与帮助！

感谢创世捷能机器人团队给予的技术帮助！

感谢家长的支持、鼓励与帮助！

参考文献

[1] 周浩,沙志豪,王陈晨,张洪,蒲秋梅.基于单片机智能取物机器人的设计,中央民族大学,计算机光盘软件与应用,2015年第2期.

[2] 智能机器人自动购物取物系统及方法,广西南宁推特信息技术有限公司发明专利论文.

[3] 张猛.三自由度机械臂,哈尔滨工业大学机电工程学院大学生创新训练项目申请书.

[4] 邹璇,李德华.多关节机械臂的坐标模型和参数标定,华中科技大学图像识别与人工智能研究所图像信息处理与智能控制教育部重点实验室 430074.

[5] https://openmv.io/相关网页.

[6] http://www.openmv.net.cn/相关网页.

附录4　国家知识产权局授予实用新型专利

一种新型电子鼻的实践研究
项目研究报告（2017年4月25日）

北京市第二中学　刘海东

摘要

在这个科技高速发展的时代，机器人与人工智能已成为新的时代主题，其中机器人的发展趋势越来越倾向于类生物化。作为"生物"，嗅觉这个与视觉、听觉对生物一样重要的信息交互渠道便是未来的机器人应具有的功能之一。然而，现在对于电子鼻的研究普遍停留在对气体种类的判别上，生物鼻只具备识味功能，并不具备寻找气味源的能力，在功能上有很大的缺失。因此，我想研究一种可以准确判断并寻找气味源的新型电子鼻。

通过开发调研和查阅资料，我发现机器人气味源定位系统有着广泛的应用范围与需求，无论是危险气体泄漏的紧急处理与源头调查，还是类人机器人的嗅觉功能，抑或嗅觉失灵患者的治疗，都需要一种定位精准的电子鼻。但是，在前人的研究中，具有一定气味源定位能力的电子鼻绝大部分采用螺旋搜索法或8字搜索法，即由2～3个位列于不同方向的传感器采集环境气体浓度数据并互相进行对比，少部分则采用蚁群修正法或建立环境气体浓度模型对气味源进行定位，由于"试错"次数多或者运算量大以及气体浓度普遍分布不均等原因而效率低下，并且准确率较低。

在老师的帮助下，综合了前人的经验以及我的创新想法，我提出了多传感器罗盘滤波差值独立运算方法。首先，不同于前人设计的电子鼻结构，我利用4～8个气体传感器组成气体罗盘，并在气体传感器前后加装引风风道与排风风道，使之可以快速准确地响应环境中的气体浓度。然后，我用一种新的运算逻辑对气体传感器的读数进行逻辑判断，其中各个气体传感器的读数由寻常的互相比较转为独立运算，每个气体传感器以50 ms的间隔连续读取10组数据存入一个数组，然后对每个数组的数据进行滤波处理，再对相邻的两个数据做差，根据差值判断气味源的方向。最后，对电子鼻进行模块化处理，让使用者可以在面对不同待测气体时方便快捷地更换对应的气体传感器。

在设计开发过程中，我针对嗅觉系统特征定义进行构思，提出多种具体的设计方案，并分别对其进行初步的设计、试验与分析。在指导老师的帮助下，我对各种方案进行综合评估，最终确定所选方案，并通过试验验证了原型方案的可行性，从而保证了电子鼻的功能满足设计要求。

关键词

电子鼻、嗅觉系统、气味源定位系统、滤波差值算法、气体传感器

1. 引言

随着化工业的高速发展，涌现出越来越多对生物体有危害的有毒有害气体，并逐渐深入我们的生活，其生产加工到销售应用的各个环节都有发生泄漏的可能性，会造成爆炸、中毒等严重后果，危害着人们的生命与财产安全，甚至造成不可逆转的环境污染。例如著名的印度博帕尔毒气泄漏事故，扩散的氰化物造成了2.5万人的直接伤亡；又例如2014年11月9日在我国徐州一家化工公司车间发生的毒气泄漏事故，造成两名工人死亡，多人受伤。事实上，消防部门每年参加处理的化学品泄漏事故多达上千起。

泄漏的有毒有害气体中有很大一部分是透明的，肉眼难以分辨，人们对其泄漏源的寻找大多采用"嗅"的方法。人们常用的利用一些动物灵敏的嗅觉器官寻找气体源的方法因为泄漏气体对生物体的危害性已不再适用。因此，研究一种可以在危险区域代替人或动物的"电子鼻"完成气体泄漏源的寻找与定位便势在必行。

我作为北京市拔尖人才计划的一名学员，发现该问题之后，经过与高校及校内指导老师的讨论与学习，开始向我感兴趣的问题进行深入的探究。通过查阅资料，我了解到机器人主动嗅觉是机器人未来研究的主要方向之一，其发展重点在于定位精确、反应迅速、程序精简、价优实用。目前，前人基于生物体的仿生嗅觉研发出了用蚕蛾触角作为传感器，用人工神经网络作为交互元的嗅觉机器人，然而因其精确度与成本具有很大的局限性。

整个项目的开发设计工程包含了多个工作阶段。首先，我对气体传感器进行查找与选用，测量气体扩散的速度与范围；然后，利用三维设计软件对各部位零件进行设计建模，并完成基础结构的搭建；另外，我对气味源定位的算法进行设计与创新，并利用Arduino进行程序编写。

在开发设计过程中，在不同的阶段会面临很多具体的问题，在指导老师的帮助下，我基于提出问题、设计方案、试验论证、确定原型的工作步骤逐个解决每个问题。例如，我对于利用气体传感器定位气味源提出了滤波差值独立运算、传感器阵列浓度梯度综合运算等多种策略。在充分考虑气味源定位的准确性与效率后，我最终采用了多传感器罗盘滤波差值独立运算的方法。

关键功能模块的特点与难点见表1。

表 1 关键功能模块的特点与难点

电子鼻	特点	难点	典型范例
气体传感器	半导体型金属氧化物气敏传感器：体积小巧、预热时间短、具有 AO/DO 双类型返回值	灵敏度调试 预热时间判定 读数规律统计	
嵌入式硬件	基于开源 Arduino 设计，成本低，支持多路舵机和电动机，易于扩展	需要考虑多路电动机的时序动作和供电的设计	
| 定位算法 | 滤波差值算法：运算量小、气味源方位判断精准 | 多传感器气体罗盘综合运算判断逻辑、工作完成的判定 | ```
if(delt_left[i-1]>0&&delt_right[i-1]<0){
  go_left();
}
else if(delt_left[i-1]<0&&delt_right[i-1]>0){
  go_right();
}
else if(delt_left[i-1]>0&&delt_right[i-1]>0){
  go_forword();
}
else if(delt_left[i-1]<0&&delt_right[i-1]<0){
  go_back();
}
else if(delt_left[i-1]==0&&delt_right[i-1]==0){
  go_forword1();
}
i=i+1;
if(i==99)
{
  i=0;
}
``` |

2. 电子鼻的发展与研究

自然界中的许多动物可以利用嗅觉器官来判断气味的方向，并沿着该方向寻找食物、进行通信联络、寻找配偶或者标识领地等。人们很早就发现这一现象，并利用动物的这种嗅觉能力来搜索毒品、易燃易爆物品，寻找倒塌建筑物下的受困者等。然而，利用生物的嗅觉来寻找气味源存在许多缺点，无法满足长时间工作的要求，甚至许多地方都是工作人员和动物无法到达的，例如有毒有害气体或液体泄漏区域。因此，许多科研工作者开始研究利用装备电子鼻的嗅觉机器人来寻找气味源。

早在 20 世纪 60 年代，国外的科学家们就开始从事电子鼻的研究。1964年，Wilkens 和 Hatman 利用气味在电极上的氧化还原反应设计了世界上第一
```

个嗅觉设备。此后不久，Buck 等人利用气味调制电导，并结合 Dravieks 等人利用气味调制接触电位的成果，研制了一种嗅觉设备。然而，直到 20 世纪 80 年代末期才真正出现"电子鼻"这一概念。1989 年，北大西洋公约组织关于化学传感器信息处理的高级专题会议对电子鼻做了定义。1990 年，在德国柏林第一次举办了致力于研究电子鼻的专题会议。从那以后，世界范围内开始对电子鼻的相关标准、气体检测方法和气味源定位策略进行了广泛、深入的研究，许多具有代表性的成果纷纷出现。

日本东京工业大学的 Ishida 及其同事从 1992 年起便开始研究利用嗅觉机器人进行气味源定位的问题，并提出了仿飞蛾的逆风搜索算法。1995 年，他们开发了一款带有四个气体传感器（TGS822，Figaro）和 4 个风速传感器（F6201-1，Shibaura）的嗅觉机器人，充分地利用浓度信息和风向信息来探测气味源。1997 年，Ishida 利用一个移动嗅觉机器人研究二维平面气体浓度分布，绘制了气体浓度分布地图，并提出"主动嗅觉"这一概念。1999 年，Ishida 设计了一个带有 4 个气体传感器和 1 个小风扇的三维气味罗盘，通过罗盘的旋转来控制水平及垂直方向上的传感器响应平衡来获得气味源信息。2004 年，Ishida 研发了一种带有 6 个气体传感器和 2 个风向传感器的设备来定位三维空间的气味源，并给出计算公式 $d = v + kg$，其中 v 表示风向矢量，g 表示气体烟羽浓度梯度的方向。在 2005 以后，Ishida 开始考虑将视觉信息加入机器人嗅觉导航。2006 年，Ishida 研发了一种带有 CMOS 摄像机的移动机器人，该机器人能够将视觉信息与嗅觉信息结合来寻找气味源。在接下来的 2008 年和 2009 年，Ishida 又分别研发了一个能灵活转动，模仿犬类的嗅觉行为的机器人和一个能够收集化学信息的"小龙虾"机器人。

其他相关成果还有 GaPTR 气味追踪机器人（图 1）和仿生飞蛾（图 2）。

3. 气体传感器的研究

国外从 20 世纪 30 年代开始研究开发气体传感器，至今品种已达到了数百种。过去研究开发的气体传感器主要用于家庭中常用的煤气、液化石油气、天然气以及矿井中的瓦斯气体的检测和报警，并取得了很大的成绩，基本上满足了市场的需要。进入 20 世纪 90 年代，随着科学技术的发展，人们生活水平提高，对气体传感器的需求已有所不同。

按气体传感器的材料，气体传感器可分为半导体型和非半导体型。应用广泛的气体传感器有：半导体型气体传感器、固体电解质气体传感器、电化学传感器、接触燃烧式气体传感器、光学气体传感器等[4]。

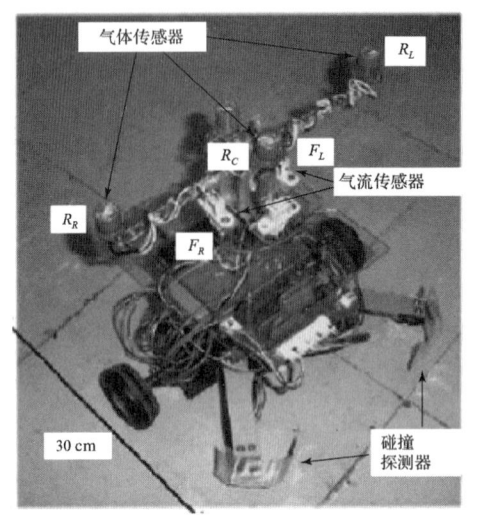

图1　GaPTR气味追踪机器人　　　　　　图2　仿生飞蛾

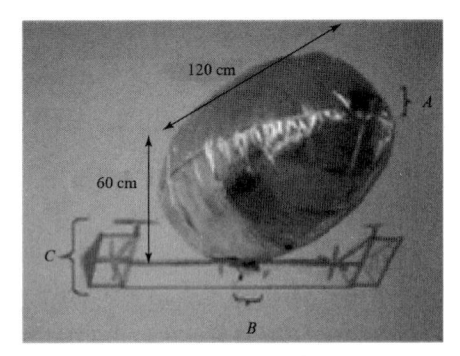

传感技术的发展经历了三个阶段，即结构型传感器、物性型传感器和智能型传感器。

（1）结构型传感器以其结构部分变化或结构部分变化所引起某种场的变化来反映被测量的大小及变化。经常使用的方法是以传感器结构的位移或力的作用使传感器产生电阻、电感或电容等值的变化来反映被测量的大小。

（2）物性型传感器利用构成传感器的某些材料本身的物理特性在被测量的作用下发生变化，从而将被测量转换为电信号或其他信号输出。例如，利用半导体材料在热辐射下会产生各种光效应的特性可制成光敏电阻、光敏三极管等光敏元件。利用二氧化锡材料在某些气体作用下其阻值会发生变化的特性可以制成气敏元件。由于物性型传感器无可动部件，灵敏度高，所以可减少对被测对象的影响，从而能解决结构型传感器不能解决的某些参数及非接触测量的问题，扩大了传感器应用领域。

（3）智能型传感器与微处理器有机地结合成一个高度集成化的新型传感器。它与结构型、物性型传感器相比能瞬时获取大量信息，对所获得的信息还具有信号处理的功能，使信息的质量大大提高，其功能也得到扩展。以网络化智能传感器为例，它以嵌入式微处理器为核心，集成了传感单元、信号处理单元和网络接口单元，使传感器由单一功能、单一检测向多功能和多点检测发展；从被动检测向主动进行信息处理发展；从孤立元件向系统化、网络化发展；从就地测量向远距离实时在线测控发展。智能型传感器已成为传感器技术发展的主要方向之一。

人们根据不同的环境需要已开发生产了应用于不同场合的各种形式的气体传感器。气体传感器的正确选择和合理使用是化工安全生产中的一个重要问题。选择气体传感器的主要原则如下。

（1）能够检测有害、易燃、易爆气体的允许浓度和其他基准设定浓度，并能及时给出报警、显示和控制信号。

（2）对被测气体以外的共存气体或物质不敏感。

（3）性能稳定，寿命长。

（4）响应迅速，重复性好。

（5）维护方便，价格低。

在本项目中，我购买了各种型号的气体传感器（图3），利用基础的串行通信程序进行数据采集与分析，对比了它们的预热与响应时间（图4）、精确度以及被测气体的安全性与成本后（图5），决定采用半导体型金属氧化物传感器。

图3　试验用传感器

	1min	2min	3min	5min	10min	20min	
15	531	506	479	413	295	186	
11	852	852	844	819	731	591	
12	536	444	379	286	183	102	
14	611	544	482	380	248	161	
13	607	599	581	527	396	255	
1	695	689	679	648	552	411	
2	424	362	312	247	168	115	
3	560	500	445	366	261	183	
4	539	497	451	370	244	152	
5	553	511	466	390	271	177	
6	593	536	481	391	269	176	
7	412	343	287	213	135	87	
8	559	516	470	388	268	171	
9	618	524	453	354	238	162	
10	278	298	303	299	266	204	
1	682	586	494	385	254	152	50
2	684	602	513	383	244	148	40
3	685	563	454	338	215	121	38
4	647	534	427	311	186	101	36

图4　气传感器预热状态读数

图5 气体传感器工作状态读数

4. 本项目的研究目的与意义

在查阅了以上相关资料以后,经过与指导老师的认真讨论,我有了初步的想法和思路并提出了本项目的设计目标。

(1) 完成电子鼻的结构设计,风道、嗅觉罗盘可实现独立运动。采用3D打印成型,便于原型的设计、修改,有较高的性价比。

（2）嵌入式硬件以开源的 Arduino 硬件模块为基础，根据设计的功能需求，设计硬件的扩展模块，如加入更多的驱动输出单元、更多的传感器输入单元等。

（3）试验测定不同气体在不同环境下的扩散速度，建立模型。

（4）设计嗅觉机器人的定位算法并完成程序编写。

（5）使装备电子鼻的嗅觉机器人可以在一定的复杂环境下自主定位并寻找气味源。

5. 动物寻找气味源的原理

自然界中的许多动物都具有比较发达的嗅觉系统，通常可以利用嗅觉完成许多复杂的行为，如寻找食物、配偶，辨别方向，标识领地等（图6）。对这些动物复杂的嗅觉机理、嗅觉行为进行研究对于嗅觉机器人的研究具有重要意义。由于嗅觉机器人通常需要在各种复杂甚至未知的环境中进行气味源定位工作，所以要尽可能地分析各种不同种生物的嗅觉定位原理。

图6　寻找气味源的狗

小龙虾、蓝蟹、桡足类生物等水生生物等能够在微弱流体环境中溯流寻找气味源。这类生物的共同特点是其身体上带有许多密集的类似传感器阵列的传感细胞，不过传感细胞远远复杂于普通的传感器阵列，有的附着在身体外部，有的位于内腔之中，灵敏度非常高。通过这些传感细胞，这类生物可以主动改变身体周围局部范围内的水流从而将周围的气味带过来，然后利用具有感知功能的触角或其他具有相关功能的器官准确地获取比较稳定的气味浓度空间分布，最终在流体中找到气味源（食物）的位置（图7）。

空气湍流环境中的比较典型的例子就是雄性飞蛾在感应到雌性飞蛾释放的信息素时逆风追踪的行为（图7）。这种气味追踪行为是在湍流比较激烈，甚至气味存在间歇的空气当中所表现出来的直接或者一定程度的逆风气味追踪行为。

图 7　以嗅觉为主要感知方式的生物

6. 气体烟羽扩散模型

本项目主要研究一种新型的电子鼻并将之应用于嗅觉机器人来发现气味，跟踪气味，并快速地找到气味源，从而可以更快地采取相应的补救措施，尽可能地减少损失。因此，对气味的扩散规律和扩散气体在大气中的浓度分布情况的研究是非常有必要的，它为设计高效率的气味源定位策略提供了有利的条件。科研人员已经开始了对气体烟羽扩散模型的研究。气体烟羽扩散模型主要是指描述气体的扩散过程，进而描述移动机器人所处的气体扩散环境的数学模型。如今国内外关于气体烟羽扩散模型的研究已经很多，提出了许多气体烟羽扩散模型，也进行了许多相关的气体烟羽扩散模型试验。

所谓烟羽（Plume），是指气味源所释放的气体分子伴随着空气中的湍流进行流动，从而在空气中形成羽毛形状飘散的一种气体分布状态（图8）。生活中经常能见到烟羽，例如工厂烟囱排放的废弃烟羽、喷气式飞机尾部喷出的白色烟羽等。

图 8　可见的烟羽

当然，烟羽作为一个学术名词不仅适用于气体，它也可以是透明的，同样适用于水流等其他流体介质中的气味或化学物质的分布状态。有些文献中将烟羽看作一些烟丝（Filament）集中在一起的状态，空间中烟丝比较集中时也叫作烟团。

在通常情况下，气味在空气中是均匀地向四周以分子运动的形式扩散的，容易受到气流的影响。当气流的方向固定且流速较大而稳定时，气味就会形成比较稳定的烟羽。然而，在一般天气条件下，气流会表现为空气中的漩涡（图9），这些漩涡往往将烟羽分割成很多不规则的部分，从而使瞬时气流的分布难以预测，难以建立准确的气体烟羽扩散模型，给通过烟羽追踪来寻找气味源的机器人带来很大的困难。

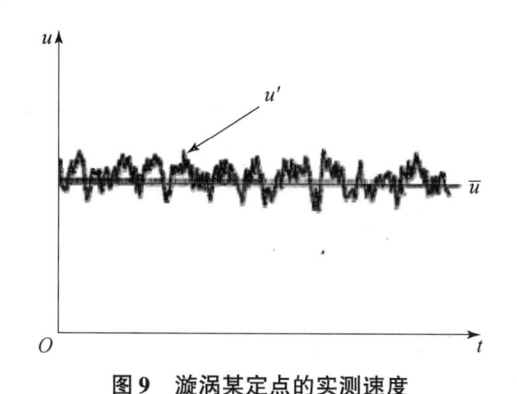

图9 漩涡某定点的实测速度

7. 电子鼻嗅觉系统的结构设计方案选型

通过模仿飞蛾的利用信息素寻找配偶的仿生学原理，东京理工大学的Ishida研发了一种旋转式三维气味罗盘的气味源定位系统。该定位系统通过对比分析对角传感器信号响应差异来判断酒精气体烟羽的方向来确定气味源的方向。澳大利亚悉尼大学的Levy D. C.教授进一步设计了一款由金属氧化物传感器和防气体渗透材料所组成的固定气味罗盘。该气味罗盘的基座为一个正方体，其4个侧面分别安装一个气体传感器，并在4个角分别安插一个防渗透挡板，从而根据4个侧面传感器的信号响应来判断气味源的方向。西北工业大学的杨建华等人也设计了一种由金属氧化物传感器、防渗透圆形基座和挡板组成的气味罗盘，他们通过试验证明了偏转角为30°时，该传感器的响应差异较大。

在本项目中，我结合前人的研究经验以及自己收集的气体传感器的试验数据，设计出了新型的气体罗盘作为电子鼻的主要功能部位。

如图所示，本项目的气体罗盘的基础结构是以均匀角度架构的4~8个风道（图10），传感器被加装在打了孔的风道上，气敏探头深入其中。这便于将气体罗盘模块化并利于更换。随后我在风道中加装风扇（图11），吸入及排出外界气体，使传感器更快更多地与环境气体进行接触，以缩短传感器的响应时间，提升效率。

图 10 风道

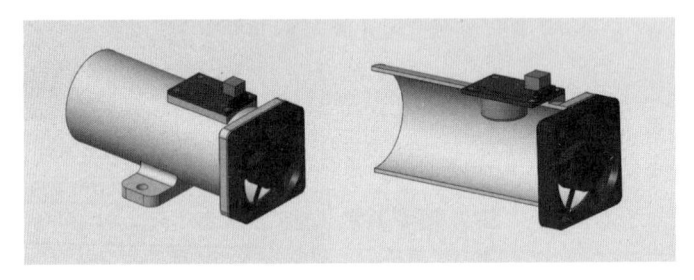

图 11 风扇

在进行大量试验测定不同风扇加装方式以及不同功率的风扇所对应的传感器响应时间和精确度后，经过对比，我决定将风扇加装在风道后端以抽取外界气体。

图 12 所示为利用 PVC 塑料管制作的试验风道。在试验的过程中我发现当风扇鼓吹或者吸入的风量过大时，气体传感器的读数会呈现跳跃式变化，然而风量过小则又无法达到目的，因此采用了功率适中的风扇（图 13），以求在保证传感器响应迅速，接触外界气体足量的前提下，尽量减少气体流动对气体传感器读数的影响。

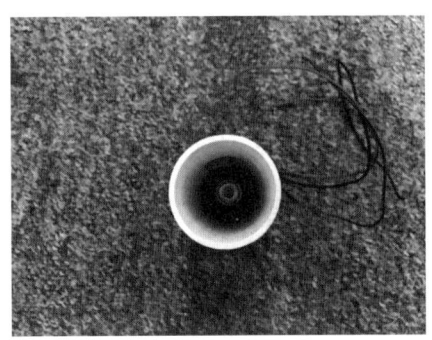

图 12 利用 PVC 塑料管制作的试验风道

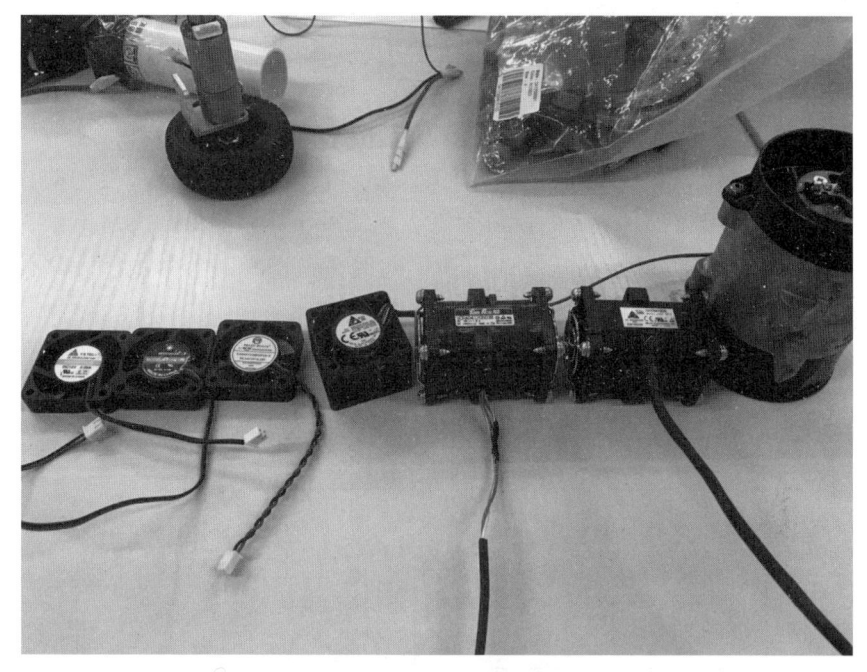

图 13　功率适中的风扇

除了考虑进入风道内的环境气体对气体传感器的影响外，还需要考虑排出的气体对原有环境的干扰，以免对电子鼻造成误导。综合考虑之后，我提出并采用了两个解决措施，一是在风道末端加装活性炭滤网，对气体进行过滤与净化；二是将风道末端弯曲向上，将气体竖直向上排出，最大限度地消除其对电子罗盘高度区域内环境的影响。

在完成气体罗盘的风道设计后，对其进行组装，图 14 所示为初步效果图。本项目采用 4 风道的气体罗盘，将 4 个风道均匀固定在平面圆盘上组装成电子鼻，线路在圆盘底部进行集成处理。

图 14　初步效果图

8. 气体传感器的选型

综合对气体传感器的研究，本项目采用 MQ-3 半导体型气体传感器（以下简称"MQ-3"）构建电子鼻的嗅觉系统。

MQ-3 的基本原理可简述为将探测到的酒精、天然气等易燃气体浓度转换成有用电信号，并根据这些电信号的强弱获得与待测气体在环境中的存在情况有关的信息。在 MQ-3 中，由陶瓷管和二氧化硅敏感层、测量电极和加热器构成的敏感元件固定在塑料或不锈钢的腔体内，加热器为敏感元件提供了必要的工作条件。

MQ-3 的外观和驱动电路如图 15 所示。它由微型氧化铝陶瓷管、氧化锌敏感层、测量引脚电极和温度加热器组成。封装好的敏感元件有 6 个引脚输出，其中 4 个用于信号的取出，2 个用于提供加热的电流。

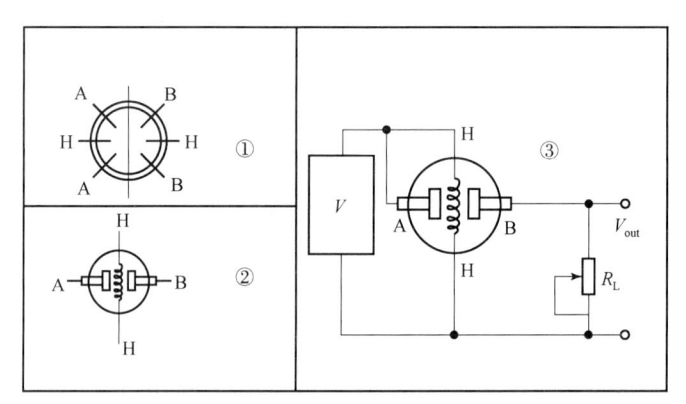

图 15

图 15 中①、②、③分别表示 MQ-3 的引脚排列、引脚功能、使用接线。其中 H-H 表示加热极（5 V），A-A、B-B 表示敏感元件的两个极，③中"V"为 MQ-3 的工作电压，也是加热电压。

MQ-3 的标准工作条件、环境条件、灵敏度特性见表 2~表 4。

表 2　标准工作条件

符号	参数名称	技术条件	备注
V_c	回路电压	≤15 V	直流或交流
V_I	加热电压	(5.0 ± 0.2) V	直流或交流
R_L	负载电阻	可调	—
R_{II}	加热电阻	(31 ± 3) Ω	室温
P_I	加热功耗	≤900 mW	—

表3 环境条件

符号	参数名称	技术条件	备注
T_{ao}	使用温度	$-10 \sim 50$ ℃	—
T_{as}	储存温度	$-20 \sim 70$ ℃	
RH	相对湿度	小于59%	
O_2	氧气浓度	21%（标准条件）氧气浓度会影响灵敏度特性	最小值大于2%

表4 灵敏度特性

符号	参数名称	技术参数	备注
R_s	敏感体电阻	$1 \sim 8$ MΩ（200 ppm 酒精）	适用范围：$10 \sim 1\,000$ ppm 酒精
a（酒精）	浓度斜率	≤0.6	
标准工作条件		温度：(20 ± 2) ℃　V_c：(5.0 ± 0.1) V 相对湿度：(65 ± 5)%　V_h：(5.0 ± 0.1) V	
预热时间		不少于24 h	

MQ-3灵敏度曲线如图16所示，输出电压与酒精浓度的关系如图17所示。

9. 单片机系统

单片机是将复杂的计算机系统集成到一块芯片上的微型控制系统。Arduino开发板大多数是基于AVR的8位单片机，目前有多种型号，常见的有基于Atmega328p芯片的UNO、NANO、MINI以及基于Atmega2560芯片的MEGA。随着技术的发展，8位单片机有时无法满足人们的开发需求，于是32位的处理器登上了舞台，Arduino因此推出了基于ARM的32位的DUE型号，同时为了顺应物联网时代的到来又推出了可以接入以太网的YUN型号。

虽然Arduino开发板本质上是单片机，但其强大的库函数使其开发效率比普通单片机高、速度快和难度低。虽然引用了库函数会影响运行效率，但是随着科技的发展，其所影响的效率对大多数开发者而言可以忽略不计。

图 16

图 17

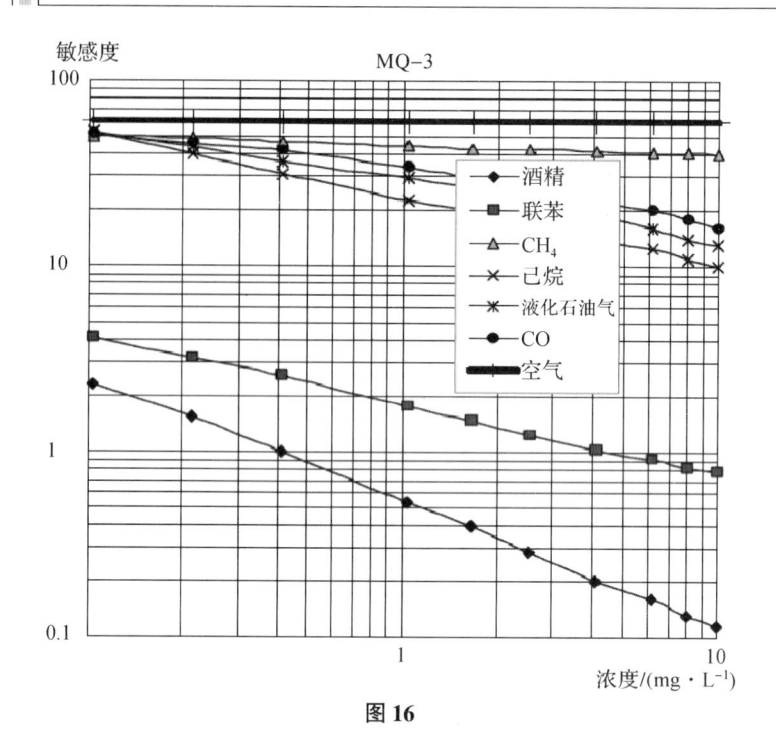

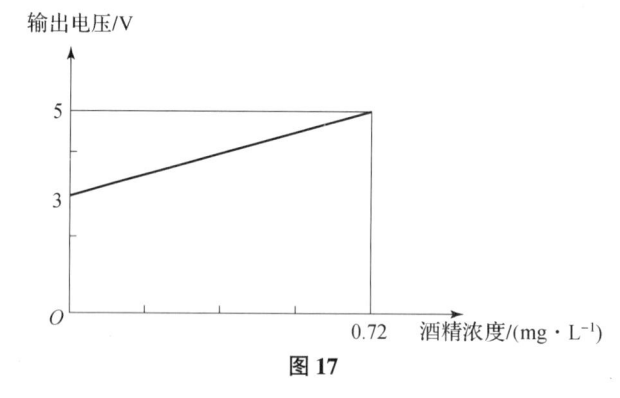

根据本项目的实际需求，决定采用 DFrobot 公司生产的 Arduino UNO R3 作为电子鼻与嗅觉机器人的嵌入式控制核心（图 18），其具体参数及控制器的设置如下。

（1）工作电压：5 V；
（2）输入电压：接上 USB 时无须外部供电或外部 7~12 V DC 输入；
（3）输出电压：5V DC 输出和 3.3V DC 输出；
（4）微处理器：ATmega328；
（5）Bootloader：Arduino Uno；

(6) 时钟频率：16 MHz；

(7) 输入电压（推荐）：7～12 V；

(8) 输入电压（限制）：6～20 V；

(9) 支持 USB 接口协议及供电（不需要外接电源）；

(10) 支持 ISP 下载功能；

(11) 数字 I/O 接口：14 个（6 个 PWM 输出接口）；

(12) 模拟输入接口：6 个；

(13) 直流电流 I/O 接口：40 mA；

(14) 直流电流 3.3 V 接口：50 mA；

(15) Flash 内存：32 KB（ATmega328）（0.5 KB 用于引导程序）；

(16) SRAM：2 KB（ATmega328）；

(17) EEPROM：1 KB（ATmega328）；

(18) 尺寸：75 mm×55 mm×15 mm。

图 18

10. 串行通信与上位机程序设计

整套系统的运算逻辑与控制程序是本项目的关键，也是整个工作的难点。我采用 Arduino 1.7.9 完成了试验版本的串行通信与上位机程序设计，运算简便、逻辑清晰。

试验版的机器人底盘采用左、右两个电动机布局，在头部装有两个气体传感器，间距为 15 cm。对气体传感器采集的数据进行采样，每 50 ms 读取一个数值，连续读取 10 个数据存入一个数组，对一个数组的 10 个数据进行滤波处理，然后对相邻的两个数据做差，如果差值大于 0，证明机器人靠近气味源。

```
int temps[10];
int average[100];
float va1 = 0;
//int ledleft = 7;//测试用 led
//int ledright = 8;//测试用 led
```

第一步采样数组，每个传感器每 50 ms 记录一个数据，每组数据记录 10

个值。对每个数组的 10 个值进行求平均的运算，记录到新的数组中，用于相邻两组数据做差值运算。

```
void setup()
Serial.begin(9600);
//pinMode(1edleft,OUTPUT);//测试用 LED
//pinMode(1edright,OUTPUT);//测试用 LED
pinMode(10,OUTPUT);//定义左侧电动机 PWM 数字,用于控制速度
pinMode(11,OUTPUT);//定义右侧电动机 PWM 数字,用于控制速度
pinMode(12,OUTPUT);//定义左侧电动机数字接口,用于控制方向
pinMode(13,OUTPUT);//定义右侧电动机数字接口,用于控制方向}

void loop()
```

然后对电动机的控制程序进行初步编译。

```
{
alcohol_2();
//go_left();//测试程序
}

int red10left(void)//定义左侧气体传感器
{
  int i;
  int sum = 0;
  int average;
  for(i = 0;i < 10;i ++)
  {
    val = analogRead(A0);//读取 A0 接口数据
    temps[i] = val;
    sum = sum + temps[i];
    delay(100);
  }
  average = sum/10;
  return average;
}
int red10right(void)//定义右侧气体传感器
{
  int i;
  int sum = 0;
  int average;
  for (i = 0;i < 10;i ++)
  {
    val = analogRead(A1);//读取 A1 接口数据
    temps[i] = val;
    sum = sum + temps[i];
    delay(50);
```

```
    }
  average = sum/10;
  return average;
```

开始运行两个气体传感器的子程序。

```
int alcohol._2()//子程序
{
  int i = 0;
  int average_left[100], average_right[100];
  int delt_left[99], delt_right[99];
  while(i < 100)
  {
    average_left[i] = red10left();
    average_right[i] = red10right();
    if(i > 0)
    {
      delt_left[i-1] = average_left[i] - average_left[i-1];
      delt_right[i-1] = average_right[i] - average_right[i-1];

      Serial.print("deltleft:");
      Serial.println(delt_left[i-1]);

      Serial.print("deltright:");
      Serial.println(delt_right[i-1]);
      if(delt_left[i-1] > Q&&delt_right[i-1] < 0){
        go_left();
      }
      else if(delt_left[i-1] < 0&&delt_right[i-1] > 0){
        go_right();
      }
      else if(delt_left[i-1] > 0&&delt_right[i-1] > 0) {
        go_forword();
      }
      else if(delt_left[i-1] < 0&&delt_right[i-1] < 0) {
        go_back();
      }
      else if(delt_left[i1] == 0&&delt_right[i-1] == 0) {
        go_forwordl();
      }
    }
    i = i+1;
    if(i == 99)
    {
      i = 0;
    }
```

对采集到的数组进行逻辑运算。

```
//定义底盘动作,左转
void go_left(void){
    digitalWrite( 12 , LOW);
    analogWrite( 10 , 60);
    digitalWrite(13, LOW);
    analogWrite(11, 0);
    delay(100);
//定义底盘动作,直行
void go_forword(void) {
    digitalWrite( 12 ,LOW);
    analogWrite( 10 , 60);
    digitalWrite(13, LOW);
    analogWrite(11, 60);
    delay(100);
//定义底盘动作,低速直行
void go_forwordl (void) {
    digitalWrite( 12 ,LOW);
    analogWrite( 10 , 40);
    digitalWrite(13, LOW);
    analogWrite(11, 40);
    delay(100);
```

```
//定义底盘动作,右转
void go_right(void){
    digitalWrite( 12 ,HIGH);
    analogWrite( 10 , 0);
    digitalWrite(13 ,LOW);
    analogWrite(11, 60);
    delay(100);
//定义底盘动作,倒退
void go_back(void) {
    digitalWrite( 12 , HIGH);
    analogWrite( 10 , 50);
    digitalWrite(13, HIGH);
    analogWrite(11, 50);
    delay(100);
//定义底盘动作,停止
void go_stop(void) {
    digitalWrite( 12 ,HIGH);
    analogWrite( 10 ,0);
    digitalWrite(13, HIGH);
    analogWrite(11, 0);
    //delay(100);
```

根据逻辑运算的结果对电动机进行控制。运算原理如图 19 所示。

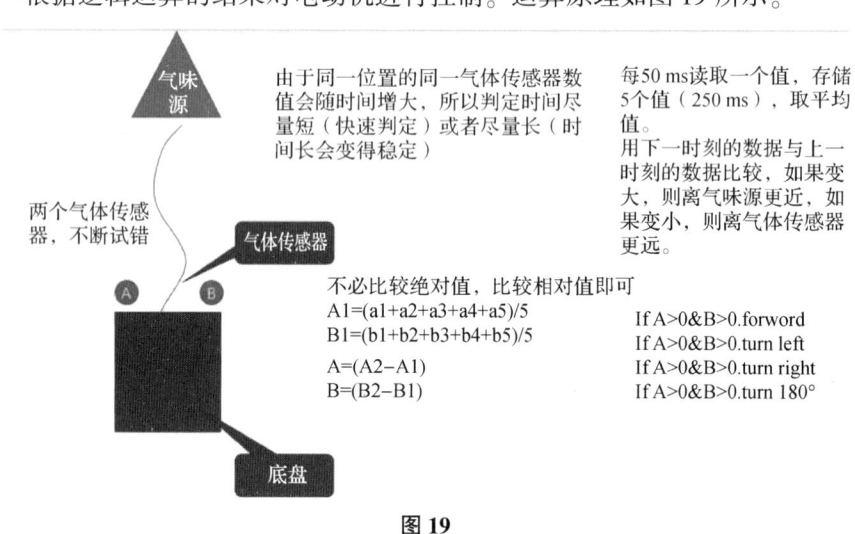

气味源

由于同一位置的同一气体传感器数值会随时间增大,所以判定时间尽量短(快速判定)或者尽量长(时间长会变得稳定)

每50 ms读取一个值,存储5个值(250 ms),取平均值。
用下一时刻的数据与上一时刻的数据比较,如果变大,则离气味源更近,如果变小,则离气体传感器更远。

两个气体传感器,不断试错

气体传感器

A   B

不必比较绝对值,比较相对值即可
A1=(a1+a2+a3+a4+a5)/5
B1=(b1+b2+b3+b4+b5)/5
A=(A2−A1)
B=(B2−B1)

If A>0&B>0.forword
If A>0&B>0.turn left
If A>0&B>0.turn right
If A>0&B>0.turn 180°

底盘

图 19

11. 试验分析

为了节约成本,本项目采用由两风道制成的简易电子鼻与嗅觉机器人进行初步试验,并在完成数据统计与可行性分析后利用3D打印进行制作(图20、图21)。试验体一为初代试验品,以乐高积木作为基座,稳定性较差,电路不完善。试验体二则由金属骨架作为基座,安装有较为完整的单片机控制系统,与试验体一算法相似,数据可信度高。

图 20

图 21

图 22 所示为试验版的机器人(电子鼻)在定位气味源时经蓝牙模块返回(图 23)的实时数据,从左到右、由下至上为机器人逐渐靠近气味源的过程,而气体浓度则随机器人与气味源距离的缩短而不断增加。

图 22

```
Name:sensor-alcohol-1  Value:131      Name:sensor-alcohol-1  Value:244      Name:sensor-alcohol-1  Value:190
Name:sensor-alcohol-2  Value:124      Name:sensor-alcohol-2  Value:213      Name:sensor-alcohol-2  Value:174
Name:sensor-alcohol-3  Value:129      Name:sensor-alcohol-3  Value:230      Name:sensor-alcohol-3  Value:182
Name:sensor-alcohol-4  Value:127      Name:sensor-alcohol-4  Value:219      Name:sensor-alcohol-4  Value:184
TEST                                  TEST                                  TEST

Name:sensor-alcohol-1  Value:128      Name:sensor-alcohol-1  Value:232      Name:sensor-alcohol-1  Value:181
Name:sensor-alcohol-2  Value:121      Name:sensor-alcohol-2  Value:210      Name:sensor-alcohol-2  Value:168
Name:sensor-alcohol-3  Value:124      Name:sensor-alcohol-3  Value:231      Name:sensor-alcohol-3  Value:176
Name:sensor-alcohol-4  Value:126      Name:sensor-alcohol-4  Value:219      Name:sensor-alcohol-4  Value:178
TEST                                  TEST                                  TEST

Name:sensor-alcohol-1  Value:125      Name:sensor-alcohol-1  Value:247      Name:sensor-alcohol-1  Value:216
Name:sensor-alcohol-2  Value:118      Name:sensor-alcohol-2  Value:219      Name:sensor-alcohol-2  Value:196
Name:sensor-alcohol-3  Value:120      Name:sensor-alcohol-3  Value:234      Name:sensor-alcohol-3  Value:213
Name:sensor-alcohol-4  Value:122      Name:sensor-alcohol-4  Value:222      Name:sensor-alcohol-4  Value:213
TEST                                  TEST                                  TEST

Name:sensor-alcohol-1  Value:122      Name:sensor-alcohol-1  Value:221      Name:sensor-alcohol-1  Value:220
Name:sensor-alcohol-2  Value:117      Name:sensor-alcohol-2  Value:198      Name:sensor-alcohol-2  Value:202
Name:sensor-alcohol-3  Value:119      Name:sensor-alcohol-3  Value:205      Name:sensor-alcohol-3  Value:223
Name:sensor-alcohol-4  Value:122      Name:sensor-alcohol-4  Value:191      Name:sensor-alcohol-4  Value:231
TEST                                  TEST                                  TEST

Name:sensor-alcohol-1  Value:124      Name:sensor-alcohol-1  Value:187      Name:sensor-alcohol-1  Value:248
Name:sensor-alcohol-2  Value:118      Name:sensor-alcohol-2  Value:170      Name:sensor-alcohol-2  Value:226
Name:sensor-alcohol-3  Value:119      Name:sensor-alcohol-3  Value:174      Name:sensor-alcohol-3  Value:253
Name:sensor-alcohol-4  Value:120      Name:sensor-alcohol-4  Value:168      Name:sensor-alcohol-4  Value:233
TEST                                  TEST                                  TEST

Name:sensor-alcohol-1  Value:126      Name:sensor-alcohol-1  Value:176      Name:sensor-alcohol-1  Value:229
Name:sensor-alcohol-2  Value:120      Name:sensor-alcohol-2  Value:163      Name:sensor-alcohol-2  Value:209
Name:sensor-alcohol-3  Value:118      Name:sensor-alcohol-3  Value:163      Name:sensor-alcohol-3  Value:226
Name:sensor-alcohol-4  Value:120      Name:sensor-alcohol-4  Value:158      Name:sensor-alcohol-4  Value:198
TEST                                  TEST                                  TEST

Name:sensor-alcohol-1  Value:123      Name:sensor-alcohol-1  Value:161      Name:sensor-alcohol-1  Value:227
Name:sensor-alcohol-2  Value:117      Name:sensor-alcohol-2  Value:149      Name:sensor-alcohol-2  Value:208
Name:sensor-alcohol-3  Value:117      Name:sensor-alcohol-3  Value:147      Name:sensor-alcohol-3  Value:219
Name:sensor-alcohol-4  Value:120      Name:sensor-alcohol-4  Value:146      Name:sensor-alcohol-4  Value:206
TEST                                  TEST                                  TEST
```

图 22（续）

图 23

12. 未来展望

通过以上工作，我实现了本项目的基本目标，可以利用试验版的电子鼻与机器人较为精确地对气味源进行定位。在后面的研究中，我将根据试验版的电子鼻得出的试验数据与分析对前文提到的完整版的电子鼻进行三维设计的修改，并利用3D打印成型，制造出样品后进行进一步试验，对这种新型电子鼻进行不断的完善，以求高速、高效、高精确度地定位气味源，完成项目目标。

13. 致谢

感谢北京市拔尖人才培养计划的培养。

感谢北京航空航天大学机电一体化实验室丑武胜教授及吴少波助教的指导。

感谢北京市第二中学高山老师与机器人教育何旭国老师的帮助。

参考文献

[1] 李科杰. 危险作业机器人发展战略研究, 2003.
[2] 杨磊. 基于仿生嗅觉的味源定位系统研究, 2014.
[3] 闫李慧, 王金水, 渠琛玲, 等. 仿生电子鼻及其在食品工业中的应用研究, 2010.
[4] 谢望. 气体传感器技术的现状及发展趋势, 2006.
[5] 玛日耶姆·图尔贡. 气体传感器的发展概况和发展方向, [时间不详].
[6] 吴春生, 王丽江, 刘清君. 嗅觉传导机理及仿生嗅觉传感器的研究, 2007.
[7] 刘波. 物联网模式下的移动机器人气味源定位系统研究, 2014.
[8] 李吉功. 室外时变气流环境下机器人气味源定位, 2010.
[9] [作者不详]. MQ-3酒精传感器的介绍, [时间不详].
[10] 吴义满. Arduino开源设计, 2016.

附录 5　第 42 届北京市青少年科技创新大赛一等奖

面向全天候多场景的盲道识别
项目研究报告

学　　校：北京市第二中学
学　　科：计算机
学　　生：段皓天

2022 年 11 月

摘要

在人工智能高速发展的时代，图像识别已经广泛应用于诸多领域，更快速、准确地识别图形。

在当下倡导无障碍国家、无障碍出行的时代，出行问题一直困扰着盲人群体。自此，各类型盲道导航系统逐渐被研发出来。盲道识别技术是该系统不可或缺的核心技术，盲道导航的成功率与盲道识别的准确率以及盲道识别的速度有直接关系。目前国内外对于盲道识别的研究都基于较为完整的、易于识别的盲道数据集，对于盲道导航系统来说这显然不足以应对道路上的复杂情况。为了尽可能覆盖现实生活中的复杂环境与路况，需要以不同环境和常见的盲道种类提出类别更多的盲道数据集。同时，国内的部分盲道研究仍基于颜色分割，该技术如今存在一些不足，如受光线、盲道样式影响较大。虽然该技术对一些盲道的识别准确度极高，但不具有普适性。

因此，我建立了基于深度学习的大范围、多场景的盲道识别数据集，利用 BiseNetv2 轻量化语义分割双边网络设计并研发了面向全天候多场景的盲道识别技术，用于高速、准确地识别不同天气、光线环境、盲道受损情况等诸多因素影响下的盲道。

关键词

大范围、多场景的盲道识别数据集，BiseNetv2 轻量化语义分割双边网络

第一章 研究概述

研究背景与意义

在当下倡导无障碍国家、无障碍出行的时代，出行问题一直困扰着盲人群体。我国是世界上盲人最多的国家，占世界盲人总数的 18%~20%，中国盲人协会的统计数据显示，中国约有 1 700 万盲人。尽管国家建设了许多盲人辅助设施，但盲人辅助设施管理不当、大众缺乏保护意识等问题依然对盲人的出行产生了极大的干扰。例如，在盲道上停放车辆，盲道的连续性、凸起程度受到不同程度的损害，都给盲人出行带来了困难。

自此，各类型盲道导航系统逐渐被研发出来，旨在以摄像头做盲人的第三只眼，起到电子导盲犬的作用，帮助盲人在道路上顺利地行走。盲道识别技术是该系统不可或缺的核心技术，盲道导航的成功率与盲道识别的准确率以及盲道识别的速度有直接的关系。目前国内外对于盲道识别的研究都局限于完整的、易识别的盲道，对于盲道导航系统来说这显然不足以应对道路上的复杂情况。因此，迫切需要一种全新的盲道识别模型。

第二章　盲道识别数据集的设计与制作

2.1　设 计 方 案

1. 盲道识别数据集的分类

盲道识别数据集需要尽可能包含现实生活中不同环境下的不同盲道。为了尽可能覆盖现实生活中的所有盲道环境以及所有盲道种类，我依据不同环境和常见的盲道种类进行了盲道识别数据集的分类。

1）环境

（1）天气：晴天/雨天/阴天（图1～图3）。

图1　晴天下的盲道　　图2　阴天下的盲道　　图3　雨天下的盲道

（2）盲道上的光线条件：被光照覆盖/有光照、有阴影/被阴影覆盖（图4～图6）。

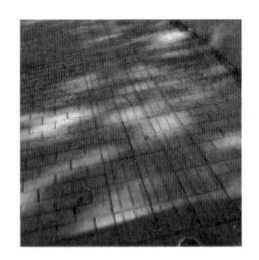

图4　被光线覆盖的盲道　图5　有光线、有阴影的盲道　图6　被阴影覆盖的盲道

（3）盲道有无遮挡：无遮挡/有遮挡（图7、图8）。

图7　无遮挡的盲道　　　　图8　有遮挡的盲道

2）盲道种类

（1）颜色：黄色/灰色/金属色/其他（图9~图12）。

图9　黄色的盲道　　图10　灰色的盲道　　图11　金属色的盲道　　图12　其他颜色的盲道

（2）类型：行走直线/路口/转角/点状（图13~图16）。

图13　行走直线的盲道　图14　路口的盲道　图15　转角的盲道　图16　点状的盲道

2. 盲道识别数据集场景的分类

为了提高后续盲道模型训练时对于若干场景的识别准确率，将盲道识别数据集按照日常规律分为不同场景是很有必要的。因此，我依据盲道的功能与盲道所处场景对盲道识别数据集场景进行了如下分类。

（1）室外：行走过程中的直线条纹状盲道/行走至转角处的点状盲道/行走至路口处的点状盲道。

（2）室内：地铁中的盲道。

3. 盲道识别数据集的规模

为了使盲道识别数据集的多样性不受采集数量的影响，我依照盲道的分类进行盲道识别数据集规模的设计。我计划每个类别收集50~100张照片，共收集1 000张照片。

2.2　盲道识别数据集的收集、标注与处理

1. 盲道识别数据集的收集

由于训练所需的图片分辨率较低，所以收集设备使用手机即可，最后将其处理成分辨率为512像素×512像素的图片（图17）。所有照片由我个人进行拍摄。

图17 盲道识别数据集中的部分照片

2. 盲道识别数据集的标注

盲道识别数据集的标注基于 Labelme，它是麻省理工学院计算机科学和人工智能实验室研发的图像标注工具，可以使用该工具创建定制化标注任务或执行图像标注（图18）。

图18 Labelme 截图

3. 盲道识别数据集的处理

Labelme 在标注后会在源文件夹生成 JSON 文件，该文件需要转换后才能用于训练。因此，我自己编写了简单的代码将 JSON 文件转换为 24 位灰度图

(PNG文件)，再将24位灰度图转换为8位灰度图，最后将采集的图片按照7：3的比例分为训练集和测试集，并生成标注文件，完成训练所使用的盲道识别数据集的建立。

2.3 讨论

1. 盲道识别数据集多样性的验证

我将制作好的盲道识别数据集放入开源网络BiseNetv1进行训练，首次训练时准确率仅有50%，相比于该网络在论文中70%的准确率有明显下降。因为样本多样性可能导致该网络性能下降，所以这次训练不但证明了目前多数研究所使用的数据集不具有普适性，还证明了我自己制作的盲道识别数据集的多样性。

2. 该数据集与现有开源数据集的对比

该数据集与现有开源数据集的对比如下。

1）数据集图片总数量

两数据集图片总数量对比如图19所示。

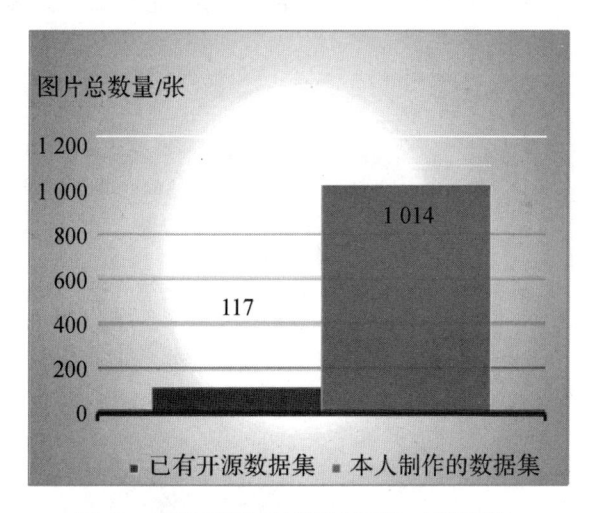

图19 两数据集图片总数量对比（附彩插）

2）样本多样性

两数据集在不同天气下拍摄的图片数量对比如图20所示。
两数据集在不同光线下拍摄的图片数量对比如图21所示。
两数据集在不同盲道颜色下拍摄的图片数量对比如图22所示。

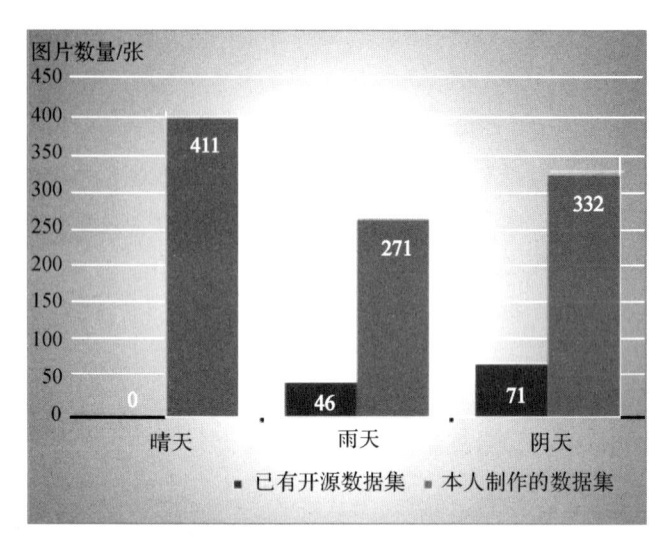

图 20 两数据集在不同天气下拍摄的图片数量对比（附彩插）

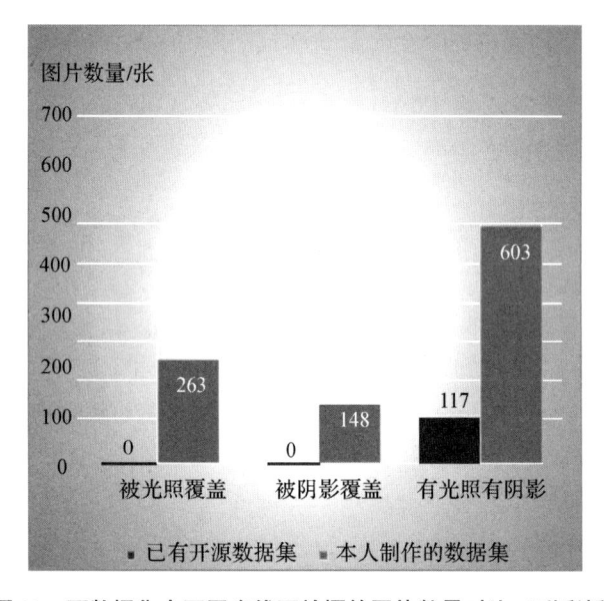

图 21 两数据集在不同光线下拍摄的图片数量对比（附彩插）

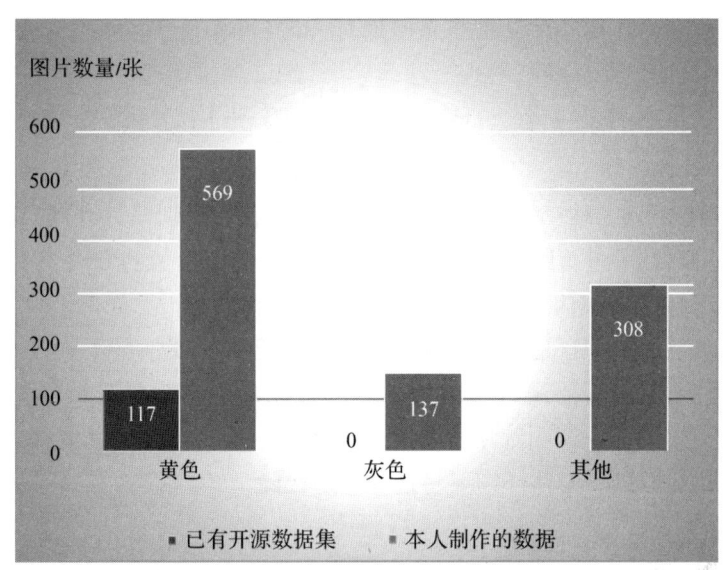

图 22　两数据集在不同盲道颜色下拍摄的图片数量对比（附彩插）

两数据集在不同盲道类型下拍摄的图片数量对比如图 23 所示。

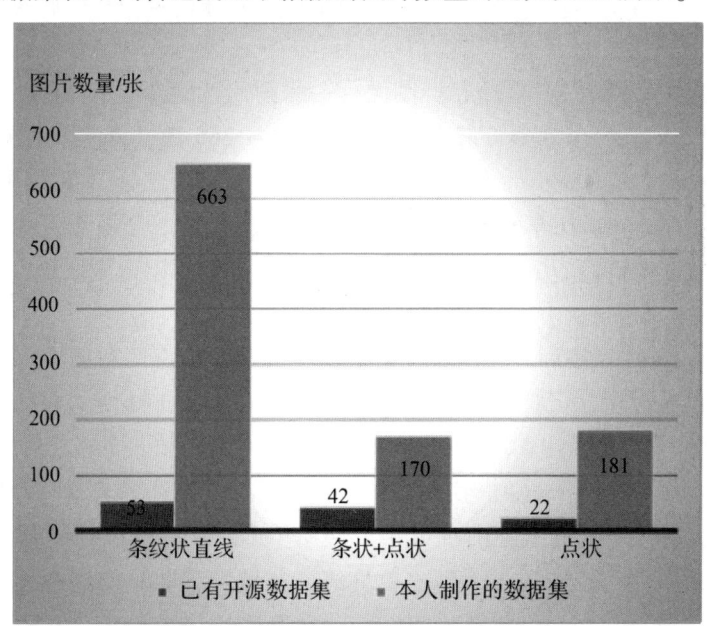

图 23　两数据集在不同盲道类型下拍摄的图片数量对比（附彩插）

从上述数据可知，本人制作的数据集相较于已有开源数据集，数量增加了约 8.7 倍；补充了晴天、被光照覆盖、有光照有阴影情况下的盲道，补充了灰色、其他颜色的盲道，显著增加了盲道识别数据集的体量，将简单样本提升为复杂样本（样本多样性显著增加）。

第三章　盲道模型的设计与实现

3.1　讨论

在 GitHub、CSDN、知网等平台查询内容"盲道识别"并利用时间、浏览次数、引用次数等进行筛选，找出了以下两种有参考价值的方法。

1. 基于颜色分割的盲道识别

基于颜色分割的盲道识别针对具有明显颜色差异的盲道。由于这类盲道通常为黄色，所以需要通过颜色识别算法将图片中的黄色区域同背景分开。但是，在实际情况中，图片中可能存在其他黄色背景，如行人的衣服、广告牌等，因此在分割的时候还需要将这些噪声去除。

2. 基于 yolo v3 算法的盲道障碍物检测与识别

1）试验方法

算法：采用 yolo v3 算法进行目标检测。

数据集：共 14 256 张图片，13 409 张用于训练，847 张用于测试，包含 12 类物体。

数据集中每类有 2 000 个目标图像（一张图片可能含多个目标，因此图像数量少于 12×2 000＝24 000），数据来源于 object365 数据集。

Labels＝{0：'椅子'，1：'瓶子'，2：'汽车'，3：'垃圾桶'，4：'自行车'，5：'摩托车'，6：'狗'，7：'猫'，8：'箱子'，9：'球'，10：'婴儿车'，11：'三轮车'}

2）试验结果

使用 yolo v3 算法训练 500epoch，数据集数量导致召回和精准率很难继续上升，在 0.62 左右达到平稳，通过图片测试，能够准确检测出障碍物目标，但是置信度不是很高。

同时，在知网上于 2021 年发表的《基于 yolo v3 算法的盲道障碍物识别技术应用研究》[4]结合了上述两种方法，使用 Labelme 对收集到的数据进行标注，再将标注后的数据送入模型进行训练，并调整参数，得到最佳的检测模型。试验结果表明，yolo v3 算法的识别准确率达到 98%，为优化盲道识别算法提供了新思路。但是，基于颜色分割的盲道识别是 2017 年出现的技术，如今表现出一些不足，例如受光线、盲道样式影响较大。它虽然对一些盲道的识别准确度极高，但不具有普适性，这是本项目主要改进的方面。

3.2 BiseNetv2 网络设计方案

1. 网络算法基础

卷积核公式如下：

$$Z^{l+1}(i,j) = [Z^l \otimes \omega^{l+1}](i,j) + b = \sum_{k=1}^{K}\sum_{z=1}^{f}\sum_{y=1}^{f}[Z_k^l(s_0 i + x, s_0 j + y)\omega_k^{l+1}(x,y)] + b(i,j) \in \{0,1,\cdots L_{l+1}\}, \quad L_{l+1} = \frac{L_l + 2p - f}{s_0} + 1$$

其中 Z^{l+1} 表示第 $l+1$ 层的卷积输入和输出（也称为特征图）；L_{l+1} 为 Z^{l+1} 的尺寸；K 为特征图的通道数；f，s_0，p 是卷积层参数，对应卷积核大小、卷积步长、填充层数。在本项目中，通过改变卷积核大小、通道数、层数来调整分割的速度和精度。

2. 网络结构设计

BiseNetv2 轻量化语义分割双边网络主要有 3 个组成部分，如图 24 所示。

紫色虚线框中为双路径主干、橙色虚线框中为聚合层，黄色虚线框中为增强部分。双路径主干有一个细节分支（蓝色立方体）和一个语义分支（绿色立方体）。细节分支中的 3 个阶段分别具有 C1、C2 和 C3 通道。语义分支中相应阶段的通道可以通过因子 λ（$\lambda < 1$）进行轻量化。语义分支的最后一个阶段是上下文嵌入块的输出。同时，立方体中的数字是特征图大小与输入分辨率的比值。在聚合层部分，我采用了双边聚合层。Down 表示下采样操作，U_p 表示上采样操作，φ 表示 Sigmoid 函数（逐元素乘积）。此外，在增强部分，我设计了一些辅助分割头来提高分割性能，而不需要额外的算力消耗[2][3]。

1) 细节分支

细节分支负责空间细节，这是低级信息。因此，该分支需要丰富的信道容量来编码丰富的空间细节信息。同时，因为细节分支只关注底层细节，所以可以为这个分支设计一个简单的结构。总体而言，细节分支的关键概念是使用宽通道和浅层作为空间细节。此外，该分支中的特征表示具有较大的空间尺寸和较宽的通道。因此，最好不要采用剩余连接，这会增加内存访问成本并降低速度。

2) 语义分支

语义分支与细节分支并行，被设计为捕获高级语义。此分支的通道容量较小，而空间细节可由细节分支提供。相比之下，在该项目的试验中，语义分支与细节分支的通道比为 λ（$\lambda < 1$），这使该分支变得轻量化。实际上，语义分支可以是任何轻量级卷积模型。同时，语义分支采用快速下采样策略，以提高特征表示的水平并快速扩大接受域。高级语义需要大的接受域。因此，语义分支使用全局平均池来嵌入全局上下文响应。

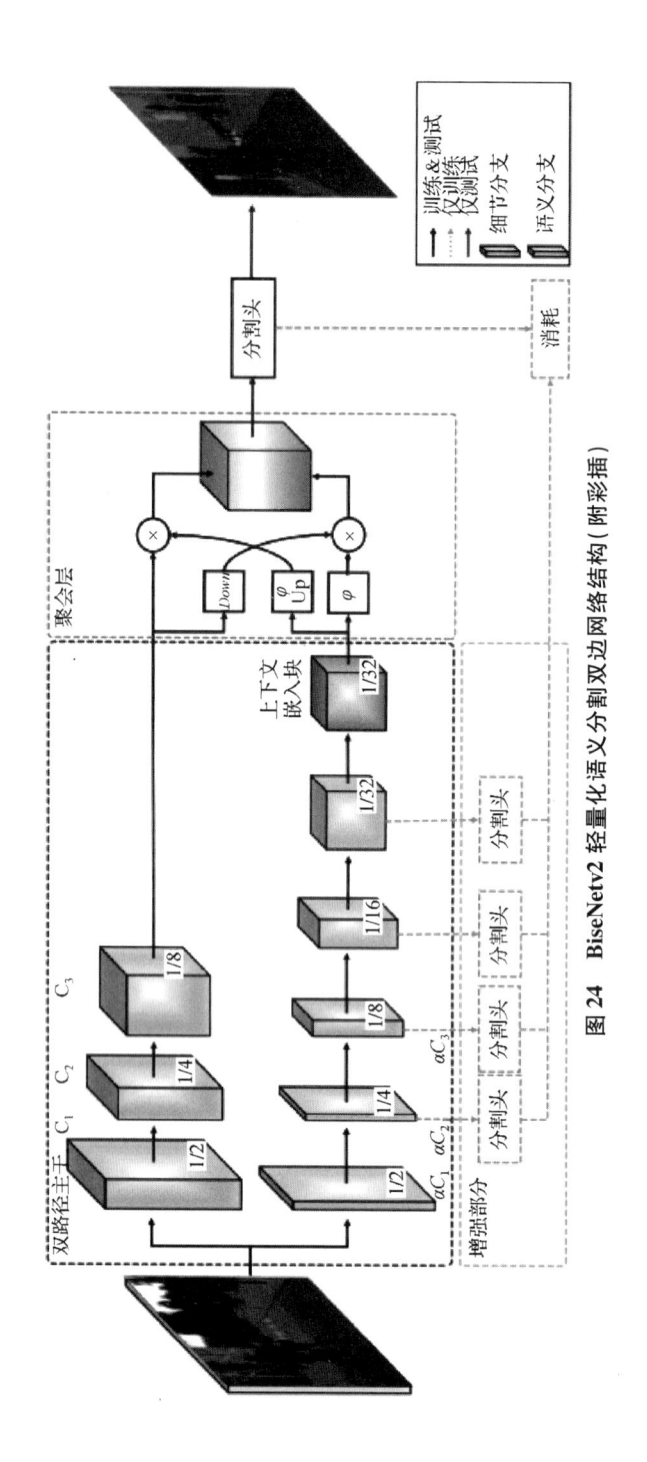

图 24 BiseNetv2 轻量化语义分割双边网络结构（附彩插）

3) 聚合层

细节分支和语义分支的特征表示是互补的,其中一个不知道另一个的信息。因此,聚合层被设计为合并两种类型的特征表示。由于采用快速下采样策略,语义分支输出的空间维度小于细节分支,所以需要上采样语义分支的输出特征图以匹配细节分支的输出。融合信息有几种方式,例如简单求和、级联和一些精心设计的操作。考虑到准确性和效率,我试验了不同的融合方法。最后,我采用双向聚合方法,如图25所示。

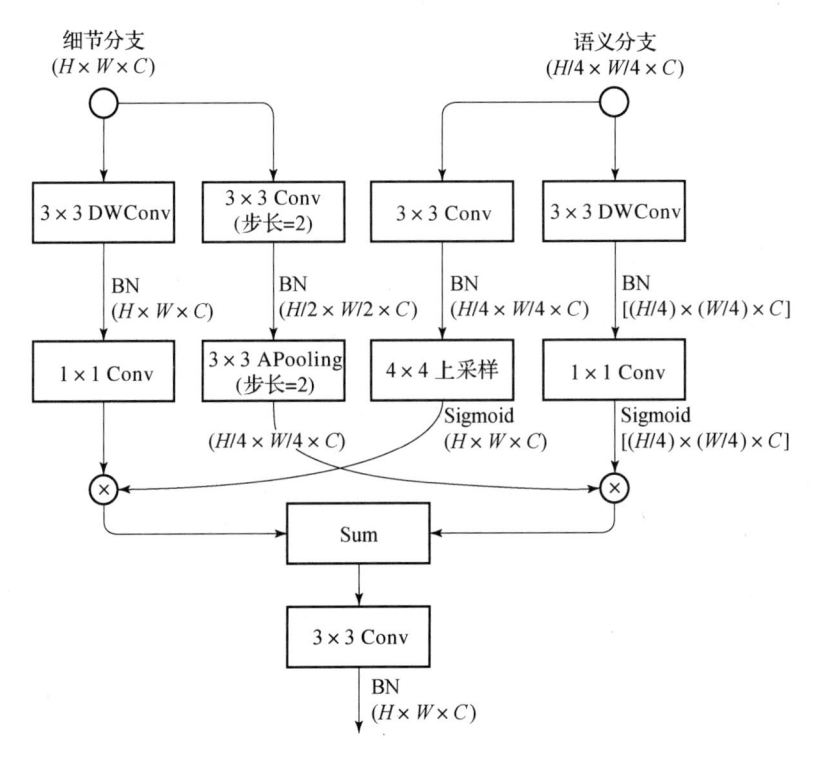

图25　聚合层结构

3.3　模型的训练、评估与结果

1. 模型的训练

该盲道模型的训练基于 Linux 系统——Ubuntu 20.02。其他软/硬件如下:

(1) NVIDIA RTX 2060,driver 470;

(2) Cuda 11.3,cudnn 8.2.1;

(3) Python 3.9,PyTorch 1.12.2。

利用"CUDA_LAUNCH_BLOCKING = 1 python tools/train_amp. py—finetune – from. /weight/model_final_v2_city. pth—config . /configs/bisenetv2_city. py"运行代码开始训练。

2. 模型的评估与结果

1）模型评估的算法基础

（1）损失函数。在本项目中，我还利用损失函数来监督训练。我使用主损失函数来监控整个 BiseNetv2 的输出。此外，我添加了两个特定的辅助损失函数来监督上下文路径的输出，如深度监督。所有损失函数都是 Softmax 损失，如式（1）所示。其中 p 是网络的输出预测。

$$loss = \frac{1}{N}\sum_i L_i = \frac{1}{N}\sum_i -\log\left(\frac{e^{p_i}}{\sum_j e^{p_j}}\right) \tag{1}$$

此外，我使用参数来平衡主损失和辅助损失的权重，如式（2）所示。其中 l_p 是级联输出的主要损失；X_i 是异常模型第一阶段的输出特征；l_i 是阶段 i 的辅助损耗；$K = 3$。

$$L(X;W) = l_p(X;W) + \alpha\sum_{i=2}^{K} l_i(X_i;W) \tag{2}$$

（2）MIOU。MIOU 就是该数据集中的每一个类的交并比的平均。

MIOU = TP/(TP + FN + FP)。

TP：预测正确，真正例，模型预测为正例，实际是正例。

FP：预测错误，假正例，模型预测为正例，实际是反例。

FN：预测错误，假反例，模型预测为反例，实际是正例。

TN：预测正确，真反例，模型预测为反例，实际是反例。

MIOU 计算公式如下：

$$MIOU = \frac{1}{k+1}\sum_{i=0}^{K} \frac{p_{ii}}{\sum_{j=0}^{K} p_{ij} + \sum_{j=0}^{K} p_{ji} - p_{ii}}$$

其中 p_{ij} 表示将 i 类别预测为 j 类别。

2）模型的结果

基于 BiseNetv2 轻量化语义分割双边网络、1 000 张分辨率为 512 像素 × 512 像素的自制数据集，以 4 的 branch size（ims_per_gpu）训练 10 000 次，最终得出准确率为 97% 的模型。

第四章　本项目的创新点

4.1　大范围、多场景的盲道识别数据集

本项目为盲道识别领域贡献了一个更加全面、多样的盲道识别数据集，相比于目前已经开源的盲道识别数据集，图片数量117张增加到1 014张，由简单样本提升为复杂样本（样本多样性显著增加）。

同时，该数据集的提出为后人对盲道识别的进一步研究提供了一定的数据基础。从部分目前已有的算法对于该数据集训练得出的模型的准确率不难看出，样本多样性的增加会导致部分算法的性能下降，这也将成为后续盲道识别相关工作的重点问题。

4.2　BiseNetv2 轻量化语义分割双边网络

图26（a）所示是扩张主干网络，它去除了下采样操作并对相应的卷积滤波器进行上采样。它具有很高的计算复杂度和内存占用率。图26（b）所示是编码器-解码器网络，它添加了额外的自顶向下连接和横向连接，以恢复高分辨率特征图，但该网络中的这些连接对内存访问成本不太友好。

为了同时实现高精度和高效率，我设计了图26（c）所示的双边分割网络。相较于前两者，该体系结构有两条路径，即空间细节的细节分支和分类语义的语义分支，以及用于整合信息的双边聚合层。细节分支具有宽通道和浅层，以捕捉低层细节并生成高分辨率特征表示，而语义分支具有窄通道和深层，以获得高级语义上下文。由于减小了信道容量和减少了快速下采样策略，语义分支是轻量级的，会有效提高识别的速度。此外，我设计了一个引导聚合层，以增强相互连接并融合两种类型的特征表示。在此基础上我还设计了一种增强训练策略，可以在不增加任何额外推理成本的情况下提高分割性能。因此，该网络能通过细节分支与轻量化的语义分支进行双边分割，以同时提高分割速度和分割准确度。

定量和定性评价表明，与其他网络相比，该网络姿态架构表现良好。在2 048像素×1 024像素输入下，利用NVIDIA RTX 1080Ti 显卡在 cityscape 数据集上进行测试，该网络以156 FPS 的推理速度实现了72.6% 的 MIOU。这比现有的大多数网络的速度更快，并且准确率较高（图27）。

图 26 不同网络的结构简图

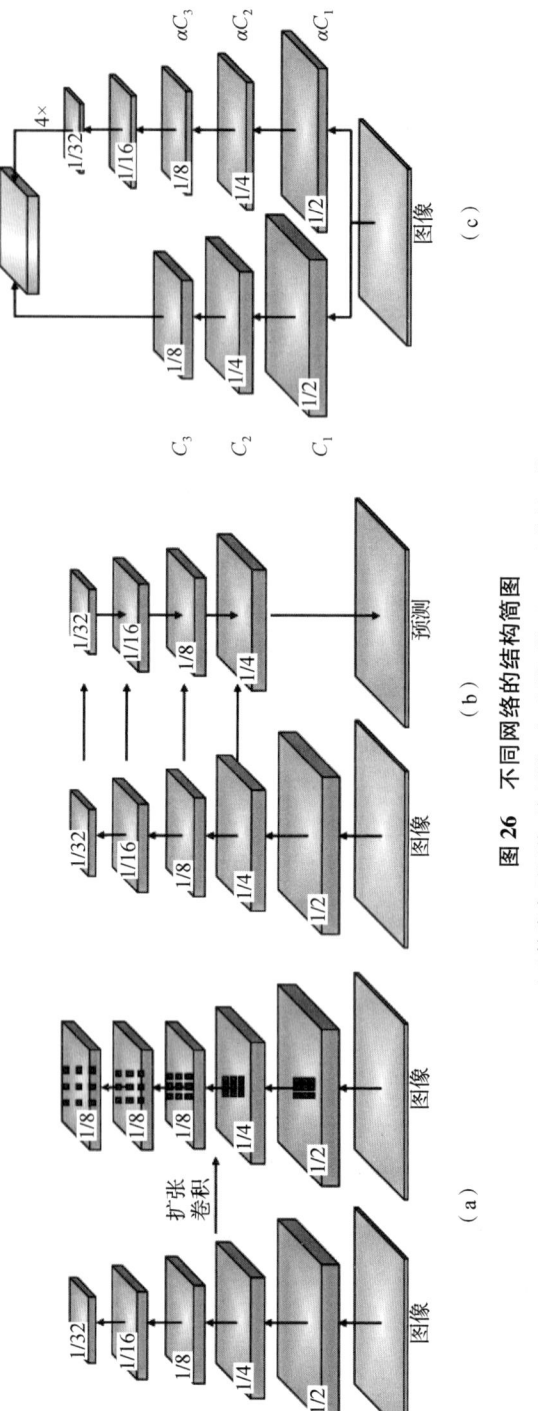

（a）扩张主干网络；（b）编码器-解码器网络；（c）双边分割网络

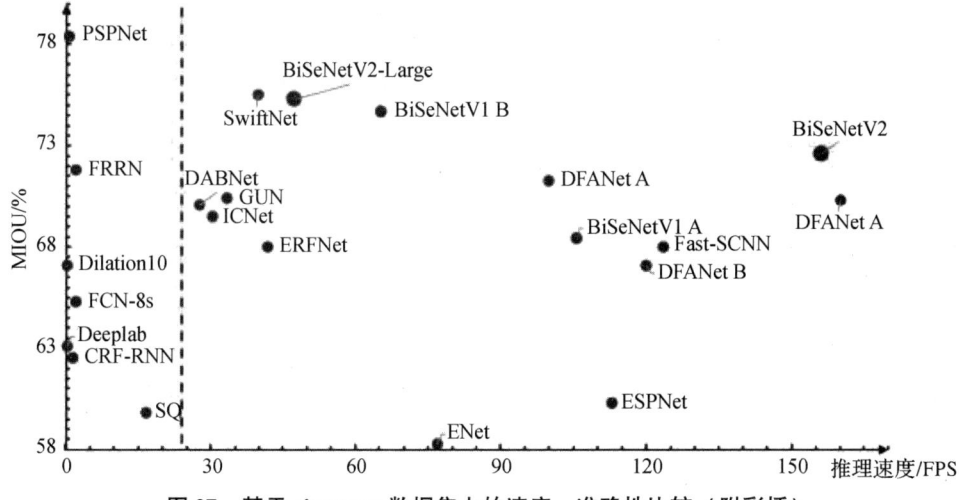

图 27 基于 cityscape 数据集上的速度、准确性比较（附彩插）
（红色表示本文使用的网络，灰色表示其他网络）

第五章 研究结论

  本项目采用调查法、文献研究法、试验法，先了解盲道的现状以及盲道识别领域的现有研究工作，发现现有的模型与数据难以应用到实际全天候多场景的开放环境中；然后着手进行数据的收集，从不同的拍摄角度、场景、天气、遮挡情况等维度拍摄盲道的图片，并处理为 512 像素 × 512 像素分辨率的图像；同时，标注图片的盲道部分，完成盲道识别数据集。除此之外，本项目创新性地提出了轻量化语义分割双边网络，通过深度网络模型对盲道识别数据集进行训练，其中利用卷积神经网络进行特征提取，运用语义分割网络进行盲道识别与分割，最终呈现出准确率达 97% 的盲道识别模型，相比于现有模型性能有较大提升。

第六章 参考文献

［1］Zhengcai Cao, Xiaowen Xu, Biao Hu, et al.：Rapid Detection of Blind Roads and Crosswalks by Using a Lightweight Semantic Segmentation Network. In IEEE, Vol. 22, NO. 10, Oct., 2021.

［2］Changqian Yu, Changxin Gao, Nong Sang, et al.：BiSeNet：Bilateral Segmentation Network for Real – time Semantic Segmentation. In arXiv：1808. 00897v1［cs. CV］2, Aug., 2018

［3］Changqian Yu, Changxin Gao, Nong Sang etc.：BiSeNet V2：Bilateral Network with Guided Aggregation for Real – time Semantic Segmentation. In arXiv：2004.02147v1［cs.CV］5，Apr.，2020

［4］孙嘉鑫,吴琳.基于Yolo v3算法的盲道障碍物识别技术应用研究［J］.现代计算机,2021,2.

［5］陈朝阳,高翔森,孙铭悦,等.基于Yolo V3算法的盲道识别［J］.科学技术创新,2021,3.

彩　　插

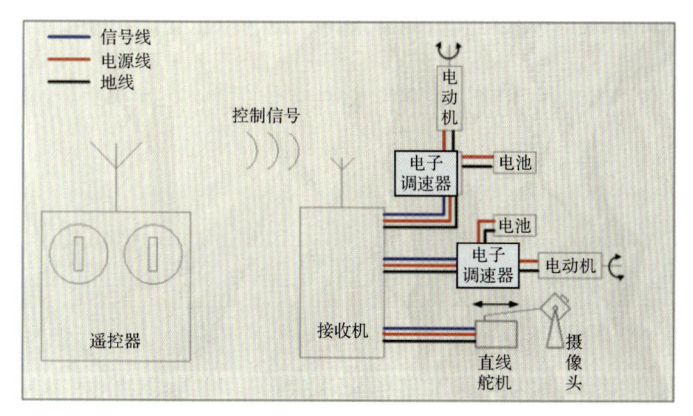

附录 2　图 4.3

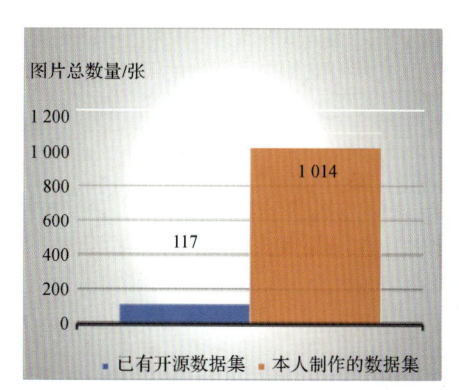

附录 5　图 19　两数据集图片总数量对比

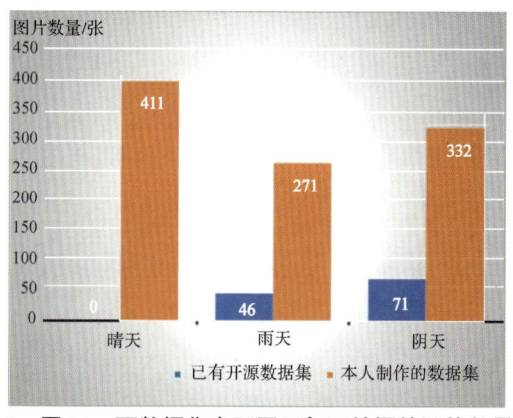

附录 5　图 20　两数据集在不同天气下拍摄的图片数量对比

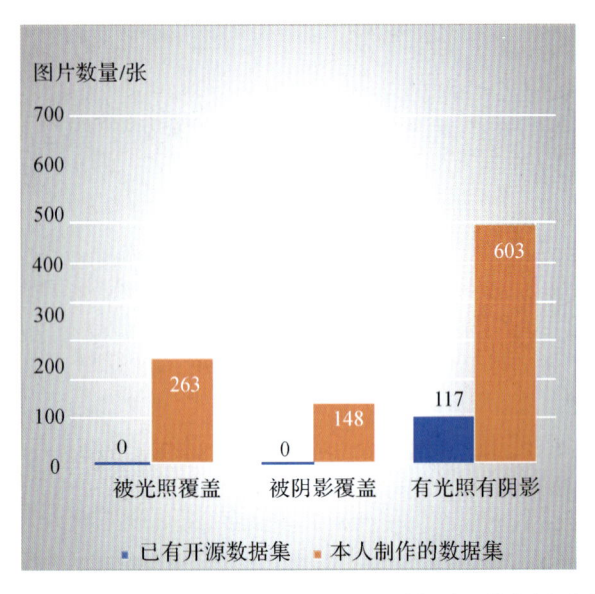

附录5 图21 两数据集在不同光线下拍摄的图片数量对比

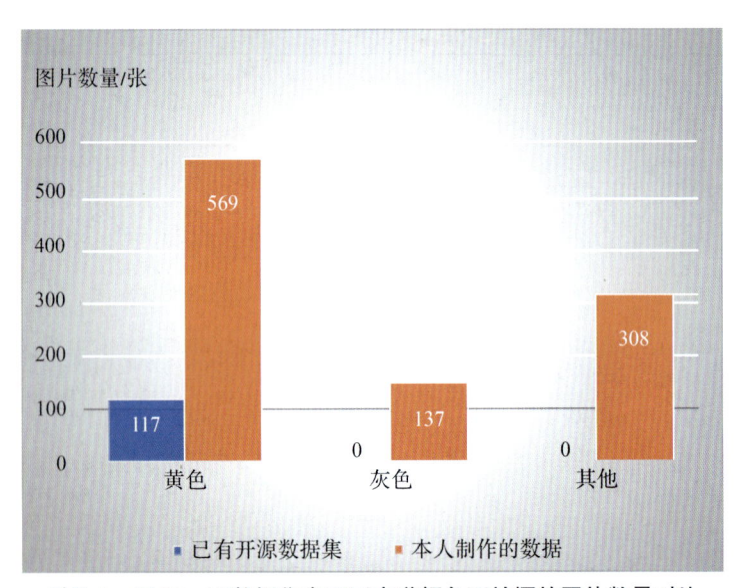

附录5 图22 两数据集在不同盲道颜色下拍摄的图片数量对比

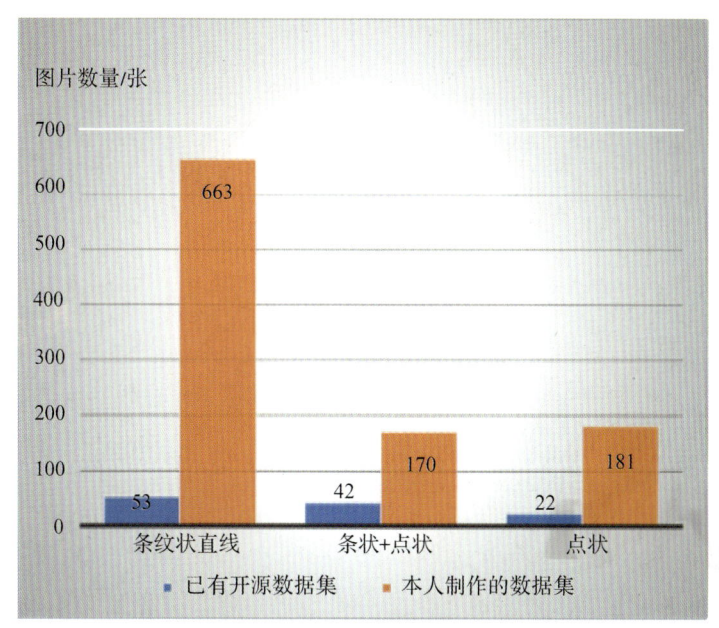

附录5　图23　两数据集在不同盲道类型下拍摄的图片数量对比

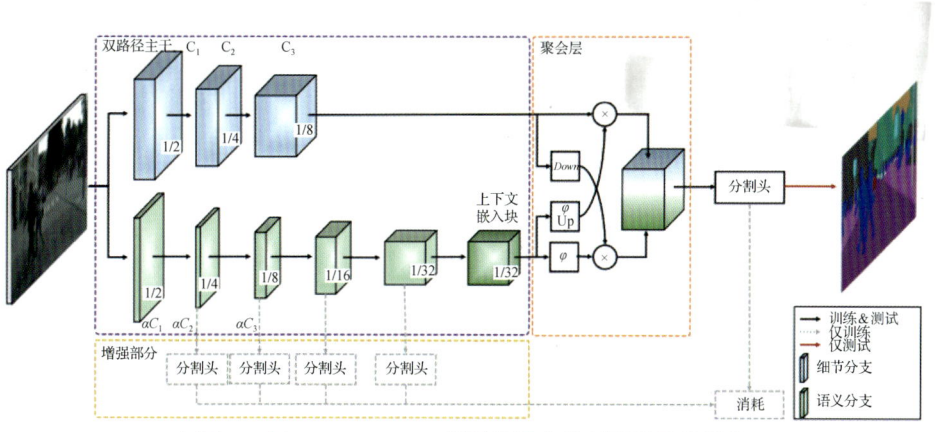

附录5　图24　BiseNetv2轻量化语义分割双边网络结构

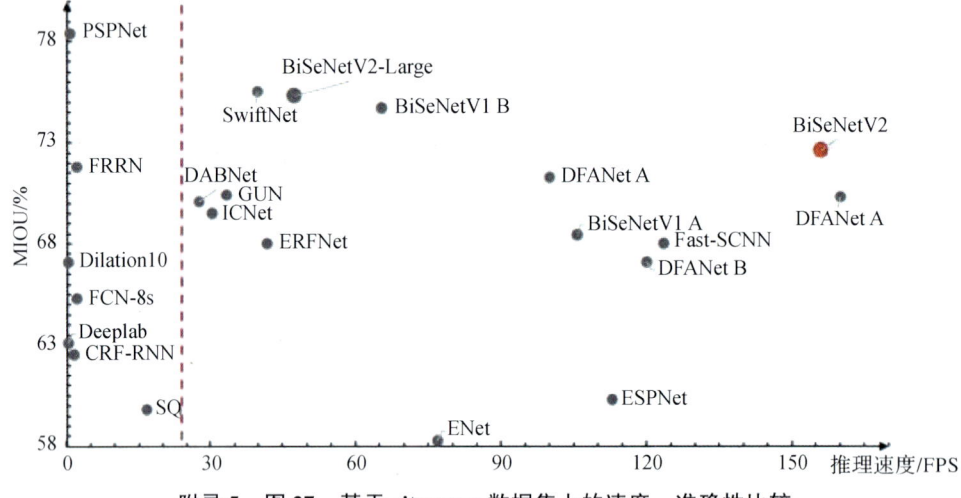

附录5 图27 基于cityscape数据集上的速度、准确性比较
（红色表示本文使用的网络，灰色表示其他网络）